Neue
Kleine Bibliothek 288

Arbeitsgruppe Alternative Wirtschaftspolitik

MEMORANDUM 2020

Gegen Markt- und Politikversagen –
aktiv in eine soziale und ökologische Zukunft

PapyRossa Verlag

© 2020 by PapyRossa Verlags GmbH & Co. KG, Köln
Luxemburger Str. 202, D–50937 Köln

Tel.:	+49 (0) 221 – 44 85 45
Fax:	+49 (0) 221 – 44 43 05
E-Mail:	mail@papyrossa.de
Internet:	www.papyrossa.de

Alle Rechte vorbehalten

Grafiken:	Grafikdesign Susanne Weigelt, Leipzig
Druck:	Interpress

Die Deutsche Nationalbibliothek verzeichnet diese Publikation in der
Deutschen Nationalbibliografie; detaillierte bibliografische Daten sind
im Internet über http://dnb.d-nb.de abrufbar.

ISBN 978-3-89438-732-7

Inhalt

Vorwort

Das MEMORANDUM 2020, das Ende April der Öffentlichkeit vorgelegt wurde, gliedert sich in zwei Teile:

I. Die Kurzfassung wurde bis Ende März von über 800 Wirtschaftswissenschaftlerinnen und -wissenschaftlern, Gewerkschafterinnen und Gewerkschaftern durch ihre Unterschrift unterstützt.

II. Die Langfassung enthält ausführliche Erläuterungen und Begründungen für die Kurzfassung. An der Vorbereitung und Ausarbeitung war ein großer Kreis von Wirtschaftswissenschaftlerinnen und -wissenschaftlern aktiv beteiligt. Auf zwei Wochenendtagungen der *Arbeitsgruppe Alternative Wirtschaftspolitik* wurden die Grundpositionen erarbeitet und diskutiert und von einer Endredaktion Mitte Februar in die vorliegende Fassung gebracht.

* * *

Die Texte im MEMORANDUM 2020 sind vor dem Ausbruch der Corona-Epidemie entstanden. Eine **Stellungnahme der** *Arbeitsgruppe Alternative Wirtschaftspolitik* **zur Corona-Krise,** die auf die Entwicklungen seit März 2020 eingeht, kann abgerufen werden unter dem Link: www.alternative-wirtschaftspolitik.de/de/article/10656337.

* * *

Vollständig auf der *Internetseite der Arbeitsgruppe Alternative Wirtschaftspolitik* zu finden ist das Buch von Peter Hennicke, Jana Rasch, Judith Schröder und Daniel Lorberg: *Die Energiewende in Europa. Eine Fortschrittsvision.* Bei diesem Buch – mit einem Vorwort des Vorstandes der *Arbeitsgruppe Alternative Wirtschaftspolitik* – handelt es sich um die Langfassung eines Kapitels aus dem MEMORANDUM 2019. www.alternative-wirtschaftspolitik.de/de/article/10656311.

Mehr Informationen über die *Arbeitsgruppe Alternative Wirtschafts-politik* sind im Internet zu finden (www.alternative-wirtschaftspolitik. de). Dort finden sich eine Liste aller Publikationen der Gruppe, Einladungen zu Tagungen, aktuelle Veröffentlichungen einzelner Mitglieder der *Arbeitsgruppe Alternative Wirtschaftspolitik* sowie Termine und Einladungen.

Kontaktanschrift:
Arbeitsgruppe Alternative Wirtschaftspolitik e.V.
Postfach 33 04 47
28334 Bremen
E-Mail: memorandum@t-online.de
Internet: www.alternative-wirtschaftspolitik.de

I. Kurzfassung des MEMORANDUM

Gegen Markt- und Politikversagen –
aktiv in eine soziale und ökologische Zukunft

Schon lange warnen Wissenschaftlerinnen und Wissenschaftler vor einer ökologischen Katastrophe. Die zunehmende Erderwärmung droht fatale, nicht reversible Folgen zu zeigen. Anzeichen davon sind – mit den Waldbränden in Australien, den trockenen und viel zu heißen Sommern in Mitteleuropa, generell den steigenden Temperaturen – bereits spürbar. Die meisten Staaten haben sich im Pariser Klimaabkommen von 2015 dazu verpflichtet, Maßnahmen zu ergreifen, damit die Temperaturen nur um maximal 1,5 bis 2,0 Grad ansteigen. Doch bei der Umsetzung konkreter Maßnahmen ging es kaum voran. Mit der weltweiten Protestbewegung „Fridays for Future" ist eine völlig neue Dynamik in die Entwicklung gekommen. Regierungen formulieren ehrgeizigere Ziele, grüne Parteien erleben in vielen Ländern einen Boom, sogar Finanzinvestoren zeigen sich in einem grünen Mäntelchen.

Doch obwohl der Klimaschutz zum beherrschenden Thema geworden ist, bleiben die realen Erfolge bescheiden: Die beschlossenen Maßnahmen reichen nicht aus, um die Klimaschutzziele zu erreichen; Zwischenziele werden verfehlt. Allerdings drohen selbst diese ungenügenden Maßnahmen soziale Verwerfungen und Verteilungskämpfe auszulösen. Auf dem eingeschlagenen, neoliberalen Entwicklungspfad lassen sich diese Herausforderungen nicht bewältigen. Das zeigt sich sehr gut am Verkehrssektor. Weder bisherige gesetzliche Regelungen noch der Markt haben dafür gesorgt, dass die Umweltbelastungen des Verkehrs gesunken sind. Dafür ist eine umfassende Verkehrswende notwendig. Eine solche Wende erfordert einen umfangreichen Einsatz politischer Instrumente. Der Marktmechanismus ist für ökologische und soziale Fragen blind. Hier muss der Staat – demokratisch legitimiert – planend, steuernd und gestaltend eingreifen.

Das gilt auch für andere gesellschaftliche Herausforderungen. Über mehrere Jahre lief die Konjunktur in Deutschland gut, die Steuereinnahmen stiegen, und der Staat erzielte sogar Überschüsse. Doch die Infrastruktur verfällt. Die öffentlichen Investitionen haben oft nicht einmal zum Erhalt der Substanz gereicht, von einem Ausbau gar nicht zu reden. Obwohl das Problem inzwischen von niemandem mehr bestritten wird, passiert zu wenig. In den vergangenen Jahren gab es kleine Verbesserungen, die am grundsätzlichen Problem allerdings wenig ändern. Bei einer schwächeren Konjunktur und damit verbundenen geringeren öffentlichen Einnahmen drohen sogar wieder Rückschläge.

Die Problembeschreibung ließe sich für viele Bereiche fortsetzen: die Verteilung von Einkommen und Vermögen, die völlig ungenügende Personalausstattung im öffentlichen Bereich, Probleme bei der Gesundheitsversorgung und der Pflege, drohende Altersarmut für viele und die Verödung ländlicher Räume. Über die Problembeschreibungen herrscht weitgehender Konsens. Dabei werden sogar in den politischen und ökonomischen Debatten alte ideologische Gräben zunehmend überwunden. Das Dogma des Marktes bröckelt. Doch für das konkrete politische Handeln hat das bisher kaum Folgen. Der neoliberale Kapitalismus war nie im Interesse der Mehrheit, er war immer ein Projekt zur Steigerung der Profite von wenigen. Es zeigt sich deutlich, dass er stets mit einem Raubbau an Mensch und Natur verbunden ist.

Der US-amerikanische Ökonom Joseph Stiglitz brachte es Anfang 2020 auf einer Veranstaltung des Vatikan auf den Punkt: Die Welt leide an der Zerstörung der Umwelt, an fehlendem Klimaschutz, an sozialer Ungleichheit, an fehlendem Vertrauen in die Institutionen und einer moralischen Verworfenheit. Und er schlussfolgert daraus: „Die Regeln des Kapitalismus müssen neu geschrieben werden" (Handelsblatt vom 06.02.2020).

1. Gespaltene Konjunktur – Industrie in der Krise

Jahrzehntelang galten Freihandel und eine zunehmende Globalisierung als Leitsätze der neoliberalen Wirtschaftspolitik. Mit der weltweiten Finanz- und Wirtschaftskrise 2008/09 geriet diese Ausrichtung erstmals ernsthaft in die Defensive. Spätestens mit der Präsidentschaft von Donald Trump in den USA ist das weltwirtschaftliche Handeln verstärkt durch Abschottung, Protektionismus und Handelskriege geprägt. Lange Zeit hat sich die Weltwirtschaft dennoch recht robust gezeigt. Das Wachstum der globalen Wirtschaftsleistung lag bis 2018 stabil bei Werten um die 3,5 Prozent. Allerdings wurde diese Entwicklung gestützt durch eine in vielen Ländern stark expansiv ausgerichtete Geldpolitik. Im Jahr 2019 schwächte sich die Konjunktur ab, das Wachstum wird nach der Prognose des Internationalen Währungsfonds (IWF) nur noch bei drei Prozent liegen. Treiber der Weltwirtschaft bleiben, wie schon in den vergangenen Jahren, die sich entwickelnden Volkswirtschaften, allen voran China. Bei den Industrieländern sind es vor allem die USA, mit Wachstumsraten von über zwei Prozent. Damit befindet sich die USA im längsten Aufschwung ihrer jüngeren Geschichte. Das erklärte Ziel der Trump'schen Politik, die außenwirtschaftlichen Ungleichgewichte zu verringern, wurde allerdings verfehlt. Im dritten Quartal 2019 war das Leistungsbilanzdefizit der USA im Verhältnis zum Bruttoinlandsprodukt (BIP) so groß wie im ersten Quartal 2018 (Deutsche Bundesbank, Monatsbericht 01/2020).

Stärker als bei der Veränderung der Wirtschaftsleistung hat sich die Unsicherheit in den internationalen Direktinvestitionen, den nationalen Investitionen und dem Außenhandel niedergeschlagen. Der weltweite Güterhandel ist 2019 real (preisbereinigt) sogar um 0,4 Prozent geschrumpft (Prognose des ifo-Instituts). Es zeigt sich eine gewisse Entkoppelung von Weltproduktion und Welthandel. Handelskonflikte und Unsicherheit werden zu einer Globalisierungsbremse, die Lage kann jederzeit eskalieren. Die außenwirtschaftlichen Risiken für die deutsche Volkswirtschaft bleiben hoch.

Seit 2010 ist die deutsche Ökonomie bisher in jedem Jahr gewachsen. Daran wird sich wahrscheinlich auch weiter vorerst nichts ändern, auch wenn die Wachstumsraten inzwischen sehr klein ausfallen. Der Aufschwung ist abgeflaut. Schon 2018 legte die reale Wirtschaftsleistung nur noch um 1,5 Prozent zu, 2019 fiel das Wachstum mit 0,6 Prozent noch einmal deutlich schwächer aus. Eine solche Entwicklung zeichnete sich ab. Dabei ist die Ökonomie in Deutschland genauso gespalten wie weltweit: Während das Baugewerbe (im dritten Quartal 2019 plus 5,3 Prozent) und viele Dienstleistungen (Handel, Verkehr, Gastgewerbe plus 3,2 Prozent, Information und Kommunikation plus 3,2 Prozent, Finanz- und Versicherungsdienstleister plus 3,0 Prozent) weiter auf Expansionskurs sind, schrumpfte das verarbeitende Gewerbe im dritten Quartal um 2,6 Prozent. Geradezu dramatisch hat es die Automobilindustrie getroffen: Sie musste im Jahr 2019 einen Produktionsrückgang von 11,5 Prozent verkraften. Gerade bei ihr war die Verbindung von konjunkturellen und strukturellen Elementen recht groß. Neben dem weltweiten Rückgang der Pkw-Nachfrage schlagen die Nachwirkungen der Zulassungskrise – Autokonzerne hatten es nicht geschafft, Fahrzeuge rechtzeitig an strengere Vorschriften anzupassen –, die beginnende Umstellung auf Elektroantriebe und Produktionsverlagerungen zu Buche.

Die Entwicklung legt auch die Schwäche der derzeitigen Konjunkturpolitik bloß. Es ist die noch immer sehr expansive Geldpolitik, die die Konjunktur treibt. Sie hat aber die Abschwächung nicht verhindern können. Sollte sich die Lage zu einer tieferen Krise zuspitzen, drohen der Geldpolitik die Instrumente auszugehen. Sie hat ihr Pulver bereits in konjunkturell besseren Zeiten verschossen. Es ist höchste Zeit, dass auch die Finanzpolitik aktiver genutzt wird. Ein großes Investitionsprogramm – wie von der *Arbeitsgruppe Alternative Wirtschaftspolitik* lange gefordert – hätte, neben den damit verbundenen Wohlstandssteigerungen, den großen Vorteil, auch für die besonders betroffene Industrie Ansatzpunkte zu bieten. Kurzfristig kann ein solches Programm nicht wirken. Aber es würde den Wachstumspfad langfristig verstetigen und konjunkturelle Schwankungen abbauen.

Wie schon in den letzten MEMORANDEN festgestellt, hat sich das Muster der wirtschaftlichen Entwicklung in Deutschland in den vergangenen Jahren verändert. Traditionell war es der Außenhandel, der das Wachstum und damit den Konjunkturverlauf getrieben hat. Seit 2015 wird der Aufschwung allerdings ausschließlich durch die inländische Nachfrage getragen. Die Konsumausgaben der privaten Haushalte waren der wichtigste Wachstumstreiber. Daneben haben der

Staatskonsum und die Bruttoanlageinvestitionen eine Rolle gespielt. Das Muster setzte sich in der konjunkturellen Abkühlung im Jahr 2019 fort (siehe Abbildung). Die inländische Verwendung nahm um einen Prozentpunkt zu. Schrumpfende Lagerbestände und der negative Außenbeitrag verminderten die wirtschaftliche Entwicklung, sodass die gesamte Wirtschaftsleistung nur noch um 0,6 Prozent anstieg. Dabei nahmen die deutschen Exporte weiter zu, trotz des schwierigen außenwirtschaftlichen Umfelds. Die Importe stiegen allerdings stärker. Der Wachstumsbeitrag des privaten Konsums war mit 0,8 Prozentpunkten sogar noch etwas größer als in den Vorjahren. Er ist der stabilisierende Faktor, der einen Absturz der gesamten Wirtschaft in die Rezession verhindert. Die privaten Konsumausgaben werden unmittelbar von der Höhe der Löhne beeinflusst. Die *Arbeitsgruppe Alternative Wirtschaftspolitik* hat immer damit argumentiert, dass höhere Löhne die Nachfrage stärken.

Galten dem Sachverständigenrat zur Begutachtung der wirtschaftlichen Entwicklung (SVR) bisher höhere Löhne eher als Teufelszeug –

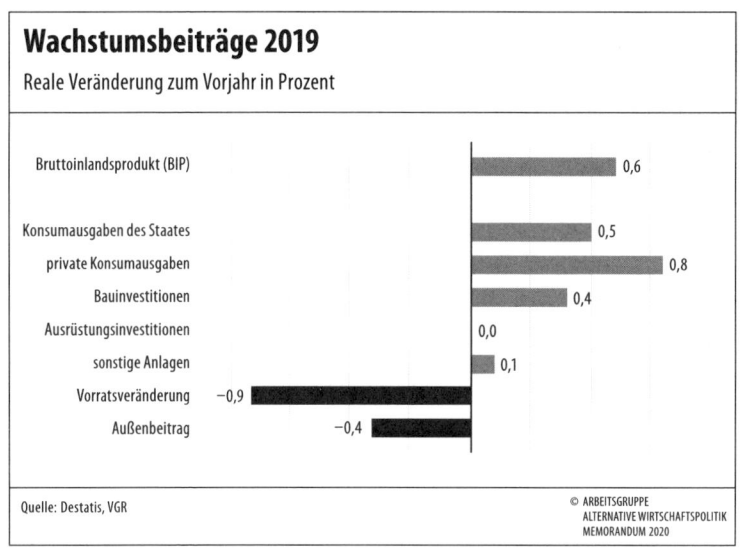

Wachstumsbeiträge 2019

Reale Veränderung zum Vorjahr in Prozent

Bruttoinlandsprodukt (BIP)	0,6
Konsumausgaben des Staates	0,5
private Konsumausgaben	0,8
Bauinvestitionen	0,4
Ausrüstungsinvestitionen	0,0
sonstige Anlagen	0,1
Vorratsveränderung	−0,9
Außenbeitrag	−0,4

Quelle: Destatis, VGR

© ARBEITSGRUPPE
ALTERNATIVE WIRTSCHAFTSPOLITIK
MEMORANDUM 2020

und das Dogma „jedes Angebot schafft sich seine Nachfrage" wurde hochgehalten –, so hat die erdrückende Faktenlage hier zu einem Umdenken geführt: „Gleichzeitig erweist sich die Binnenwirtschaft bislang als robust. Die anhaltend kräftigen Lohnsteigerungen sowie die günstigen Finanzierungsbedingungen stärken die Nachfrage" (SVR, Jahresgutachten 2019/20, Ziffer 68).

Mit der stärkeren Massenkaufkraft sind allerdings noch nicht alle Verteilungsprobleme gelöst. Die Lohnquote hat zuletzt kräftig zugelegt und sogar das hohe Niveau des Jahres 2000 übertroffen (siehe Abbildung). Das war aber zum Teil der schlechteren wirtschaftlichen Lage geschuldet. Die Unternehmens- und Vermögenseinkommen waren im Jahr 2019 um 2,9 Prozent zurückgegangen, während die Arbeitnehmerentgelte um 4,5 Prozent zulegen konnten. Daneben bleibt aber auch die personelle Einkommensverteilung unter den Lohnempfängerinnen und -empfängern sowie den Bezieherinnen und Beziehern von

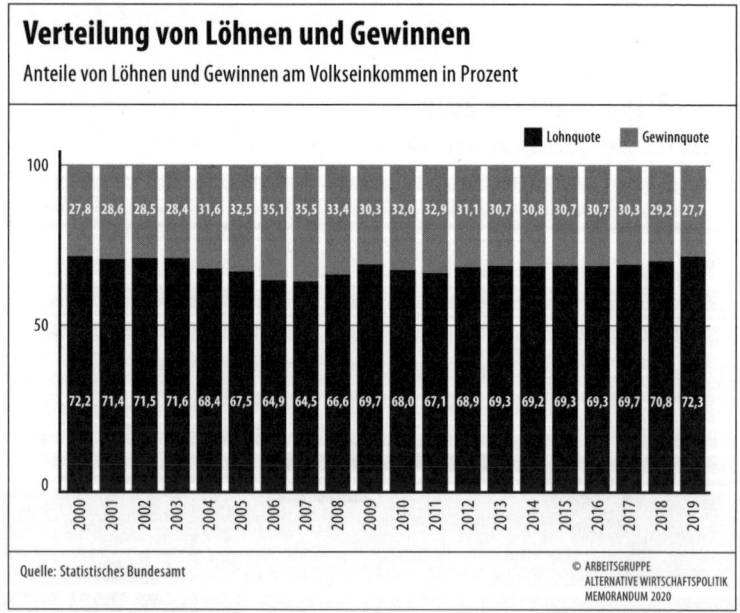

Verteilung von Löhnen und Gewinnen

Anteile von Löhnen und Gewinnen am Volkseinkommen in Prozent

Quelle: Statistisches Bundesamt

© ARBEITSGRUPPE ALTERNATIVE WIRTSCHAFTSPOLITIK MEMORANDUM 2020

Gewinn- und Kapitaleinkommen extrem ungleich. Von der Vermögensverteilung, für die es keine aktuellen Zahlen gibt, ganz zu schweigen.

Das binnenmarktgetriebene Wachstum ändert allerdings nichts daran, dass Deutschland weiterhin einen gigantischen Leistungsbilanzüberschuss aufweist. Er hat gegenüber 2018 sogar noch zugelegt und betrug nach ersten vorläufigen Zahlen im Jahr 2019 insgesamt 266,2 Milliarden Euro.

2.   Mehrfach gespaltener Arbeitsmarkt

Genauso wie die Konjunktur zeigt sich auch der Arbeitsmarkt gespalten, das allerdings schon seit Jahren. Auf der einen Seite gibt es einen positiven Trend: Die Beschäftigung steigt, die Zahl der Arbeitslosen sinkt, und die Zahl der prekären Arbeitsverhältnisse nimmt zumindest nicht mehr zu. Diese positive Seite des Arbeitsmarktes zeigt sich derzeit noch relativ unbeeindruckt von der konjunkturellen Schwäche. Die Zahl der Erwerbstätigen erreichte im Jahr 2019 mit 45,3 Millionen einen neuen Rekord. Das ist ein leichter Anstieg gegenüber dem Vorjahr um 0,9 Prozent (alle Zahlen zum Arbeitsmarkt: Bundesagentur für Arbeit, Monatsbericht Dezember 2019). Die Zahl der sozialversicherungspflichtig beschäftigten Arbeitnehmerinnen und Arbeitnehmer stieg sogar um 537.000 (1,6 Prozent) auf 33,4 Millionen. Die Zahl der registrierten Arbeitslosen ging um drei Prozent zurück.

Auf der anderen Seite sind wir von einer wirklichen Vollbeschäftigungssituation weit entfernt. 2,3 Millionen Menschen waren im Durchschnitt des Jahres 2019 bei den Arbeitsagenturen als arbeitslos registriert. Zum Vergleich: bis zur Krise 1967 lag die Zahl der registrierten Arbeitslosen in den 1960er-Jahren immer unter 200.000. Die von der Arbeitsagentur erfasste Unterbeschäftigung lag im Jahr 2019 bei 3,2 Millionen Menschen. Zu den Unterbeschäftigten werden neben den registrierten Arbeitslosen auch jene gezählt, die in arbeitsmarktpolitischen Maßnahmen tätig sind (einschließlich denjenigen Arbeitslosen, die 58 Jahre oder älter sind und dem Arbeitsmarkt nicht mehr zur Verfügung stehen müssen) oder sich krankgemeldet haben. Nicht mitgerechnet werden jene Personen, die zwar eine Arbeit anstreben, sich aber nicht bei der Arbeitsagentur registrieren lassen (weil sie keinen Anspruch auf Leistungen haben und nicht erwarten, von der Arbeitsagentur eine Stelle vermittelt zu bekommen). Die Unterbeschäftigung ging 2019 ebenfalls um drei Prozent zurück.

Rechnerisch kamen 2019 auf eine offene Stelle 2,9 Arbeitslose. Neben Arbeitslosigkeit existieren aber in anderen Segmenten leergefegte Arbeitsmärkte und ein Fachkräftemangel. Strukturelle Probleme wie unzureichende Qualifikation, instabile Beschäftigung und ein geschwächter kollektiver Schutz der abhängig Beschäftigten bestehen weiter. Auf segmentierten Arbeitsmärkten bestehen massive Inkongruenzen: Qualifikation, räumliche Verteilung und Wünsche der Unternehmen passen nicht zu den Arbeitslosen. Seit über 30 Jahren wurden instabile Beschäftigungsverhältnisse – geringfügige Beschäftigung, sachgrundlose Befristung, Leiharbeit – rechtlich und faktisch ausgeweitet, um Arbeitssuchenden angeblich eine Perspektive für einen Arbeitsplatz zu schaffen. Ein Irrweg, denn stattdessen wurden viele stabile Arbeitsplätze in instabile umgewandelt; die erzwungene prekäre Arbeit nahm zu und verfestigte sich. Seit 2010 ist dieser Trend zwar gestoppt. Aber der Anteil atypischer Arbeitsverhältnisse verharrt bei ca. 33 Prozent; instabile Beschäftigungsverhältnisse haben sich also trotz der insgesamt verbesserten Arbeitsmarktlage verfestigt.

Der Anteil der sozialversicherungspflichtig Beschäftigten an allen Beschäftigten nimmt zwar zu, absolut steigt aber auch die Zahl der Mini-Jobs leicht an. Dahinter verbergen sich zwei verschiedene Entwicklungen: Die Zahl der ausschließlich geringfügig entlohnten Beschäftigten hat im Jahr 2019 abgenommen. Sie verringerte sich um 96.000 (2,0 Prozent) auf 4,65 Millionen Personen. Dagegen legte die Zahl der sozialversicherungspflichtig Beschäftigten, die zusätzlich einem geringfügig entlohnten Nebenjob nachgingen, mit 117.000 (4,1 Prozent) auf 2,95 Millionen stark zu. Immer mehr Menschen brauchen – trotz des gesetzlichen Mindestlohns – einen Nebenjob, um finanziell über die Runden zu kommen.

Der Trend zur Teilzeitarbeit bei sozialversicherungspflichtigen Arbeitsverhältnissen hält ungebrochen an. Dies betrifft vor allem Frauen, deren Erwerbsquote kontinuierlich stieg, aber häufig nur über die Aufnahme einer Teilzeitarbeit. Zwar ist auch die Zahl der Vollzeitstellen um 246.000 (ein Prozent) angestiegen, doch die Teilzeitstellen nahmen mit 291.000 (3,1 Prozent) viel stärker zu. Damit arbeiten jetzt 9,55 Millionen Arbeitnehmerinnen und Arbeitnehmer in sozialversicherungspflichtiger Teilzeit. Die Teilzeitquote ist im Jahr 2019 auf 28,2 Prozent angestiegen. 1999 lag sie noch bei 15,6 Prozent. Der wachsende Anteil von Teilzeitarbeit führte auch dazu, dass die Arbeitszeit je Arbeitnehmerin und Arbeitnehmer um 0,3 Prozent gesunken ist. Weil aber gleichzeitig die Zahl der Stellen und die Zahl der Erwerbstätigen stärker zugenommen hat, erreicht das Arbeitsvolumen einen neuen Spitzenwert von 62,6 Milliarden Arbeitsstunden (siehe Abbildung).

Profitiert hat der Arbeitsmarkt insgesamt von der sehr schwachen Produktivitätsentwicklung. Schon seit langem geht der Trend in allen

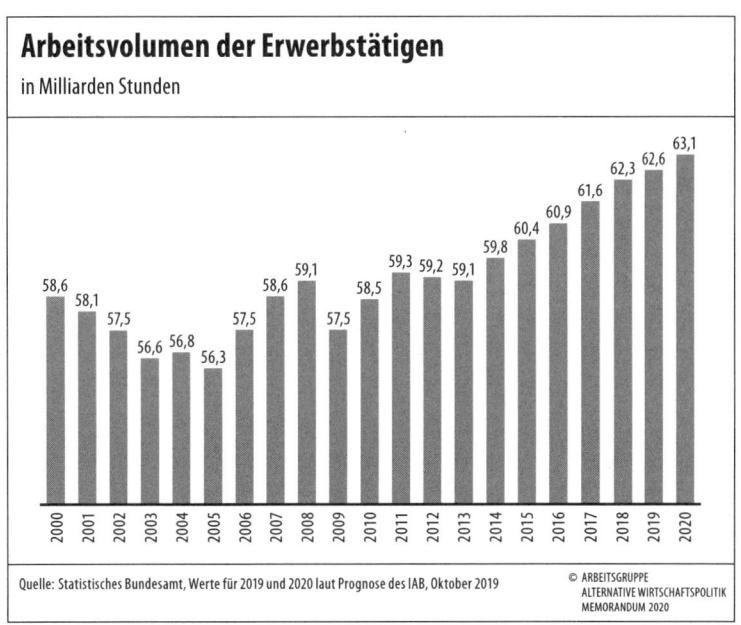

Arbeitsvolumen der Erwerbstätigen
in Milliarden Stunden

Quelle: Statistisches Bundesamt, Werte für 2019 und 2020 laut Prognose des IAB, Oktober 2019

© ARBEITSGRUPPE
ALTERNATIVE WIRTSCHAFTSPOLITIK
MEMORANDUM 2020

21

Industrieländern zu einem schwächer werdenden Produktivitätsanstieg. In der derzeit schwächeren Konjunkturlage hat sich das noch einmal deutlich verschärft. Im Jahr 2018 stieg die gesamtwirtschaftliche Produktivität je Stunde nur noch um 0,3 Prozent, im Jahr 2019 sogar nur noch um 0,1 Prozent, womit sie faktisch stagnierte. Jedes auch noch so geringe Wachstum war damit beschäftigungswirksam. Neben der geringeren Auslastung war auch der weitere Beschäftigungsaufbau trotz schwachen Wachstums die Ursache für die derzeit schwache Produktivität. Dass es trotz der konjunkturellen Lage zu einem weiteren Beschäftigungsaufbau kam, hat vor allem drei Gründe:

- Der Dienstleistungsbereich ist erheblich beschäftigungsintensiver als die Industrie und beschäftigt insgesamt viel mehr Menschen. Der Dienstleistungssektor wächst zum Teil kräftig weiter. Hier leiden nur die unternehmensnahen Dienstleistungen an Wachstumsschwäche.
- Ein großer Teil des Beschäftigungsaufbaus (die Hälfte im dritten Quartal 2019) ist auf den öffentlichen Dienst zurückzuführen und damit von der konjunkturellen Entwicklung unabhängig.
- In der Industrie wurde trotz Produktionseinbruchs weiter Personal eingestellt, um Fachkräfte zu binden und für den strukturellen Wandel gerüstet zu sein.

3.   Kein ökologischer Umbau ohne Verkehrswende

Eine Verkehrswende in Richtung nachhaltiger Mobilität bedeutet – neben der Strom- und Gebäudewende – eine besonders komplexe und längerfristige *Systemtransformation.*

Nachhaltige Mobilität für alle ist noch eine Utopie. Schnell, sicher, bequem und bezahlbar von A nach B kommen, muss für alle möglich sein. Es bedeutet einen Quantensprung an globaler Lebensqualität, dass Menschen, Kulturen, Städte, Räume, Länder und Kontinente wie nie zuvor in der Geschichte in Kontakt und Austausch treten können – wenn sie es achtsam, maßvoll und in Einklang mit der Natur tun.

Die derzeitigen Verkehrstrends sind besonders in globaler, aber auch in nationaler Hinsicht noch weit entfernt von dieser Vision: Das auf fossilen Brennstoffen basierte Verkehrssystem ist aus vielen Gründen nicht zukunftsfähig. Es ist in Deutschland zu über 90 Prozent abhängig von Kraftstoffen aus Mineralöl. Dementsprechend steigen die CO_2-Emissionen sogar noch, statt auf einen drastischen Reduktionspfad einzuschwenken.

Der komplette Ausstieg aus fossilen Kraftstoffen, allen voran aus dem Öl, aber mittelfristig auch aus Erdgas und fossil basierten synthetischen Kraftstoffen (wie z. B. aus Erdgas gewonnenem Wasserstoff), ist die unabdingbare Voraussetzung einer Verkehrswende. Sie ist gleichzeitig wesentlicher Baustein einer umfassenden Energiewende, die stets den Strom- und Wärmesektor einschließt. Diese Strategie setzt jedoch voraus, dass die erneuerbaren Energiequellen und auch die Energieeffizienz weit schneller ausgebaut werden, als es bisher geschieht. Ansonsten entwickelt sich die auf dem Stromsektor aufbauende Sektorenkopplung als Bumerang, der zu mehr statt zu weniger Klimagasen führt.

Nachhaltige Mobilität bedeutet stets einen Vierklang aus Effizienz (minimaler Energie- und Ressourceneinsatz), Suffizienz (möglichst weitgehende Verkehrsvermeidung), Konsistenz (möglichst natur- und klimaverträgliche Fortbewegungsarten und Verkehrstechnik) und gerechter, risikoarmer Teilhabe an Mobilität (fairer Zugang für alle). Es liegt auf der Hand, dass z. B. das Konzept der „autogerechten Stadt" eine „bürgergerechte Mobilität" im öffentlichen Raum und die Freiheits- und Mobilitätsrechte z. B. für Fußgängerinnen und Fußgänger und Fahrradfahrende sowie besonders für Ältere, Kinder, Behinderte, sozial Benachteiligte – also generell für Nichtautofahrende – massiv begrenzt. Daher muss eine Verkehrswende deutlich über eine treibstoffbezogene Energiewende hinausgehen. Nachhaltige Mobilität hat im „Autoland Deutschland" nur eine Chance, wenn sie als Fortschrittsvision begründet und als mehrheitsfähig wahrgenommen wird. Die ungleichen Verteilungseffekte des Nutzens und der Schäden heutiger Automobilität gilt es aufzudecken, und der enorme Gewinn an Lebensqualität für alle durch nachhaltige Mobilität ist nachzuweisen.

Denn generell gilt: Würde das vorherrschende Verkehrssystem mit Pkw, Lkw, Flugzeugen und Schiffen dekarbonisiert, aber wie bisher weiter exponentiell wachsen, dann wären immer mehr Landschaftsverbrauch, die Aushöhlung von Stadtqualität durch „autogerechte" Stadtentwicklung, eine ausbeuterische Rohstoffbeschaffung und unnötig hohe Gesundheits- und Todesrisiken weiter dominierende Entwicklungstrends. Die Verkehrszukunft braucht als einen wesentlichen Baustein einen vollständig neuen Typus von maßvoller, integrierter und umweltfreundlicher Automobilität, nach der Devise: Entprivilegierung des Autos, dafür mehr Mobilität und Lebensqualität für alle.

Stark vereinfacht stehen sich heute zwei gegensätzliche Leitbilder für die Zukunft der (Auto-)Mobilität gegenüber:

1. die anbieterorientierte und autozentrierte Technikvision und
2. die bedürfnisorientierte und autobegrenzende Nachhaltigkeitsvision.

Die *anbieterorientierte und autozentrierte Technikversion* geht davon aus, dass die herstellergetriebene Einführung neuer Verkehrstechnik und Verkehrssysteme im Zusammenspiel von Mobilitätskonzernen und förderlicher Verkehrspolitik die heutigen Verkehrsprobleme beseitigt. Umweltfreundlichere Antriebs- und Systemtechniken lösen scheinbar die Probleme. *Eine bedürfnisorientierte und autobegrenzende Nachhaltigkeitsvision* stellt dagegen die vielfältigen situativen Bedarfe nach Mobilität in den Mittelpunkt. Sie fragt nach dem Mobilitätsmodus, der für unterschiedliche Status, Standorte (Stadt *und* Land!), Anlässe und Lebensformen die umwelt- und bürgerverträglichen Mobilitätsoptionen bereitstellt. Letzteres ist die Vision der *Arbeitsgruppe Alternative Wirtschaftspolitik* für eine umfassende Mobilitätswende. Nachhaltige Mobilität wird dabei niemals über den freien Markt, sondern nur durch bessere Verkehrspolitik, durch Anreize zu klimaverträglicher und Sanktionen für nicht nachhaltige Mobilität sowie durch das Angebot attraktiver Mobilitätsalternativen erreichbar sein. Das schließt eine verkehrsvermeidende Stadt- und Regionalplanung mit ein. Dabei geht es ausdrücklich nicht gegen das Auto, sondern Leitziele sind wirklich nachhaltige Autos und auch weniger Autos. Vor allem im ländlichen Raum wird das Auto in einer ressourcensparenden Variante weiterhin eine wichtige Rolle spielen.

Ausgangslage ist eine Mobilitätssituation, die vom Autoverkehr geprägt ist und deren Treibhausgasbelastung nicht sinkt, sondern zuletzt sogar leicht zugenommen hat. Auf die nicht motorisierten Verkehrswege entfallen lediglich sechs Prozent des Verkehrsaufwands, auf den motorisierten Individualverkehr hingegen 76 Prozent und auf den öffentlichen Straßenpersonenverkehr und den Schienenpersonenverkehr jeweils etwa sieben Prozent. Insgesamt ist der motorisierte Verkehr im Hinblick auf den Verkehrsaufwand in den vergangenen Jahrzehnten kontinuierlich gestiegen. Im Güterverkehr ist ebenfalls eine kontinuierliche Zunahme des Verkehrsaufwands (Produkt aus der Menge der transportierten Güter und der zurückgelegten Strecke) zu beobachten. Vom verbindlichen Sektorziel des Jahres 2030 (95 Millionen Tonnen CO_2) sind wir noch weit entfernt (siehe Abbildung).

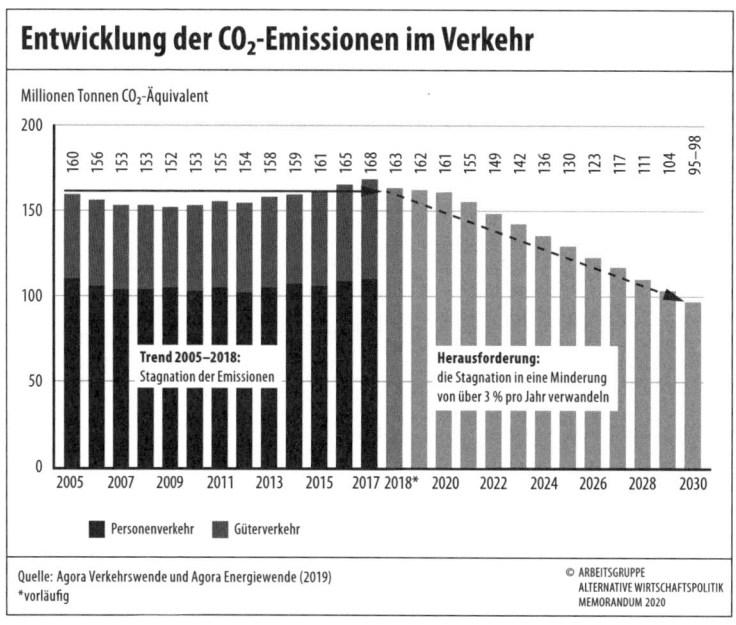

Entwicklung der CO_2-Emissionen im Verkehr

Millionen Tonnen CO_2-Äquivalent

Werte: 160 156 153 153 152 153 155 154 158 159 161 165 168 163 162 161 155 149 142 136 130 123 117 111 104 95–98

Trend 2005–2018:
Stagnation der Emissionen

Herausforderung:
die Stagnation in eine Minderung von über 3 % pro Jahr verwandeln

■ Personenverkehr   ■ Güterverkehr

Quelle: Agora Verkehrswende und Agora Energiewende (2019)
*vorläufig

© ARBEITSGRUPPE
ALTERNATIVE WIRTSCHAFTSPOLITIK
MEMORANDUM 2020

Eine perspektivische Dekarbonisierung des Verkehrssektors bis zum Jahr 2050 kann für die Bereiche, die sich nicht vermeiden oder auf Alternativen umstellen lassen, auf der Basis von erneuerbar produziertem Strom realisiert werden. Dabei ist festzustellen, dass die Verfügbarkeit erneuerbarer Energien in Deutschland begrenzt ist und derzeit der Ausbau viel zu langsam voranschreitet. Global bestehen grundsätzlich Potenziale in sonnen- und windreichen Ländern, jedoch braucht *jede* Form der Energiebereitstellung Ressourcen (z. B. Flächenbedarf). Höchstmögliche Energieeffizienz ist also auch bei der Elektromobilität notwendig. Für die Dekarbonisierung des Verkehrssektors müssen *zusätzliche* erneuerbare Stromerzeugungskapazitäten zur Verfügung stehen. Aber nicht nur der Verkehrssektor, sondern z. B. auch die Dekarbonisierung des Gebäudesektors (z. B. mittels Wärmepumpen) verlangt einen erheblichen *zusätzlichen* Ausbau der erneuerbaren Stromerzeugung. Die vollständige Dekarbonisierung kann deshalb nicht mit Energieautarkie erreicht werden. Importe von regenerativem Strom oder grünem Wasserstoff sind notwendig. Das kann gleichzeitig wirtschaftliche Entwicklungsperspektiven für sonnenreiche Staaten etwa im Mittelmeerraum bieten.

Selbst in einem auf maximale Effizienz zielenden Klimaschutzszenario werden signifikante Mengen an zusätzlichem erneuerbaren Strom für den Verkehrssektor benötigt. Es muss deshalb eine möglichst „direkte Elektrifizierung" anvisiert werden, also ein direkter Strombezug aus dem Netz, ermöglicht über batterie-elektrische Pkw, sowie über Oberleitungen für die Schiene und für große Lkw auf Bundesautobahnen. Direkte Elektrifizierung hat den Vorteil eines hohen Wirkungsgrades und hält die Nachfrage nach Strom damit verhältnismäßig klein. Für bestimmte Zwecke (z. B. längere Entfernungen; nicht elektrifizierbare Verkehrsformen) ist dennoch zusätzlich eine „indirekte Elektrifizierung" (grüner Wasserstoff, Power-to-X) notwendig.

Die Dekarbonisierung des Verkehrs verdeutlicht die besonderen Herausforderungen einer langfristigen und leitzielorientierten Klimapolitik, nicht zuletzt in Bezug auf Koordinierungsverantwortung und Steuerungsfähigkeit. Im Kern geht es um eine neue Governance, eine sozial-ökologische Transformation. Für das Verkehrssystem gilt dabei:

Sowohl die Notwendigkeit und Wünschbarkeit der Wege (Anlässe) von Mobilitätsaktivitäten als auch insbesondere die Länge der Verkehrsaufwände (in Personenkilometern und Tonnenkilometern) sowie die Mobilitätstechniken müssen nicht nur mit den Klimaschutzzielen kompatibel gemacht, sondern auch mit den Kriterien von Sozialverträglichkeit und Wirtschaftlichkeit in Übereinstimmung gebracht werden.

Eindeutig erkennbar sind im Rahmen komplexer Unsicherheiten und Zukunftsungewissheiten zwei fundamentale Aspekte einer zukunftsfähigen Verkehrspolitik: erstens die *Notwendigkeit* einer forcierten kombinierten Änderung von Mobilitätstechniken, -strukturen und -verhaltensmustern. Zweitens die *Unmöglichkeit*, die leitzielorientierte Systemtransformation des Verkehrs dem Markt überlassen zu können. Mit einem Wort: Nur eine vorsorgende und antizipative klimakompatible Verkehrspolitik führt auf den Weg zu nachhaltiger Mobilität.

4. Für ein leistungsfähiges Gemeinwesen – Grenzen des Marktes

Es gibt kein anderes Feld, bei dem die Verschiebung der Koordinaten der ökonomischen Debatte so deutlich erkennbar ist wie bei der Frage der öffentlichen Investitionen. Seit dem Paradigmenwechsel in der Wirtschaftspolitik von einem eher keynesianisch geprägten zu einem neoliberalen Weg stehen die staatlichen Ausgaben unter Druck. Steuern wurden gesenkt, später wurde auch die Staatsverschuldung verteufelt. Das beherrschende Motto „privat vor Staat" sorgte auch für einen Rückgang der staatlichen Investitionen. In den vergangenen zwanzig Jahren haben sie sich in Deutschland auf einem Niveau von etwa zwei Prozent der Wirtschaftsleistung eingependelt.

Seit ihrer Gründung 1975 war für die *Arbeitsgruppe Alternative Wirtschaftspolitik* die Forderung nach einem staatlichen Investitions- und Ausgabenprogramm zentraler Bestandteil ihrer wirtschaftspolitischen Agenda. Mit dieser Forderung sollen heute verschiedene Ziele erreicht werden:

- Abbau der Arbeitslosigkeit;
- Erhalt und Ausbau der öffentlichen Infrastruktur;
- ökologischer Umbau der Gesellschaft;
- Pfadwechsel der Entwicklung mit Stärkung der öffentlichen Non-Profit-Bereiche und Ausbau sozialer Einrichtungen.

Über Jahrzehnte stand die *Arbeitsgruppe Alternative Wirtschaftspolitik* mit ihren Forderungen weitgehend isoliert da. Das hat sich in den vergangenen Jahren massiv verändert. Die Forderung nach mehr öffentlichen Investitionen ist inzwischen fast zum „Mainstream" geworden. Einzelne Forschungsinstitute wie das Institut für Makroökonomie und Konjunkturforschung (IMK) und das Deutsche Institut für Wirtschaftsforschung (DIW) erheben diese Forderung schon länger. Mit dem Bericht der Expertenkommission „Stärkung von Investitionen in Deutschland" im Frühjahr 2015 beim Bundeswirtschaftsministerium wurden die Defizite gewissermaßen regierungsoffiziell. Selbst der Sachverständigenrat sieht in seinem aktuellen Jahresgutachten (Ziffer 22) „Hinweise auf Investitionsrückstände insbesondere bei der Infrastruktur" – ohne allerdings zusätzliche Ausgaben als notwendig zu erachten.

Ein historisches Novum war die gemeinsame Stellungnahme des arbeitgebernahen Instituts der deutschen Wirtschaft (IW) und des gewerkschaftsnahen IMK mit der Forderung nach einem großen Investitionsprogramm (IMK Report 152, 2019). In der Veröffentlichung werden noch einmal die Defizite der öffentlichen Infrastruktur aufgezeigt und quantifiziert. Neben der Versorgung und der Lebensqualität der Bevölkerung steht auch die Wettbewerbsfähigkeit der deutschen Industrie im Fokus. Nach einer Befragung des IW gaben im Frühjahr 2018 zwei Drittel der Unternehmen an, dass ihre betrieblichen Geschäftsabläufe regelmäßig durch Infrastrukturprobleme beeinträchtigt werden. Insgesamt beziffert die Studie die zusätzlichen öffentlichen Infrastrukturbedarfe für die nächsten zehn Jahre auf 457 Milliarden Euro, woraus die Forderung von zusätzlichen öffentlichen Investitionen von 46 Milliarden Euro jährlich für die nächsten zehn Jahre erwächst. Die Investitionen werden verteilt auf die Bereiche kommunale Infrastruktur, Bildung, Wohnungsbau, Breitband und Verkehr sowie die Dekarbonisierung der Wirtschaft.

Die Erkenntnis, dass in der Frage öffentlicher Investitionen eine deutlich aktivere Rolle des Staates gefragt ist, teilen inzwischen also viele. Das ist positiv zu bewerten und wirft ein Schlaglicht auf die gewandelten Debatten. Doch das allein greift viel zu kurz. Erhebliche Investitionsmittel der öffentlichen Hand können überhaupt nicht abgerufen werden, da entsprechende Planungskapazitäten in den Ämtern fehlen, weil die Kapazitäten der Bauindustrie voll ausgelastet sind oder weil beispielsweise IT-Fachkräfte fehlen. An dieser Stelle wird der Zusammenhang zwischen Investitionen und Personal deutlich. Ebenso bei den Bildungsausgaben: Eine Schule zu bauen (Investitionsmittel) und dann keine Lehrerinnen und Lehrer (konsumtive Personalmittel) dafür zu haben, ergibt keinen Sinn. Auch die Bedeutung eines langfristig angelegten Programms wird hier deutlich.

Vereinzelt gab es in den vergangenen Jahren Vorschläge (auch vom SVR), die Finanzierung der Mittel für öffentliche Investitionen durch Umschichtungen in den Haushalten bereitzustellen: Kürzungen bei den konsumtiven Ausgaben (Personal, Sozialleistungen) und stattdessen Aufstockung der investiven Mittel. Das ist der Versuch, den Pfad eines schlanken, neoliberalen Staates beizubehalten und gleichzeitig das Investitionsproblem zu lösen. Es ist der falsche Weg, und er funktioniert nicht. Ein leistungsfähiger Staat braucht Investitionen *und* Personal! Wenn Investitionen der *erste Pfeiler* für ein leistungsfähiges Gemeinwesen sind, dann ist das Personal der *zweite Pfeiler*. Es fängt an bei den Planungskapazitäten, die bei den Kommunen eingespart wurden und heute fehlen. Beim Personal für Bildung und Forschung geht es weiter.

Auch in der Gesundheitsversorgung und der Pflege nutzen reine Investitionsmittel gar nichts. Das notwendige Personal muss dazu eingestellt werden. Fehlendes Personal war auch der Grund, warum der Abgasskandal bei den Dieselfahrzeugen und große Versäumnisse bei der Lebensmittelkontrolle möglich wurden. Kontrollen wurden an private Einrichtungen outgesourct, staatliche Prüfkapazitäten gab es nicht. Weil polizeiliche Planstellen fehlen oder nicht besetzt sind, leidet das

Sicherheitsgefühl der Bürgerinnen und Bürger. Die Aufzählung ließe sich fast nach Belieben fortsetzen.

Ein leistungsfähiges Gemeinwesen als Grundlage für ein lebenswertes Leben für alle Menschen kann nur im Zusammenspiel von Investitionen und Personalausstattung zustande kommen. Es gehört aber auch ein effektiver Sozialstaat dazu, der ausreichende Transferleistungen zur Bewältigung von Lebensrisiken (Krankheit, Lebensstandard im Alter, Arbeitslosigkeit) bereitstellt. Das ist gewissermaßen der *dritte Pfeiler* eines solchen Gemeinwesens. Den *vierten Pfeiler* stellen die gesetzlichen Rahmenbedingungen dar. Mit der entsprechenden Regulierung, Ge- und Verboten, Festlegung von Grenzwerten usw. muss ein dichtes Netz gespannt werden, welches keine Schlupflöcher zulasten der Umwelt, der Gesundheit, von Arbeitsplätzen und der sozialen Beziehungen offenlässt.

Denkt man diese vier Pfeiler zusammen, dann wird deutlich, dass sie den Rahmen eines neoliberalen Kapitalismus sprengen. Es ist für die *Arbeitsgruppe Alternative Wirtschaftspolitik* klar, dass es um nicht weniger geht als um eine Transformation zu einem ganz neuen Entwicklungspfad. Nur auf einem solchen Pfad lassen sich die ökologischen und sozialen Herausforderungen bewältigen. Marktprozesse, auch das ist klar, werden dabei eine geringere Rolle spielen als heute. Die Vermarktlichung vieler Bereiche hat die aktuellen Probleme erst geschaffen oder verschärft.

Immer wieder stellt sich bei einem solchen Entwicklungspfad die Frage nach dem Verhältnis von Wachstum und Wohlstand. Der noch immer anhaltende beschwörende Ruf von Politik und Wirtschaft nach Wachstum kann genauso wenig wie eine pauschale Wachstumskritik die komplexen Fragen nach einer nachhaltigen Entwicklung beantworten. Ein solcher Weg beinhaltet einen staatlich forcierten Strukturwandel, einerseits von sehr schnell wachsenden ökologischen Branchen (wie z. B. erneuerbaren Energien und Ressourceneffizienz), verbunden andererseits mit einem möglichst raschen Ausstieg aus Risikobranchen wie den fossilen Energien. Ein solcher Weg führt auch dazu, dass soziale Bereiche mit geringem Material- und Energieeinsatz gesamtwirtschaftlich erheblich an Bedeutung gewinnen werden.

5. Finanzen für ein leistungsfähiges Gemeinwesen

Im vergangenen Jahr hat die steuerpolitische Debatte wieder Fahrt aufgenommen. Das hatte verschiedene Ursache. Ein Kristallisationspunkt waren die Haushaltsüberschüsse: Trotz der schwächeren konjunkturellen Situation hat der Gesamtstaat im Jahr 2019 nach den Daten der Volkswirtschaftlichen Gesamtrechnung (VGR) einen Überschuss von 49,8 Milliarden Euro (1,5 Prozent des BIP) erzielt. Alle staatlichen Sektoren lagen im Plus: der Bund mit 19,2 Milliarden Euro, die Länder mit 13,3 Milliarden Euro, die Sozialversicherungen mit 10,7 Milliarden Euro und die Kommunen immerhin noch mit 6,6 Milliarden Euro (Destatis 2020, VGR). Das hat von konservativer Seite die Forderungen nach Steuersenkungen befördert. Zusätzlich munitioniert wurde die Debatte durch die Tatsache, dass immer mehr Menschen in den Bereich des Spitzensteuersatzes gelangen. Die Trump'sche Steuerreform in den USA hat den Ruf nach Senkung der Unternehmenssteuern verstärkt. Die steuerliche Wettbewerbsfähigkeit des Standortes sei nicht mehr gegeben.

Keine Rolle hat dagegen die Sicherung der staatlichen Einnahmebasis durch die Steuerpolitik gespielt. Allenfalls gab es eine Debatte, die staatlichen Überschüsse nicht nur zur Schuldentilgung, sondern auch für Investitionen zu nutzen. Die Erzielung höherer Steuereinnahmen ist überhaupt nicht im Fokus der Debatte. Hier wirken die alten neoliberalen Dogmen noch massiv weiter.

Gleiches gilt auch für die Kreditfinanzierung staatlicher Investitionen. Für den intergenerativen Ausgleich ist sie sogar zwingend. Die Finanzierung einer Investition, von der auch nachfolgende Generationen noch profitieren, wird durch Kreditaufnahme und -tilgung auch teilweise in die Zukunft verlegt. Solche Finanzierungsoptionen sind durch die – immer wieder in vielen MEMORANDEN kritisierte – Schuldenbremse stark eingeschränkt. Die politische Praxis in Deutschland geht aber noch weiter als von der Schuldenbremse verlangt. Die „schwarze Null" ist geradezu zum Symbol einer soliden Haushaltsführung mutiert.

Die Konzeption eines jährlich ausgeglichenen Staatshaushalts gilt jedoch in der Wirtschaftswissenschaft fast unisono als unseriös.

Zumindest zyklische Defizite, also eine konjunkturelle Komponente in Form automatischer Stabilisatoren, werden allgemein akzeptiert. Auch der SVR hat sich einhellig von der „schwarzen Null" distanziert (SVR, Jahresgutachten 2019/20). Die grundgesetzliche Schuldenbremse sieht keine „schwarze Null" vor, sondern fordert einen ausgeglichenen *strukturellen*, also konjunkturbereinigten, Haushaltssaldo; dieser gilt – gemäß Grundgesetz – beim Bund als realisiert, wenn das strukturelle Defizit nicht größer als 0,35 Prozent des BIP ist. Die Länder dürfen ab 2020 kein strukturelles Haushaltsdefizit mehr aufweisen. Eine Konzeption des permanent ausgeglichenen Haushalts wäre prozyklisch in einer Rezession und ebenfalls prozyklisch im Aufschwung und in der Hochkonjunktur, würde also konjunkturelle Ausschläge vergrößern. Am Ende des Haushaltsjahres würde wahrscheinlich auch gar kein ausgeglichener Haushalt erreicht werden, weil der Haushaltssaldo nicht genau vorhersehbar und nicht punktgenau erreichbar ist. Abweichungen von den Vorhersagen sind erheblich.

Für die Begrenzung der Kreditaufnahme des Staates gibt es mehrere Regelungswerke, die alle rechtlich verbindlich sind. Auf der Ebene des deutschen Nationalstaates gibt es die im Grundgesetz verankerte Schuldenbremse. Daneben existiert der Europäischen Stabilitäts- und Wachstumspakt (SWP), der in den Europäischen Verträgen festgeschrieben ist. Zusätzlich gibt es noch den europäischen Fiskalvertrag, ein völkerrechtlicher Vertrag der EU-Mitgliedsländer. Alle drei Systeme weisen unterschiedliche, zum Teil sehr komplexe Regelungen auf. Aufgrund der Vielschichtigkeit lässt sich nicht einmal eindeutig sagen, welche Regelung restriktiver wirkt. Eine ökonomisch schlüssige Begründung gibt es für alle drei nicht.

Auf das Jahr 2019 bezogen heißt dies, dass der Bund laut Schuldenbremse zwölf Milliarden Euro Spielraum für ein strukturelles Defizit hatte (nach den Regeln des europäischen Fiskalpaktes 17 Milliarden Euro). Tatsächlich aber verzeichnete Deutschland nach der Berechnungsmethode der EU-Kommission einen gesamtstaatlichen Überschuss von 1,1 Prozent des BIP (der Überschuss existiert seit 2013). Im Jahr 2019 wurde also ein Potenzial von etwa 1,5 Prozent des BIP, das sind etwa 50 Milliarden Euro, nicht genutzt – ein Potenzial, das im Rahmen der Vorschriften für die Schuldenbremse hätte genutzt werden können. Die Schuldenbremse hat eine politische Strahlkraft entwickelt. Im finanzpolitischen Alltag mutierte sie zur schwarzen Null. Damit wurden die Vorgaben der Schuldenbremse, die eine begrenzte Kreditaufnahme zulässt, ohne gesetzliche Vorgaben sogar noch verschärft.

Die Schuldenbremse des Grundgesetzes hat eine raffiniert eingebaute kontraktive Bremswirkung auf Wachstum und Beschäftigung. Sie wirkt prozyklisch, bremst öffentliche Investitionen, senkt den Schuldenstand auf ein zu niedriges Niveau und erhöht den Leistungsbilanzüberschuss. Dass dies bislang nicht so deutlich sichtbar wurde, seitdem die Schuldenbremse 2011 für den Bund und erst 2020 für die Länder wirksam wurde, lag an der von der Europäischen Zentralbank betriebenen Niedrigzinspolitik und der damit verbundenen relativ guten Konjunktur. Für die dringend benötigten öffentlichen Investitionen wirkt die Schuldenbremse wie ein Quasi-Kreditverbot, insbesondere für die Länder und die von ihnen abhängigen Gemeinden. Hinzu kommt: Die Schuldenbremse in Kombination mit den europäischen Fiskalregeln schränkt das Budgetrecht der Parlamente massiv ein. Ein starres, in sich nicht konsistentes Regelwerk mit detaillierten quantitativen Vorschriften soll wie ein Autopilot einen wesentlichen Bereich der Wirtschaftspolitik, nämlich Kernbereiche der staatlichen Finanzpolitik steuern. Das Regelwerk des Autopiloten ist nahezu in Stein gemeißelt, denn es bedarf einer Zweidrittelmehrheit in Bundestag und Bundesrat, um die Schuldenbremse zu ändern. Ebenso schwierig ist es, die Detailvorgaben des Fiskalvertrags zu ändern, da dies die Einstimmigkeit der beteiligten Nationen erfordert.

Trotzdem ist die Schuldenbremse inzwischen in Wissenschaft und Öffentlichkeit durchaus umstritten. Viele Parlamente versuchen, Finanzierungsalternativen jenseits der Schuldenbremse zu entwickeln. Hüther (IW) und Dullien (IMK) fordern die Einführung einer goldenen Regel, nach der die Investitionen zumindest teilweise ausgenommen werden. Auch in der Europäischen Kommission tobt die Debatte, ob im Rahmen des *Green Deal* ökologische Investitionen von der Regel ausgenommen werden sollen.

Die *Arbeitsgruppe Alternative Wirtschaftspolitik* fordert die Abschaffung der Schuldenbremse. Da dies politisch auf absehbare Zeit nicht durchsetzbar sein wird, gilt es jede Möglichkeit zur Öffnung der Regel unterhalb der Schwelle des Grundgesetzes zu ergreifen. Und natürlich auch die finanziellen Spielräume zu nutzen, die es trotz Schuldenbremse gibt.

6.   Ein handlungsfähiger Staat braucht Personal

Seit Anfang der 1990er-Jahre fand im öffentlichen Dienst ein massiver Personalabbau statt. Von 6,7 Millionen im Jahr 1991 sank die Zahl der Beschäftigten auf rund 4,5 Millionen im Jahr 2008. Ungefähr die Hälfte des Personalabbaus ging auf die Privatisierung großer Bundesunternehmen (vor allem der Deutschen Post) und die Privatisierung kommunaler Unternehmen zurück. Seit 2009 wurde wieder Personal aufgebaut, auf rund 4,8 Millionen im Jahr 2018. Von einer generellen Renaissance des Staates als Arbeitgeber kann gleichwohl keine Rede sein. Auch im internationalen Vergleich zeigt sich die schwache Personalausstattung des öffentlichen Dienstes. Während Deutschland im Jahr 2018 im öffentlichen Dienst 58 und bei öffentlichen Arbeitgeberinnen und Arbeitgebern insgesamt 73,6 Personen (Vollzeit und Teilzeit) je 1.000 Einwohnerinnen und Einwohner beschäftigte, liegen die entsprechenden Dichteziffern in allen fünf nordisch-skandinavischen Staaten mehr als doppelt so hoch (in Dänemark zum Beispiel betrug sie im öffentlichen Dienst 143 und im öffentlichen Sektor insgesamt 152,8). In Deutschland übernehmen zwar Wohlfahrtsverbände und Kirchen mit ca. 1,5 Millionen Beschäftigten Aufgaben, die in diesen Ländern von öffentlichen Einrichtungen betrieben werden. Aber auch wenn sie hinzugerechnet werden, bleibt der Abstand groß. Die desolate Personalsituation in den öffentlichen Bereichen führte zu massiven Defiziten bei der Quantität und der Qualität der Bevölkerungsversorgung und damit der Lebensqualität insgesamt. Der Deutsche Beamtenbund bezifferte Anfang des Jahres den Personalbedarf im öffentlichen Dienst auf fast 300.000 zusätzliche Stellen.

Eine von der *Arbeitsgruppe Alternative Wirtschaftspolitik* vorgenommene Auswertung von Studien und amtlichen Statistiken offenbart Bedarfe von weit über ein bis zu zwei Millionen zusätzlich Beschäftigten. Allein in der Kinderbetreuung – von den Krippen bis zu den Horten – sind gut 400.000 rechnerische Vollzeitkräfte an pädagogischem Personal mehr erforderlich, wenn zur Bedarfsabdeckung auch noch die Durchsetzung der fachlich empfohlenen Personalschlüssel hinzutritt. Einschließlich Verwaltung, Verpflegung, Reinigung, Supervision usw. fällt die Beschäftigungslücke noch deutlich größer aus.

Im Bildungsbereich besteht ein Personalmangel von den Schulen über die Hochschulen bis zur Weiterbildung. Mit Blick auf konkrete Bedarfe – wie Ganztagsschulen, die pädagogischen Ansprüchen genügen, bessere Betreuungsverhältnisse, mehr Schulsozialarbeit und Inklusion – kann ein Potenzial von mehreren hunderttausend Vollzeitstellen festgestellt werden.

Auch im Bereich Gesundheit und Sozialwesen gibt es einen erheblichen ungedeckten Personalbedarf, vor allem in der Krankenhaus- und Altenpflege. In der Krankenhauspflege beläuft er sich auf mindestens 100.000 rechnerische Vollzeitkräfte; in der Altenpflege ist er perspektivisch noch wesentlich höher. Würde bezogen auf die heute Pflegebedürftigen bei konstanter Versorgung durch pflegende Angehörige die Personalausstattung so gestärkt, dass fachliche Standards nicht nur auf dem Papier stehen, wären mehrere hunderttausend Kräfte zusätzlich nötig, mit steigender Tendenz.

Auch im Bereich der kulturellen Dienste gibt es einen nicht unerheblichen Bedarf. Dieser bewegt sich mit Blick auf europäische, insbesondere skandinavische Vergleichsländer im Bereich von 100.000 Stellen aufwärts. Eine große Rolle käme professionell geführten und gut ausgebauten öffentlichen Bibliotheken zu. Zudem gibt es Bedarfe, die hier gar nicht erfasst wurden, wie beispielsweise bei Polizei und Justiz. Erschwerend kommt hinzu, dass in den nächsten Jahren die geburtenstarken Jahrgänge in den Ruhestand treten und der öffentliche Dienst durch Personalabbau und Einstellungsstopps eine überproportional überalterte Belegschaft aufweist. Tendenziell werden die Einstellungsbedarfe damit noch stärker steigen als die Zahl der notwendigen

Stellen. Für die *Arbeitsgruppe Alternative Wirtschaftspolitik* ist klar, dass die Defizite verringert und die Stellen erheblich aufgestockt werden müssen. Ein Großteil der Einstellungen sollte im öffentlichen Sektor stattfinden, denn eine kritische Masse an Beschäftigung im öffentlichen Sektor ist für die gewerkschaftliche Organisation und damit für das Erkämpfen guter Arbeitsbedingungen unentbehrlich.

Der Ausbau der untersuchten Dienstleistungen rechtfertigt sich einerseits aus sich selbst heraus, d. h. indem er die soziale Teilhabe und die Lebensqualität sowie die persönliche Entfaltung verbessert. Es sprechen aber auch gesamtwirtschaftliche Gründe dafür. Zum einen dient der Personalaufbau dem Ziel der Vollbeschäftigung. Trotz gesunkener Arbeitslosigkeit gibt es nach wie vor in erheblichem Umfang offene und verdeckte Arbeitslosigkeit und ungewollte Teilzeit (vgl. MEMO-RANDUM 2018). Diese Unterbeschäftigung kann – in einem gewissen Umfang und entsprechende Qualifizierungsmaßnahmen vorausgesetzt – durch die neu zu schaffenden Arbeitsplätze abgebaut werden. Zum anderen würde der massive Ausbau gemeinwohlorientierter Dienste die Binnenwirtschaft stärken und wäre ein zentraler Hebel dafür, die von der *Arbeitsgruppe Alternative Wirtschaftspolitik* seit langem kritisierten deutschen Leistungsbilanzüberschüsse zu mindern. Darüber hinaus würden Ersatzarbeitsplätze für in umwelt- und klimaschädlichen Bereichen wegfallende Arbeitsplätze geschaffen.

7. Gesundheitsversorgung auf falschem Pfad

Die Gesundheits- und Pflegewirtschaft ist Deutschlands größter Wirtschaftssektor. Von den 44,3 Millionen Erwerbstätigen im Jahr 2017 entfielen 7,3 Millionen direkt und 4,1 Millionen indirekt auf den Gesundheitsbereich, zusammen sind das 11,4 Millionen oder 25,7 Prozent der Erwerbstätigen. Die Gesundheitsausgaben bewegten sich von Anfang der 1980er-Jahre bis 1989/90 (alte Bundesrepublik) in einem Korridor von 8,5 bis 9 Prozent des BIP; sie stiegen bis 2017 auf 11,3 Prozent. Nach der Schweiz und Frankreich hat Deutschland damit in Europa das drittteuerste Gesundheitssystem.

Diesen hohen Ausgaben stehen Defizite bei der Leistungsfähigkeit gegenüber. Aus Sicht der europäischen Beobachtungsstelle für Gesundheitssysteme und Gesundheitspolitik ist das deutsche System durch erhebliche Strukturmängel geprägt. Auch der „Euro Health Consumer Index" (EHCI) bescheinigt dem deutschen Gesundheitssystem lediglich eine befriedigende bis gute, aber keine überragende Leistungsfähigkeit. Gut bis sehr gut schneidet das deutsche System bei der Reichweite der von den Krankenkassen übernommenen Leistungen, bei der Akutversorgung und den Wahlrechten der Patientinnen und Patienten ab. Deutliche Defizite gibt es dagegen bei der Versorgung von Menschen mit chronischen Mehrfacherkrankungen und dauerhaftem Pflegebedarf, bei der Vermeidung überflüssiger Operationen und von Komplikationen im Falle einer Krankenhausbehandlung, bei der Digitalisierung sowie bei der Aufwertung der Pflege. Ein großes Problem, dem gleichwohl wenig Aufmerksamkeit geschenkt wird, stellt die stark gewachsene Gesundheitsungleichheit dar.

In den Ländern mit einem *„öffentlichen Gesundheitsdienst"* ist es die Aufgabe des Staates, die verschiedenen Aufgabenfelder der Gesundheitsversorgung von der primären Versorgung bis zur Langfristpflege so zu organisieren, dass ein in sich kohärentes Gesamtsystem entsteht. Die staatlichen Systeme sind nach dem Zweiten Weltkrieg, teilweise sogar erst ab Ende der 1970er-Jahre (Portugal 1979, Italien 1980; Spanien ab den 1980er-Jahren) entstanden, während Deutschland – mit einer gewissen Ausnahme beim Krankenhauswesen – bis heute an der Tradition eines *„selbstverwalteten Gesundheitssystems"* festhält. Diese Selbstverwaltung stößt allerdings zunehmend an ihre Grenzen – Stichworte sind das Fehlen von Ärztinnen und Ärzten im ländlichen Raum, die Krise rund um die Notfallversorgung, die häufigen Fälle von Abrechnungsbetrug und anderes mehr. Zugleich wird sie überformt und korrumpiert durch Marktöffnungen und die Etablierung einer marktorientierten Wettbewerbslogik. Für Renditejäger hat die Privatisierung der Langfristpflege gute Möglichkeiten der Abschöpfung öffentlicher Finanzierungsmittel geschaffen, bei gleichzeitiger Umwandlung der Altenpflegebranche in ein Beschäftigungsfeld mit geringer Tarifbindung und stark verbreiteter Niedriglohnbeschäftigung.

Anders als die Altenpflege ist das Krankenhauswesen zwar als Bereich der öffentlichen Daseinsvorsorge ausgeprägt, mit weitgehender Vollfinanzierung der Patientenversorgung. Wie im MEMORANDUM 2018 (S. 142ff.) ausgeführt, haben neoliberale Strukturreformen jedoch auch in diesem Sektor des Gesundheitssystems den Geist von Markt und Wettbewerb zur Entfaltung gebracht. Die versprochene Hebung von Wirtschaftlichkeitsreserven bei zugleich besserer Qualität trat nicht ein. Verändert hat sich der Umgang mit den Patientinnen und Patienten. Die Frage nach der besten medizinischen und pflegerischen Versorgung tritt zurück hinter dem Interesse nach maximaler Erlösgenerierung.

Nach Auffassung der *Arbeitsgruppe Alternative Wirtschaftspolitik* ist bei der Gesundheitsversorgung ein Punkt erreicht, an dem grundsätzlich neue Weichenstellungen geboten sind. Die Grundprobleme des deutschen Gesundheitssystems liegen in den fragmentierten Strukturen, deren Steuerung gleichermaßen einer Markt- und Wettbewerbslogik wie einer Logik der korporatistischen Selbstverwaltung folgt. Mit dieser Mixtur wurden bestehende Probleme potenziert statt abgebaut. Die Politik reagiert im Dauerreparaturmodus. Die *Arbeitsgruppe Alternative Wirtschaftspolitik* tritt demgegenüber dafür ein, das Gesundheitssystem als Teil der öffentlichen Daseinsvorsorge zu sehen, bei welcher der Versorgungsbedarf im Mittelpunkt steht und die schon weit vorangeschrittene Kommerzialisierung gestoppt und abgebaut wird.

8. 30 Jahre deutsche Vereinigung – Spaltung ist nicht überwunden

Ende 2019 lief der Solidarpakt II aus. Die 2016 beschlossene grundlegende Neuordnung der Finanzbeziehungen von Bund und Ländern trat Anfang 2020 in Kraft. Die Idee, die deutsche Einheit und ihre Folgen im Rahmen einiger befristeter Sonderprogramme – Fonds Deutsche Einheit, Solidarpakt I und II – finanzpolitisch regulieren zu können, ist Vergangenheit. Auch auf diesem Gebiet hat sich die Anpassung an ein dauerhaftes Ost-West-Gefälle durchgesetzt.

Damit ist nachvollzogen, was Ende 1994 in der Neufassung des

Artikels 72 Grundgesetz verordnet wurde. Seitdem geht es nicht mehr um das Ziel einer „Einheitlichkeit der Lebensverhältnisse", sondern um eine schwer zu fassende „Gleichwertigkeit". Das Bruttoinlandsprodukt pro Einwohnerin bzw. Einwohner lag in Ostdeutschland (mit ganz Berlin) im Jahr 2000 bei 66 Prozent des Westniveaus und im Jahr 2018 bei 75 Prozent. Für die neuen Länder (ohne Berlin) betragen die entsprechenden Werte 60 bzw. 69 Prozent. Die Zeit der hohen Wachstumsraten, in denen von einer „Aufholjagd" gesprochen wurde, waren schon 1997 vorbei. Seither gibt es zwar noch eine weitere Annäherung an das Westniveau bei der Wirtschaftsleistung und den Einkommen – aber in Trippelschritten.

Ende des Jahres 2019 machte auch die Nachricht von der geplanten Errichtung einer Tesla-Fabrik für Elektroautos in Grünheide bei Berlin Furore. Eine industrielle Großinvestition in einer deindustrialisierten Region! Die Entscheidung hat die wirtschaftliche Situation in Ostdeutschland in eine ungewöhnliche Perspektive gerückt: Die seit 1990 oft versprochenen Möglichkeiten könnten sich einmal realisieren, wenn auch in beschränktem Umfang und mit vielen Fragezeichen versehen. Tatsächlich stehen mit der Umstellung der Energiewirtschaft – Kohleausstieg! – und dem Umbruch für die Autoindustrie volkswirtschaftliche Veränderungen an, die einige der traditionellen Standortvorteile der alten Bundesländer zumindest relativieren. Trotzdem bleibt die ostdeutsche Gesellschaft weiterhin auf Transfers im Rahmen der öffentlichen Haushalte und der Sozialversicherungen angewiesen.

Die Diskussionen über die Gründe des ostdeutschen Sonderwegs bei der Wiedereinführung des Kapitalismus in Osteuropa seit 1990 reißen deshalb nicht ab. Aus Sicht des Westens wird – Stichwort „Solidaritätszuschlag" – beklagt, dass man immer noch für den Osten zahlen müsse. Aus dem Osten wird eingewandt, dass man in den frühen 1990er-Jahren abgewickelt wurde – Stichwort „Treuhand". In der Westsicht fehlt dabei der Blick auf die Vermögensübertragungen von Ost nach West, die natürlich an vielen vorbeigegangen sind. Heute fehlt in Ostdeutschland weitgehend genau jene Art von privatem Reichtum, der die Bundesrepublik geprägt hat und prägt. In der Ostsicht wird gerne vergessen, dass die geschmähte Treuhand und die erwünschte

DM-Einführung zwei Seiten einer Medaille waren. Die *Arbeitsgruppe Alternative Wirtschaftspolitik* hat immer wieder Vorschläge für soziale und nachhaltige Alternativen zur dominierenden Anschlusspolitik entwickelt. Das werden wir in den nächsten MEMORANDEN fortsetzen, auch wenn Aufklärung allein zur Veränderung gesellschaftlicher Kräfteverhältnisse sicher nicht reicht.

9.   Eine alternative Wirtschaftspolitik ist notwendig

9.1   Investitions- und Ausgabenprogramm

Die Forderung der *Arbeitsgruppe Alternative Wirtschaftspolitik* nach einem umfassenden Investitions- und Ausgabenprogramm ist weiter hoch aktuell. Dass inzwischen auch andere ähnliche – wenn auch in der Regel kleiner dimensionierte – Programme fordern, ändert nichts an der weiter fehlenden politischen Umsetzung. Das Programm passt mit seiner kräftigen Nachfrageausweitung gut in die derzeitige konjunkturelle Lage. Es ist aber ausdrücklich kein kurzfristiges Konjunkturprogramm. Als solches würde es schon deswegen scheitern, weil viele Forderungen einen zeitlichen Vorlauf benötigen. Das gilt insbesondere in Zeiten ausgelasteter Baukapazitäten und fehlenden Personals mit entsprechender Qualifizierung in vielen Bereichen. Das Programm ist auf Langfristigkeit und Verstetigung angelegt. Das schafft Planungssicherheit und erlaubt einen Kapazitätsaufbau ebenso wie Qualifizierungsmaßnahmen einschließlich eines Studiums.

Für den notwendigen sozial-ökologischen Umbau der Gesellschaft fordert die *Arbeitsgruppe Alternative Wirtschaftspolitik* ein Investitions- und Ausgabenprogramm von zusätzlich 120 Milliarden Euro jährlich. Diese verteilen sich auf die Bereiche Bildung (25 Milliarden Euro), Verkehrsinfrastruktur und Digitalisierung (15 Milliarden Euro), kommunale Ausgaben (20 Milliarden Euro), energetische Gebäudesanierung und sozialer Wohnungsbau (20 Milliarden Euro), lokale Pflegeinfrastruktur (20 Milliarden Euro) und zusätzliche Ausgaben für Arbeitsmarkt und Qualifizierung (20 Milliarden

Euro, inklusive der Mittel für eine Erhöhung der Hartz-IV-Sätze). Ausgangspunkt für ein solches Investitions- und Ausgabenprogramm sind ungedeckte gesellschaftliche Bedarfe. Sie konzentrieren sich auf: berechtigte Anliegen nach mehr und qualitativ besserer Bildung, nach einem geringeren Energie- und Ressourcenverbrauch, nach besseren Maßnahmen der Daseinsvorsorge und generell aus einer besseren Versorgung mit öffentlichen Dienstleistungen. Gleichzeitig zielt dieses Programm darauf, die Beschäftigung und die Masseneinkommen zu steigern. Es geht um den Abbau der Arbeitslosigkeit und zugleich die Verbesserung der materiellen Lebenslage großer Teile der Bevölkerung.

Gefordert sind aber nicht nur Investitionen. Für eine notwendige Revitalisierung des Sozialstaates stellen sich weitere Fragen: Was muss an Personal in den verschiedenen öffentlichen Aufgabenfeldern vorgehalten werden, damit die gesetzlich normierten Leistungs- und Qualitätsziele in der Praxis ankommen? Eine Strategie der Renaissance des öffentlichen Dienstes verlangt nach Einbettung in einen wirtschafts- und finanzpolitischen Rahmen, der diese Strategie trägt. Um die hier ausführlich dargestellten Mängel in der personellen Ausstattung des öffentlichen Dienstes schrittweise abzubauen, muss die Zahl der Stellen erheblich aufgestockt werden. Für die kommenden zehn Jahre fordert die *Arbeitsgruppe Alternative Wirtschaftspolitik* einen Beschäftigungsaufbau von ein bis zwei Millionen öffentlich Beschäftigten in den öffentlichen und gemeinwohlorientierten Diensten (vgl. oben).

Zur Revitalisierung des Sozialstaates gehören nicht nur die Beschäftigten im öffentlichen Bereich, sondern natürlich auch ausreichende Transferleistungen. Die *Arbeitsgruppe Alternative Wirtschaftspolitik* fordert die Einführung einer allgemeinen Bürgerversicherung. Das Sicherungsniveau im Alter und bei Lebensrisiken wie Krankheit, Arbeitslosigkeit usw. muss die Menschen sicher vor Armut schützen.

Die *Arbeitsgruppe Alternative Wirtschaftspolitik* setzt sich seit langem dafür ein, dass sich Wirtschaftspolitik an den vorhanden Bedarfen orientiert und nicht an der Verwertungslogik des Kapitals. Auch wenn wir uns nicht per se für eine stagnierende oder schrumpfende Ökonomie (in Bezug auf das BIP) aussprechen, bedeuten unsere Forderungen doch deutlich geringere Wachstumszwänge. Das gilt auch für die von

uns unterstützte Hinwendung zu nicht profitorientierten Wirtschaftsformen unter öffentlicher oder selbstverwalteter Regie – im Gegensatz
zu profitorientierten Wirtschaftsformen, die einen inhärenten Wachs-
tumsdrang in sich tragen.

Um das Gesundheits- und Pflegesystem als Teil der öffentlichen
Daseinsvorsorge zukunftsgerecht so neu auszurichten, dass der Bedarf
im Mittelpunkt steht und ernst gemacht wird mit der Aufwertung pflegerischer Berufe, hat die *Arbeitsgruppe Alternative Wirtschaftspolitik*
im MEMORANDUM 2018 einen Masterplan Pflege gefordert (vgl.
Kap. 4, S. 163ff.). Er umfasst eine Schließung der Verdienstlücke der
Altenpflege gegenüber der Krankenpflege und einen Abbau der per-
sonellen Unterbesetzung bei der Krankenhaus- und Altenpflege im
Rahmen der Etablierung einer Pflegepersonalbemessung ebenso wie
Weichenstellungen in Richtung Vollversicherung und einer Zurück-
drängung der kommerziellen Anbieterfraktionen. Nichts von diesen
Bausteinen findet sich in der pflegepolitischen Agenda der derzeitigen
Bundesregierung.

9.2 Neue Herausforderungen in der Industrie- und Strukturpolitik

Die Krise der Industrie ist weit mehr als eine Konjunkturkrise. Die
Stichworte für die größten Veränderungen sind Dekarbonisierung
und Digitalisierung. Dazu kommen ein verstärkter Wettbewerbsdruck
durch zunehmende internationale Konkurrenz (z. B. aus China) und
ein Verlagerungsdruck auf deutsche Standorte, um Renditen in dieser
schwierigen Lage zu halten oder zu steigern.

Die Autoindustrie als wertschöpfungsstärkste Branche in Deutschland ist ein Beispiel dafür, wie diese Strukturbrüche begonnen haben.
Die Antriebswende vom Verbrennungsmotor hin zum Elektroantrieb
wurde von der Autoindustrie mit staatlicher Unterstützung begonnen
und wird in den kommenden Jahren an Fahrt aufnehmen. Weil der
elektrische Antriebsstrang mit weniger beweglichen Teilen auskommt
als der von konventionellen Fahrzeugen und zudem weniger war-

tungsintensiv ist, sind Arbeitsplatzverluste zu erwarten. Das Institut für Arbeitsmarkt- und Berufsforschung (IAB) errechnet bis zum Jahr 2035 den Wegfall von rund 114.000 Arbeitsplätzen in der Automobilwirtschaft (IAB 2019). Demgegenüber gibt es prognostisch nur 16.000 neue Stellen, die durch die Elektrifizierung entstehen.

Die von der *Arbeitsgruppe Alternative Wirtschaftspolitik* geforderte umfassende Verkehrswende führt zu noch größeren Umbrüchen. Dabei sind die Umstellungen, die sich durch die Digitalisierung ergeben (weniger Produktion, mehr Softwareentwicklung), noch gar nicht berücksichtigt. Der Kohleausstieg ist ein anderes Beispiel dafür, wie sich Unternehmen und Regionen praktisch komplett neu erfinden müssen. Wenn diese fundamentalen Umstellungen nicht zu erheblichen Beschäftigungsverlusten und sozialen Deklassierungen führen sollen, dann reicht eine makroökonomische Steuerung (beispielsweise über ein Investitionsprogramm) nicht aus. Es sind konkrete Industrie- und strukturpolitische Maßnahmen notwendig.

Es ist kein Zufall, dass angesichts dieser Herausforderungen insgesamt das Thema Industriepolitik wieder gesellschaftsfähig wird. Die industriepolitische Agenda des Wirtschaftsministers (Nationale Industriestrategie 2030) ist nur ein Aufschlag zu dem Thema. Auch der SVR, der im Gutachten 2018/19 noch „mehr Vertrauen in die Marktprozesse" als die beste Industriepolitik bezeichnete, führt im Gutachten 2019/20 eine ernsthafte industriepolitische Debatte. Auch die Europäische Union hat im Rahmen ihres *Green Deal* zur Verwirklichung der Klima- und Umweltziele eine neue Industriepolitik angekündigt.

Klar ist, dass die hier angesprochenen Maßnahmen und Programme noch völlig ungenügend sind. Die Debatte über die konkrete Ausgestaltung der notwendigen Industrie- und Strukturpolitik ist allerdings auch in der *Arbeitsgruppe Alternative Wirtschaftspolitik* noch nicht abgeschlossen. Deshalb sollen hier nur ein paar Eckpunkte dazu definiert werden:

- Wettbewerbsfähigkeit darf nicht nur als preisliche Wettbewerbsfähigkeit angesehen werden.
- Industrie- und Strukturpolitik darf nicht mit niedrigeren Löhnen

und Deregulierung gleichgesetzt werden. Die *Arbeitsgruppe Alternative Wirtschaftspolitik* versteht darunter vielmehr Investitionen, Ausbildung, Training, Forschung und die Qualität des öffentlichen Sektors.

- Beim technischen Fortschritt sollte nicht vor allem die Arbeitsproduktivität im Vordergrund stehen, sondern auch die Ressourcen- und Energieeffizienz.

- Erforderlich ist die Einführung einer staatlichen Beteiligungsfazilität mit der entsprechenden Öffnung des europäischen Wettbewerbs- und Beihilferechts.

- Die Unternehmensförderung ist an qualitative Auflagen zu binden, und die Rückflüsse erfolgreicher öffentlicher Förderung sind sicherzustellen. Sinnvolle Subventionen an Branchen und Unternehmen dürfen nicht zu einer Sozialisierung von Verlusten und der Privatisierung von Gewinnen führen.

- Regionale Strukturentwicklungsstrategien müssen entwickelt und umgesetzt werden, unter Einbeziehung der Raumplanung und von Regionalfonds.

Alle diese Eckpunkte sind nach der Auffassung der *Arbeitsgruppe Alternative Wirtschaftspolitik* nur in einem breit angelegten demokratischen Prozess sinnvoll umzusetzen. Dazu gehört die Einbindung von Betriebsräten und Gewerkschaften genauso wie die von NGO, Wissenschaft, Verbraucherorganisationen, Parteien, Stiftungen und Kirchen. Dazu gehören aber auch zwingend mehr demokratische Mitwirkungsrechte der Beschäftigten in den Betrieben. An einer industriepolitischen Strategie wird die *Arbeitsgruppe Alternative Wirtschaftspolitik* weiter arbeiten.

9.3 Neue Regulierung für den Arbeitsmarkt

Eine neue Industrie- und Strukturpolitik muss durch eine entsprechende Arbeitsmarktpolitik ergänzt und abgesichert werden. Das müssen neue und umfangreiche Qualifizierungsprogramme von derzeit noch Beschäftigten sein, Förderungen von Umzügen, aber auch von Frühverrentungen oder von Arbeitszeitverkürzungen. Der Wechsel zwischen Betrieben muss erleichtert werden, indem Transfergesellschaften und ein längerer ALG-I-Bezug die Umqualifizierung und die Arbeitssuche ohne Druck ermöglichen.

Öffentliche Investitionen könnten vor allem ländliche Regionen berücksichtigen, auch um deren Attraktivität für Ansiedlungen wieder zu stärken. Der Ausbau muss außerdem von entsprechenden Qualifizierungsprogrammen in der Berufsausbildung und Umschulung begleitet werden. Die *Arbeitsgruppe Alternative Wirtschaftspolitik* fordert zum Abbau bestehender Defizite einen Personalaufbau im öffentlichen Dienst. Hunderttausende von Arbeitssuchenden könnten dadurch eine qualifizierte Beschäftigung finden.

Arbeitszeitverkürzung ist gleichzeitig unverzichtbar, um einerseits Arbeitsplätze zu schaffen und andererseits abhängig Beschäftigten mehr Freiräume für ein Leben auch außerhalb der Erwerbsarbeit zu geben und Beruf und Familie besser vereinbaren zu können. Doch trotz einer tariflichen Wochenarbeitszeit von 38 Stunden arbeiten die Vollzeitbeschäftigten heute im Schnitt 43,4 Stunden (Bundesanstalt für Arbeitsschutz und Arbeitsmedizin). Eine Arbeitszeitverkürzung nicht nur mit Lohnausgleich, sondern auch mit Personalausgleich durchzusetzen, erfordert eine sehr viel breitere und härtere Auseinandersetzung. Ein erfolgversprechender Ansatz liegt in Formen der Arbeitszeitverkürzung, mit denen die Gewerkschaften Erfolge hatten: Beschäftigte sollen Rechtsansprüche auf eine Arbeitszeitverkürzung in Form verschiedener Wahlmöglichkeiten bekommen. Eine neue kurze Vollzeit sollte in Richtung einer allgemeinen 30-Stunden-Woche gehen.

Atypische Arbeitsverhältnisse müssen eingeschränkt werden, indem die sachgrundlose Befristung von Arbeitsplätzen wieder verboten wird. Dies muss in den öffentlich finanzierten Branchen ergänzt werden durch eine Verstetigung der öffentlichen Finanzierung, damit die Träger nicht mehr in befristete Arbeitsverhältnisse mit der „sachlichen" Begründung befristeter Finanzierungssicherheit ausweichen können. Leiharbeit muss nicht nur gleich entlohnt werden, sondern wie in Frankreich durch einen Zuschlag besser bezahlt werden, um den häufigen

Arbeitsplatzwechsel auszugleichen. Die Sonderregelung für geringfügig Beschäftigte muss aufgehoben und Scheinselbständigkeit unterbunden werden. Entgegen vieler Befürchtungen hat sich der gesetzliche Mindestlohn als beschäftigungspolitisches Erfolgsmodell etabliert. Er muss auf 12 Euro pro Stunde angehoben werden. Das Unterlaufen des Mindestlohnes ist wirksamer zu verhindern.

Um Abstiegsdynamiken, soziale Ängste und Verfestigungen im Arbeitsmarkt zu vermeiden, bedarf es einer sozialen Sicherung bei Arbeitslosigkeit, die die Marktabhängigkeit der Beschäftigten und damit den Druck zur Wiederbeschäftigung und zur Akzeptanz qualitativ schlechterer Arbeitsbedingungen vermindert.

9.4 Für eine gesetzliche Rente, die vor Altersarmut schützt und die Lebensleistung widerspiegelt

Immer weniger Erwerbstätige können sich auf eine Rente verlassen, die zum Leben reicht. Die gesetzliche Standardrente wurde bisher auf 48 Prozent des durchschnittlichen Bruttoentgeltes abgesenkt; weitere Senkungen auf bis zu 42 Prozent drohen nach 2025, wenn die Bundesregierung diese bereits geplante Verschlechterung nicht stoppt. Diese Standardrente erreichen aber immer weniger Beschäftigte aufgrund der Prekarisierung des Arbeitsmarktes – durch die Ausweitung von Niedriglohn, Teilzeit und Arbeitslosigkeit. Die Altersarmutsquote (d. h. die Quote der über 65-Jährigen mit weniger als 60 Prozent des Medianeinkommens) liegt bereits jetzt bei 14,7 Prozent und wird – wenn die Renten wie geplant weiter sinken – bis Mitte der 2030er-Jahre auf über 20 Prozent steigen, bei Ostdeutschen sogar auf über 35 Prozent und bei alleinstehenden Frauen sogar auf über 50 Prozent. Die Verluste der gesetzlichen Rentenansprüche werden nicht im Ansatz von der so gepriesenen privaten Altersvorsorge aufgefangen. Obwohl der Staat die „Riester-Rente" mit drei Milliarden Euro pro Jahr unterstützt, können sie sich gerade die Bezieherinnen und Bezieher kleiner Einkommen nicht leisten – ganz abgesehen davon, dass die kapitalgedeckte Altersvorsorge bei weitem nicht die erhofften Rendite bringt und hoch riskant ist. Altersarmut kann deshalb nur durch folgende Maßnahmen verhindert werden:

- Die gesetzlichen Rentenansprüche müssen wieder auf 53 Prozent des Bruttoeinkommens angehoben werden. Ausbildungs-, Arbeitslosen-, Pflege- und Erziehungszeiten sind als volle Beitragsjahre anzurechnen.
- Die Rentenversicherung muss zu einer Erwerbstätigenversicherung ausgebaut werden, in die – wie in Österreich – auch Beamtinnen und Beamte sowie Selbstständige einbezogen werden.
- Eine Reregulierung des Arbeitsmarktes – Abbau des Niedriglohnbereiches und prekärer Beschäftigungsverhältnisse – muss allen Beschäftigten die Möglichkeit geben, auskömmliche Rentenansprüche über eine Grundrente hinaus zu erwerben.
- Das reguläre Renteneintrittsalter muss wieder auf 65 Jahre abgesenkt werden; Erwerbsgeminderte müssen früher ohne Abschläge in Rente gehen können.
- Eine Grundrente ist aufgrund der früheren Versäumnisse nötig und kann Altersarmut abmildern. Die aktuell von der Großen Koalition geplante Grundrente reicht dafür aber nicht aus; sie muss auf über 1.000 Euro pro Monat angehoben werden. Zeiten der Arbeitslosigkeit müssen als Beitragszeiten angerechnet, die erforderlichen Beitragszeiten auf 30 Jahre gekürzt werden. Die Bedarfsprüfung muss entfallen.
- Ein Ausbau der betrieblichen Altersvorsorge darf nicht an die Stelle gesetzlicher Rentenansprüche treten, sondern sie nur ergänzen.

Die Bundesregierung hatte 2018 beschlossen, die Standardrente bis 2025 bei 48 Prozent des Bruttoeinkommens zu sichern; für die Zeit danach soll eine Rentenkommission bis Mitte 2020 Vorschläge erarbeiten. Sie hat sich damit aber nur eine Atempause verschafft. Die *Arbeitsgruppe Alternative Wirtschaftspolitik* erwartet, dass die Bundesregierung noch in diesem Jahr die gesetzlichen Rentenansprüche auch für die kommende Generation zukunftsfest macht und sich endlich vom Mantra „privat geht vor Staat" verabschiedet. Jetzige und künftige Rentnerinnen und Rentner haben einen Anspruch darauf, ihren Lebensabend in Würde und ohne Not zu verbringen.

9.5 Initiative für einen neuen kommunalen Wohnungsbau

Nur mit einem wachsenden öffentlichen Wohnungsbestand gibt es eine reale, politisch gestaltete Alternative zu den massiven Mietsteigerungen bei Neuvermietungen, den damit verbundenen Mietsteigerungen im Bestand und den spekulativen Steigerungen der Bodenpreise insbesondere in Großstädten und Ballungsräumen.

Acht Punkte für einen neuen kommunalen Wohnungsbau

1. Eine soziale Lösung der Wohnungsfrage muss die Eigentumsfrage ernst nehmen: Öffentlich bauen statt Private fördern!
2. Öffentliche Aufgaben gehören in die öffentliche Hand. Deshalb sind öffentliche Gelder in den öffentlichen Wohnungsunternehmen zum Neubau guter Wohnungen einzusetzen, die dauerhaft in öffentlichem Eigentum verbleiben und damit einer politischen, demokratischen Kontrolle zugänglich sind.
3. Der Aufbau eines öffentlichen Wohnungsbestands zielt auf einen Ausbau des Sozialstaats. Er richtet sich gegen den neoliberalen Abbau des Sozialstaats zu einer Armenbetreuung und gegen die Ablösung staatlicher Verantwortung durch private Initiativen.
4. Ein neuer kommunaler Wohnungsbau bedarf einer Objektförderung, also des Einsatzes staatlicher Gelder für die Errichtung neuer und guter Wohnungen.
5. Nötig ist eine integrale kommunale Wohnungspolitik, die die Wohnbedingungen für die Mehrheit verbessert.
6. Um die bestehende Ungleichheit in der kommunalen Finanzausstattung nicht zu verstärken, muss die Finanzierung auf der Ebene des Bundes und der Ebene der Länder sichergestellt werden.
7. Ein neuer kommunaler Wohnungsbau kann nur langfristig durch eine demokratische Veränderung der Kräfteverhältnisse umgesetzt werden.

8. Als ersten Schritt fordert die *Arbeitsgruppe Alternative Wirtschaftspolitik* ein Sofortprogramm zur Errichtung von 100.000 neuen Wohnungen pro Jahr im öffentlichen Eigentum: Vom notwendigen Investitionsvolumen von 18 Milliarden Euro werden 40 Prozent – etwa 7 Milliarden Euro – vom geforderten Investitionsprogramm gespeist. Die verbleibenden 60 Prozent sollten durch öffentliche Investitionsbanken kreditfinanziert werden.

9.6 Klimapolitik sozialverträglich gestalten

Der ökologische Schwerpunkt in diesem MEMORANDUM liegt auf der Verkehrswende. Gleichwohl bleibt natürlich auch für alle anderen Sektoren die Notwendigkeit, die Umweltbelastung deutlich zu reduzieren. Die Beschlüsse der Bundesregierung im Rahmen des Klimapakets blieben im vergangenen Jahr leider deutlich hinter dem Erforderlichen zurück. Nach allen derzeitigen Erkenntnissen reichen die beschlossenen Maßnahmen nicht aus, um die Treibhausgasemissionen in einem Umfang zu senken, der den Klimaschutzzielen entspricht. Auch die soziale Ausgestaltung des Klimapakets war mangelhaft.

Exemplarisch zeigt sich dies an der im vergangenen Jahr auf den Weg gebrachten CO_2-Bepreisung für Heiz- und Kraftstoffe. Eine CO_2-Bepreisung wirkt grundsätzlich regressiv, d. h. Geringverdienerinnen und Geringverdiener müssen einen größeren Anteil ihres Einkommens dafür aufwenden als Gutverdienerinnen und Gutverdiener. Durch begleitende Maßnahmen wie eine Pro-Kopf-Rückerstattung, ein einkommensunabhängiges Mobilitätsgeld für Berufspendlerinnen und -pendler, aus dem Aufkommen finanzierte Fördermaßnahmen sowie einen Härtefallfonds kann sie jedoch so ausgestaltet werden, dass sie eine progressive Verteilungswirkung hat. Auch wenn dazu vielfältige Konzepte vorliegen, hat sich die Große Koalition für ein Modell entschieden, das mit einer degressiven Wirkung bei hohen Einkommen einhergeht. Dies droht die gesellschaftliche Spaltung weiter zu vertiefen.

Statt einer administrativ gut beherrschbaren CO_2-Steuer entschied sich die Bundesregierung zudem für ein nationales Emissionshandelssystem, das zunächst mit einem Fixpreis startet. Diese Konstruktion ist nicht nur verfassungsrechtlich heikel, die relativ niedrigen Einstiegspreise und der unklare Preispfad nach 2025 erzeugen zudem nicht die notwendige Lenkungswirkung.

Die *Arbeitsgruppe Alternative Wirtschaftspolitik* fordert stattdessen eine CO_2-Steuer oder -Abgabe für die Sektoren Wärme und Verkehr mit einem fest definierten, langfristigen Preispfad. Um den Umstieg sozialverträglich zu gestalten und Ungleichheiten abzubauen, sollten die Hälfte der Einnahmen an die unteren Einkommensgruppen und wenig Vermögenden zurückverteilt werden. Die andere Hälfte sollte zur Finanzierung klimafreundlicher Investitionen genutzt werden.

In Bezug auf die Sektoren Strom und energieintensive Industrie müssen zudem die bisherigen Angebotsüberschüsse im Europäischen Emissionshandelssystem durch eine drastische Verknappung der Zertifikatemenge beseitigt, ein gesetzlicher Mindestpreis von 30 Euro pro Tonne CO_2-Äquivalent eingeführt und die kostenlose Zuteilung von Zertifikaten schrittweise beendet werden. Zum Schutz der Industrie vor Carbon Leakage sollte auf der EU-Ebene ein Grenzsteuerausgleich eingeführt werden.

Die Preissteuerung muss zudem in einen breiten Politikmix aus Ge- und Verboten, Förderpolitik, Investitionen in Forschung und Infrastruktur und den Abbau umweltschädlicher Subventionen eingebettet werden. Sie darf nicht mehr als eine flankierende Maßnahme in diesem Politikmix für den Klimaschutz sein.

9.7 Nachhaltige Mobilität: Forderungen für die Verkehrswende

Die *Arbeitsgruppe Alternative Wirtschaftspolitik* spricht sich für folgende Kernmaßnahmen aus, die in keinem Politikmix mit dem Ziel nachhaltige (Auto-)Mobilität fehlen dürfen, auch wenn sie anfänglich stark umstritten sein werden:

a) auf EU-Ebene
- Die Flottenverbrauchsregelung der EU wäre prinzipiell ein Mei-

lenstein transformativer europäischer Politik und ein äußerst wirksames Instrument zur Verbrauchssenkung. Die Vielzahl der bestehenden Schlupflöcher begrenzen diese Chancen aber erheblich. Im Rahmen des *European Green Deal* sollte die EU eine klimaverträglichere Novelle der Flottenverbrauchsregelung vorlegen.

b) auf nationaler Ebene

- Ein Preisanstiegspfad bis zum Jahr 2030 für Benzin bzw. Diesel (plus 47,7 Cent pro Liter bzw. 54,1 Cent pro Liter) sollte eingeführt und mit einer sozialen Kompensation versehen werden. Zusätzlich sollte auch die steuerliche Begünstigung von Dieselkraftstoff schrittweise abgeschafft werden.
- Einführung einer Bonus/Malus-Regelung als Anreiz zum Umbau der Fahrzeugflotte (Downsizing). Ein Malus von bis zu 20.000 Euro (mindestens in Höhe der französischen Regelung von 10.500 Euro) verteuert den Kauf von besonders PS-starken und schweren Fahrzeugen mit höheren externen Kosten. 50 Prozent der Einnahmen dienen zur Förderung hocheffizienter Kleinfahrzeuge und 50 Prozent der Einnahmen zur Förderung von Maßnahmen der Verkehrsvermeidung und -verlagerung.
- Die steuerliche Absetzbarkeit von Dienstwagen ist stark einzuschränken, insbesondere bei der privaten Nutzung.
- Ein Tempolimit von 120 km/h auf Autobahnen und 80 km/h auf Bundesstraßen sollte eingeführt werden.
- Die Förderung des Umweltverbundes (Radverkehr, Schiene, ÖPNV) sollte finanziell und regional ausgeweitet werden.
- Die Entfernungspauschale ist durch ein einkommensunabhängiges Mobilitätsgeld zu ersetzen.

c) auf kommunaler Ebene

Als besonders wirksam und notwendig erweisen sich vier Kernmaßnahmen:

- Die Ausweitung von Tempo-30-Zonen innerorts, um den Verkehrsablauf lärm- und schadstoffärmer sowie unfallfreier zu gestalten.
- Unter bestimmten Bedingungen die Einführung einer City-Maut

für das Fahren im Stadtgebiet wie in sieben europäischen Städten, um den Prozess „weg von der autogerechten Stadt" und „hin zur Stadt der kurzen Wege" zu unterstützen.

- Die Verknappung und Verteuerung des öffentlichen Parkraumangebots im Straßenraum bis hin zu vollständig parkfreien Verkehrszonen und Verlagerung in bestehende Parkhäuser/Tiefgaragen.
- Die systematische Privilegierung und massive finanzielle Förderung für Busse, Fahrräder und Taxis.

9.8 Gerechte Steuerpolitik zur Finanzierung gesellschaftlicher Aufgaben

Für eine gerechtere Steuerpolitik und die langfristige Finanzierung eines leistungsfähigeren Sozialstaates und ausreichender öffentlicher Investitionen fordert die *Arbeitsgruppe Alternative Wirtschaftspolitik*:

- Die Wiederbelebung der Vermögensteuer wird in Angriff genommen. Der Steuersatz sollte ein Prozent betragen und auf Vermögen von mehr als einer Million Euro (bei gemeinsamer Veranlagung von Ehepartnerinnen und Ehepartnern das Doppelte, bis das Ehegattensplitting ausläuft) erhoben werden. Je Kind sollte ein Freibetrag von 200.000 Euro angewendet werden.
- Die ausgeschütteten Gewinne aus der Veräußerung von inländischen Unternehmensbeteiligungen werden nicht länger steuerfrei gestellt.
- Der Körperschaftsteuersatz sollte von derzeit 15 Prozent auf 30 Prozent erhöht werden.
- Zudem ist die Gewerbesteuer zu einer Gemeindewirtschaftsteuer auszubauen.
- Die Kapitaleinkünfte werden wieder mit dem persönlichen Einkommensteuersatz besteuert.
- Eine zügige Einführung einer umfassenden Finanztransaktionsteuer, die neben Aktien auch Derivate und Anleihen umfasst. Das von

Finanzminister Scholz vorgelegte Konzept einer Besteuerung von Aktienumsätzen hat mit einer solchen Steuer nicht viel zu tun.

- Die Personalnot in den Finanzverwaltungen, insbesondere im Bereich der Betriebsprüfung, wird durch eine Aufstockung der Beschäftigten entsprechend der Personalbedarfsplanung beendet.

- Um die Besteuerung von Einkommen gerechter zu gestalten, fordert die *Arbeitsgruppe Alternative Wirtschaftspolitik*, den Tarifverlauf bei der Einkommensteuer (Grenzsteuersatz) oberhalb eines deutlich erhöhten Grundfreibetrages beginnen zu lassen und durchgehend linear bis zu einem Spitzensteuersatz von 53 Prozent festzuschreiben. Das Ehegattensplitting muss abgebaut und auf die Übertragung des nicht ausgeschöpften Freibetrages der Ehepartnerin bzw. des Ehepartners begrenzt werden.

In vielen Statements ist der Abgesang auf den Neoliberalismus weit gekommen. „In diesem Jahr erklärten Wirtschaftsführer und Wissenschaftler in einer Rede nach der anderen, wie Milton Friedmans erfolgreiches Eintreten für den Aktionärskapitalismus direkt zu den Krisen, vor denen wir heute stehen [...], sowie den davon angeheizten politischen Spannungen geführt habe", so die Beschreibung von Joseph Stiglitz vom Elitentreffen in Davos. Gleichzeitig wird ein Donald Trump für seine Steuersenkungen und Deregulierungen bejubelt. Es bleibt also schwierig. Die politische Umsetzung eines alternativen Entwicklungspfades jenseits eines neoliberalen Kapitalismus bleibt eine riesige Aufgabe, die nur mit viel gesellschaftlicher Bewegung auf der Straße geschafft werden kann. Nur läuft uns dabei mit der Klimakrise mehr und mehr die Zeit davon.

Die Kurzfassung des MEMORANDUM 2020 wurde bis zum 26.03.2020 von folgenden Personen unterstützt:

Udo Achten, Düsseldorf
Andrea Adrian, Bremen
Susanne Agne, Freiburg
Michael Ahlmann, Blumenthal
Jutta Ahrweiler, Oberhausen
Detlef Ahting, Braunschweig
Markus Albrecht, Düsseldorf
Matthias Altmann, Weimar
Saverio Amato, Stuttgart
Dr. Werner Anton, Merseburg
Lutz Apel, Bremen
Horst Arenz, Berlin
Norbert Arndt, Herne
Dr. Helmut Arnold, Wiesbaden
Jo Arnold, Schwabach
Peter Artzen, Wehrheim
Sylvia Artzen, Wehrheim
Dr. Jupp Asdonk, Bielefeld

Erich Bach, Bad Nauheim
Dr. Volker Bahl, Pullach
Berthold Balzer, Fulda
Robert Bange, Oelde
Ursula Bär, Kall
Hans Joachim Barth, Wiesbaden
Klaus Barthel, Kochel
Stephan Bartjes, Krefeld
Hagen Battran, Heuweiler
Jochen Bauer, Herne
Wolfgang Bayer, Berlin
Herbert Bayer, Frankfurt am Main
Dr. Johannes M. Becker, Marburg
Friedrich-Karl Beckmann, Pinneberg
Dr. Peter Behnen, Breitnau
Jan-Patrick Behrend, Marburg

Herbert Behrens, Osterholz-Scharmbeck
Prof. Dr. Hermann Behrens, Klein Vielen
Dr. Theodor W. Beine, Isselburg
Anke Beins, Ostermunzel
Rüdiger Beins, Ostermunzel
Andreas Beldowski, Lübeck
Ralf Beltermann, Hattingen
Andreas Beran, Hamburg
Jochen Berendsohn, Hannover
Dr. Sabine Berghahn, Berlin
Tilman von Berlepsch, Berlin
Heinrich Betz, Braunschweig
Sabine Beutert, Köln
Wolfgang Bey, Chemnitz
Ortwin Bickhove-Swiderski, Dülmen-Rorup
Rainer Bicknase, Langen
Prof. Dr. Heinz Bierbaum, Saarbrücken
Monika Bietz, Nieder-Olm
Dr. Fritz Bilz, Köln
Dr. Detlef Bimboes, Berlin
Thomas Birg, Hattingen
Norbert Birkwald, Mörfelden
Dr. Joachim Bischoff, Hamburg
Prof. Gudrun Bischoff-Kümmel, Hamburg
Prof. Dr. Arno Bitzer, Dortmund
Prof. Dr. André Bleicher, Biberach
Dr. Antje Blöcker, Ilsede
Günter Bloitzheim, Köln
Matthias Blöser, Frankfurt am Main
Peter-Josef Boeck, Bielefeld

Peter Boettel, Göppingen
Karl-Heinz Böhme, Wolfenbüttel
Dr. Hermann Bömer, Dortmund
Prof. Dr. Heinz-J. Bontrup, Witten
Reinhard Borgmeier, Paderborn
Prof. Dr. Gerd Bosbach, Köln
Prof. Dr. Gerhard Bosch,
    Dortmund
Manfred Böttcher, Hannover
Mohamed Boudih,
    Mönchengladbach
Giesela Brandes-Steggewentz,
    Osnabrück
Franz Brandl, Lam
Klaus Brands, Drolshagen
Prof. Dr. Peter Brandt, Berlin
Monika Brandt, Dortmund
Lothar Bratfisch, Herford
Dietrich Brauer, Oberhausen
Prof. Dr. Karl-Heinz Braun,
    Magdeburg
Peter Braun, Rödinghausen
Hugo Braun, Düsseldorf
Leo Braunleder, Wuppertal
Carsten Bremer, Hamburg
Uli Breuer, Frankfurt am Main
Dr. Oskar Brilling, Schwelm
Karl-Heinz Brix, Tüttendorf
Theresa Bruckmann, Worpswede
Karin Brugger, Neu-Ulm
Dr. Wiebke Buchholz-Will,
    Nordhorn
Wolfgang Buckow, Berlin
Prof. Dr. Margret Bülow-
    Schramm, Hamburg
Torsten Bultmann, Bonn
Hans-Ulrich Bünger, Freudenstadt
Jürgen Burger, Bremen
Kai Burmeister, Stuttgart
Dr. Ulrich Busch, Berlin
Prof. Dr. Klaus Busch, Brake

Günter Busch, Reutlingen
Veronika Buszewski, Herne
Prof. Dr. Christoph Butterwegge,
    Köln
Dr. Carolin Butterwegge, Köln

Luis Caballero-Sousa, Mainz
Jörg Cezanne, Mörfelden-Walldorf
Dr. Christian Christen, Berlin
Heinz-Günter Clasen, Duisburg
Astrid Clauss, Mainz
Martine Colonna, Hamburg
Peter-Martin Cox, Frankfurt
    am Main

Annette Dahms, Nürnberg
Monika Damaschke, Lüneburg
Adelheid Danielowski, Trebel
Holger Dankers, Stade
Hans Decruppe, Bergheim
Wolfgang Denecke, Leipzig
Prof. Dr. Frank Deppe, Marburg
Katja Derer, Braunschweig
Herbert Derksen, Kleve
Walter Deterding, Hannover
Richard Detje, Ahrensburg
Alexander Deutsch, Schwerin
Karsten Deutschmann, Berlin
Theodor Dickmann,
    Bad Homburg
Dr. Andreas Diers, Bremen
Reinhard Dietrich, Bremerhaven
Joachim Dillinger, Berlin
Helmut Dinter, Wessobrunn
Florian Dohmen, Duisburg
Hans-Peter Dohmen, Remscheid
Jochen Dohn, Hanau-
    Mittelbuchen
Wolfgang Dohn, Hanau
Prof. Dr. Ulrich Dolata, Bremen
Günter Domke, Düsseldorf

Harry Domnik, Bielefeld
Werner Dreibus, Wagenfeld
Dieter Dressel, Berlin
Rolf Düber, Erfurt
Dr. Dietmar Düe, Kassel
Jochen Dürr, Schwäbisch Hall

Jochen Ebel, Borkheide
Michael Ebenau, Jena
Claudia Eberhard, Hannover
Roman Eberle, Dortmund
Horst Eberlein, Pettstadt
Dirk Ebert, Radebeul
Gunter Ebertz, Berlin
Claudia Eggert-Lehmann, Hagen
Prof. Dr. Andreas Eis, Kassel
Prof. Dr. Dieter Eißel, Gießen
Uschi Eiter, Kirchdorf im Wald
Stephan Elkins, Marburg
Prof. Dr. Wolfram Elsner, Bremen
Michael Endres, Düsseldorf
Gerhard Endres, München
Dieter Engel, Wiesbaden
Klaus Engelbrecht, Bochum
Walter Erb, Darmstadt
Joachim Ernst, Bremen
Otto Ersching, Lüdenscheid
Rolf Euler, Recklinghausen

Walter Fabian, Hannover
Wolfgang Faissner, Aachen
Annette Falkenberg, Kiel
Jürgen Falkenstein, Göppingen
Reinhold Falta, Mainz
Nico Faupel, Groß Kreutz
Hinrich Feddersen, Hamburg
Josef Fehlandt, München
Ansgar Fehrenbacher, Lauterbach
Wolf-Rüdiger Felsch, Hamburg
Herbert Fibus, Übach-Palenberg
Dr. Ulrich Fiedler, Berlin

Harald Fiedler, Oberursel
Prof. Dr. Klaus Fiedler, Radeberg
Adrijana Filehr, Neckargemünd
Josef Filippek, Lüdenscheid
Meinolf Finke, Castrop-Rauxel
Marion Fisch, Hamburg
Arno Fischer, Peine
Maria Fischer, Biessenhofen
Volker Fischer, Berlin
Prof. Dr. Dietrich Fischer, Potsdam
Prof. Dr. Irene Fischer, Berlin
Dr. Hans Ulrich Fischer, Mainz
Claudia Flaisch, Marl
Tino Fleckenstein, Aschaffenburg
Hermann Fleischer, Salzgitter
Dr. Michael Forßbohm,
    Wiesbaden
Wolfgang Förster, Speyer
Uwe Foullong, Bottrop
Michael Frank, Hildesheim
Matthias Frauendorf, Dresden
Otfried Frenzel, Chemnitz
Dr. Michael Frey, Berlin
Günter Frey, Burgau
Klaus Friedrich, Würzburg
Daniel Friedrich, Hamburg
Marianne Friemelt, Frankfurt
    am Main
Rainer Fritsche, Berlin

Ludger Gaillard, Göttingen
Gabriela Galli, Werther
Prof. Dr. Berthold Gasch,
    Baiersbronn
Sabine Gatz, Hannover
Claire Gautier, Bremen
Dieter Gautier, Bremen
Elmar Gayk, Trebel
Prof. Dr. Klaus Gebauer, Berlin
Werner Geest, Wedel
Andreas Gehrke, Hannover

Dr. Friedrich-Wilhelm Geiersbach, Hagen
Justin Gentzer, Berlin
Dr. Roman George, Diez
Dr. Cord-Albrecht Gercke, Geilenkirchen
Sebastian Gerhardt, Berlin
Dr. Klaus-Uwe Gerhardt, Obertshausen
Renate Gerkens, Malente
Prof. Dr. Dr. Thomas Gerlinger, Bielefeld
Dr. Sabine Gerold, Leuna
Lisa Gesau, Northeim
Dr. Jürgen Glaubitz, Düsseldorf
Heiko Glawe, Berlin
Dr. Sigmar Gleiser, Bad Hersfeld
Marie-Luise Gleiser, Bad Hersfeld
Horst Gobrecht, Ober-Flörsheim
Dr. Jörg Goldberg, Frankfurt am Main
Manfred Gornik, Gladbeck
Thomas Gorsboth, Bad Orb
Arno Gottschalk, Bremen
Ralph Graf, Goslar
Gerhard Grawe, Ense
Dr. Herbert Grimberg, Hamburg
Herbert Grimm, Dortmund
Henning Groskreutz, Lübeck
Michael Große, Frankfurt/Oder
Julia Großholz-Michniok, Frankfurt am Main
Christoph Großmann, Salzgitter
Prof. Dr. Dr. Rainer Grothusen, Hamburg
Dr. Heiner Grub, Tübingen
Walter Gruber, Salzgitter
Günter Grzega, Treuchtlingen
Dr. Wolfgang Güttler, Halle

Dr. Elsa Hackl, Wien

Wolfgang Haferkamp, Oberhausen
Dr. Thomas Hagelstange, Düsseldorf
Volker Hahn, Bad Gandersheim
Elke Hahn, München
Dr. Barbara Hähnchen, Panketal
Ellen Hainich, Lindenberg
Ulf Halbauer, Ilsenburg
Andreas Hallbauer, Berlin
Antje Hamann, Gladenbach
Andreas Hammer, Östringen
Detlef Hansen, Görmin
Jürgen Hartmann, Wolfenbüttel
Rosmarie Hasenkox, Wuppertal
Rüdiger Hauff, Stuttgart
Wolfgang Haupt, Renningen
Kornelia Haustermann, Rastede
Dr. Gert Hautsch, Frankfurt am Main
Lothar Havemann, Leipzig
Helga Hecht, Bielefeld
Alexander Heieis, Itzehoe
Michael Hein, Schwelm
Dr. Cornelia Heintze, Leipzig
Susanne Held, München
Julius Heller, Tübingen
Malah Helman, Berlin
Prof. Dr. Fritz Helmedag, Chemnitz
Marita Henkel, Berlin
Jürgen Hennemann, Ebern
Prof. Dr. Peter Hennicke, Wuppertal
Peter Henrich, Flemlingen
Dr. Detlef Hensche, Berlin
Renate Henscheid, Essen
Dr. Frank W. Hensley, Dossenheim
Jürgen Hentzelt, Dortmund
Michael Hermund, Bochum
Prof. Dr. Peter Herrmann, Changsha

Philipp Hersel, Berlin
Stefan Herweg, Berlin
Prof. Dr. Gerhard Heske, Berlin
Dr. Horst Hesse, Leipzig
Jan-Hendrik Heudtlass,
    Gütersloh
Hermann Hibbeler, Lage
Prof. Dr. Rudolf Hickel, Bremen
Frank Hiebert, Saarbrücken
Uwe Hiksch, Berlin
Nicolaus Hintloglou, Düsseldorf
Lieselotte Hinz, Düsseldorf
Jörg Hobland, Unterschleißheim
Timo Hodel, Mannheim
Bernhard Hoffmann, Eppelheim
Beate Hoffmann, Hanau
Sepp Hofstetter, Hattingen
Jürgen Hölterhoff, Bielefeld
Helmut Holtmann, Bremen
Christine Holzing, Koblenz
George Homburg, Köln
Rolf Homeyer, Hannover
Heinz-Rudolf Hönings, Solingen
Günter Hoof, Wettringen
Jonas Christopher Höpken,
    Oldenburg
Roland Hornauer, Erlangen
Frank Hornschu, Kiel
Jürgen Horstmann, Berlin
Rainer Hübner, Lenggries
Anett Hübner, Lenggries
Gerd Huhn, Friedrichskoog
Martin Huhn, Mannheim
Frank Hühner, Frankfurt/Oder
Doris Hülsmeier, Bremen
Prof. Dr. Ernst-Ulrich Huster,
    Pohlheim

Horst Ihssen, Seelze
Tamer Ilbuga, Bremen
Dr. Norbert Irsch, Schwalbach

Prof. Dr. Klaus Jacob, Berlin
Michael Jäkel, Köln
Christoph R. Janik, Wesseling
Dr. Dieter Janke, Leipzig
Christian Janßen, Bielefeld
Helmut Janßen-Orth, Hamburg
Anne Jenter, Frankfurt am Main
Brigitte Jentzen, Flörsbachtal
Berith Jordan, Lübeck
Michael Jung, Hamburg
Luthfa Jungmann, Wiesbaden
Jörg Jungmann, Wiesbaden
Herbert G. Just, Wiesbaden
Dr. Heiner Jüttner, Aachen

Armin Kaltenbach, Hamburg
Dr. Irmtraud Kannen,
    Cloppenburg
Tobias Kaphegyi, Tübingen
Susanna Karawanskij, Leipzig
Michael Karnetzki, Berlin
Bernd Kaßebaum, Frankfurt
    am Main
Manfred Kays, Braunschweig
Dr. Andreas Keller, Frankfurt
    am Main
Karin Kettner, Münster
Dr. Gunnar Ketzler, Kerkrade
Sabine Kiel, Laatzen
Werner Kiepe, Düsseldorf
Dierk Kieper, Bonn
Wolfgang Killig, Hamburg
Prof. Dr. Klaus Peter Kisker, Berlin
Manfred Klei, Bad Salzuflen
Prof. Dr. Hans-Dieter Klein,
    Seegebiet Mansfelder Land
Dr. Angelika Klein, Seegebiet
    Mansfelder Land
Sigmar Kleinert, Frankfurt
    am Main
Ansgar Klinger, Krefeld

Dr. Bernhard Klinghammer,
Ronnenberg
Helmut Klingl, Amstetten
Lars Klingsing, Garbsen
Pat Klinis, Heidelberg
Hans Klinker, Memmelsdorf
Jürgen Klippert, Hagen
Jürgen Klute, Herne
Prof. Dr. Tassilo Knauf, Bielefeld
Dieter Knauß, Waiblingen
Reiner Harald Knecht, Berlin
Detlev Knocke, Bonn
Prof. Dr. Hans Knop,
Schulzendorf
Prof. Dr. Helmut Knüppel,
Bielefeld
Dieter Knutz, Elsfleth
Anton Kobel, Heidelberg
Cornelia Koch, Braunschweig
Erich Koch, Schieder-
Schwalenberg
Hajo Koch, Dortmund
Horst Koch-Panzner,
Bruchköbel
Sandra Kocken, Nürtingen
Michael Kocken, Nürtingen
Bernd Köhler, Münchberg
Thomas Köhler, Hagen
Roland Kohsiek, Hamburg
Harald Kolbe, Hannover
Otto König, Hattingen
Stefan Konrad, Herne
Prof. Christian Kopetzki, Kassel
Wilhelm Koppelmann, Bramsche
Prof. Dietrich-W. Köppen, Berlin
Norbert W. Koprek, Hameln
Ina Korte-Grimberg, Hamburg
Marion Koslowski-Kuzu,
Salzgitter
Jörg Köther, Peine
Horst Kraft, Düsseldorf

Martin Krämer, Frankfurt
am Main
Lothar Kraschinski, Wuppertal
Dr. Ute Kratzmeier, Bretten
Astrid Kraus, Köln
Heike Krause, Dortmund
Prof. Dr. Jürgen Krause, Erfurt
Stefan Kreft, Essen
Jutta Krellmann, Coppenbrügge
Peter Kremer, Castrop-Rauxel
Walter Krippendorf, Hamburg
Hans Jürgen Kröger, Bremen
Diana Krohe, Bad Oldesloe
Tobias Kröll, Tübingen
Prof. Dr. Tobias Kronenberg,
Aachen
Günter Kronschnabl, Wald
Ulrich Kröpke, Bielefeld
Manuela Kropp, Brüssel
Heinz-Jürgen Krug, Rüsselsheim
Beate Krügel, Hannover
Martin Krügel, Hannover
Dr. Stephan Krüger, Berlin
Lothar Krüger, Ascheberg
Reinhard Krüger, Hannover
Heinrich Krüger, Berlin
Stephan Krull, Magdeburg
Bernd Krumme, Kassel
Werner Krusenbaum, Mülheim
an der Ruhr
Jürgen Kubig, Mülheim an der
Ruhr
Werner Kubitza, Salzgitter
Hajo Kuckero, Bremen
Michael Kuehn, Münster
Michael Kugelmann, Neu-Ulm
Marianne Kugler-Wendt,
Heilbronn
Lothar Kuhlmann, Bielefeld
Dr. Hagen Kühn, Stendal
Dr. Wolfgang Kühn, Berlin

Dr. Roland Kulke, Brüssel
Stefanie Kümmel, Neuss
Alfons Kunze, Germering
Peter Kurbjuweit, Hameln
Wilfried Kurtzke, Frankfurt
    am Main
Prof. Ingrid Kurz, Hamburg

Knut Langenbach, Berlin
Winfried Lätsch, Berlin
Markus Lauber, Köln
Bernd Lauenroth, Hattingen
Jörg Lauenroth-Mago, Rätzlingen
Richard Lauenstein, Lehrte
Steven Lavan, Kassel
Friedhelm Lavreau, Dinslaken
Dr. Angelika Leffin, Bremen
Dr. Steffen Lehndorff, Köln
Dr. Jürgen Leibiger, Radebeul
Bruno Leidenberger, Feldkirchen
Dr. André Leisewitz, Weilrod
Rolf Lemm, Glava, Schweden
Henning Lenz, Köln
Jana Leutner, Berlin
Christoph Lieber, Berlin
Hartmut Limbeck, Zetel
Hartmut Lind, Bad Münster
Godela Linde, Marburg
Hedwig Lindemann, Rugensee
Beate Lindemann, Rugensee
Bernd-Axel Lindenlaub, Teupitz
Ralf Linder, Hamburg
Axel Lippek, Bochum
Wolfgang Lippel, Nienburg
Jürgen Locher, Bad Kreuznach
Jochem Loeber, Übach-Palenberg
Dr. Barbara Loer, Bremen
Prof. Gerhard Löhlein, Frankfurt
    am Main
Walter Lohne, Aachen
Klaus Lörcher, Frankfurt am Main

Regine Lück, Rostock
Barbara Ludwig, Ober-Ramstadt
Prof. Dr. Christa Luft, Berlin
Jürgen Luschberger, Düsseldorf
Sibylle Lust, München

Henry van Maasakker, Nimwegen
Dr. Jens Maeße, Mainz
Peter Malcherek, Norderstedt
Carsten P. Malchow, Lübeck
Burkhard Malotke, Mosbach
Annette Malottke, Koblenz
Gerd Mankowski, Flensburg
Frank Mannheim, Hannover
Manfred Margner, Oldenburg
Heike Marker, Reinfeld
Dr. Peter Marquard, Bremen
Wolfgang Marquardt, Solingen
Heico Marschner, Bremerhaven
Heinz Martens, Oberhausen
Heike Marx, Straußfurt
Uta Matecki, Klein Vielen
Martin Mathes, Berlin
Philipp Mattern, Berlin
Prof. Dr. Harald Mattfeldt, Fintel
Horst Maylandt, Sprockhövel
Frank Mecklenburg, Schwerin
Thomas Mehlin, Netphen
Christine Meier, Berlin
Michael Meineke, Hamburg
Dr. Heinz-Rudolf Meißner, Berlin
Gerhard Meiwald, Friedberg
Jörg Melz, Hannover
Beate Mensch, Wiesbaden
Helmut Menzel, München
Reinhard Meringer, Hof
Jonas Metz, Düsseldorf
Thomas Meyer-Fries, München
Dr. Hans Mittelbach, Berlin
Dr. Wolfgang Mix, Berlin
Prof. Günther Moewes, Dortmund

Peter Mogga, Stolberg
Dr. Katrin Mohr, Berlin
Annegret Mohr, Bonn
Gerald Molder, Braunschweig
Manfred Moos, Frankfurt
am Main
Dr. Gernot Mühge, Bochum
Marc Mulia, Oberhausen
Michael Müller, Düsseldorf
Gregor Müller, Kabelsketal
Norbert Müller, Oberhausen
Prof. Dr. Klaus Müller, Lugau
Petra Müller, Hamburg
Bernhard Müller, Hamburg
Klaus Müller-Wrasmann,
Hannover
Dr. Frank Mußmann, Göttingen
Uwe Myler, Bonn

Jochen Nagel, Groß-Gerau
Dr. Georg Nagele, Hannover
Martin Nees, Köln
Hans-Georg Nelles, Düsseldorf
Joachim Neu, Berlin
Bernd Neubacher, Lübeck
Angelika Neubäcker, Kempten
Klaus Neuvians, Dortmund
Dieter Nickel, Oldenburg
Wolfgang Niclas, Erlangen
Gerd Nier, Göttingen
Prof. Dr. Jürgen Nowak, Berlin

Ralf Oberheide, Springe
Dr. Paul Oehlke, Köln
Hans Oette, Neuenstadt
Jürgen Offermann, Neustadt
am Rübenberge
Gabriele Osthushenrich,
Hannover
Brigitte Ostmeyer, Holzgerlingen
Dr. Silke Ötsch, Göttingen

Dr. Rainald Ötsch, Berlin
Prof. Dr. Erich Ott, Künzell
Wilfried Ottersberg, Cremlingen
Walter Otto-Holthey, Playa del
Hombre

Pia Pachauer, Hildesheim
Heinrich Paul, Roth
Dr. Joachim Paul, Neuss
Roland Pauls, Witten
Dieter Pauly, Düsseldorf
Fritz Peckedrath, Detmold
Klaus Pedoth, Recklinghausen
Josef Peitz, Krefeld
Dr. Emanuel Peter, Rottenburg
Finn Petersen, Schleswig
Heinz Pfäfflin, Nürnberg
Jörn Pfeifer, München
Dr. Hermannus Pfeiffer, Hamburg
Dr. Wolfram Pfeiffer, Raguhn-
Jeßnitz
Klaus Pickshaus, Frankfurt
am Main
Michael Pilz, Hanau
Fabian Pilz, Hanau
Rainer Pink, Berlin
Jörg Pöse, Niedernhausen
Gisa Prentkowski, Uetze
Dieter Prottengeier-Wiedmann,
Roth
Patrick Prüfer, Mülheim an der
Ruhr
Prof. Dr. Ralf Ptak, Wankendorf
Erhard Pusch, Esslingen
Dieter Pysik, Walldürn

Michael Quetting, St. Ingbert

Lilo Rademacher, Friedrichshafen
Björn Radke, Bahrenhof
Jana Rasch, Wuppertal

Stefan Rascher, Fulda
Andreas Raschke, Meßstetten
Wolfgang Räschke, Coppenbrügge
Dr. Paul Rath, Münster
Peter Rauscher, Nürtingen
Heinz Rech, Essen
Alexander Recht, Köln
Herbert Recker, Hameln
Matthias Regenbrecht, Reutlingen
Frank Rehberg, München
Hans-Joachim Reimann, Bremen
Jörg Reinbrecht, Hannover
Dr. Sabine Reiner, Kleinmachnow
Christian Reischl, München
Prof. Dr. Jörg Reitzig, Mannheim
Carmen Remus, St. Wendel
Herbert Rensing, Blomberg
Thomas Ressel, Kelkheim
Dr. Joachim Reus, Darmstadt
Dr. Norbert Reuter, Berlin
Christa Revermann, Berlin
Thomas Rexin, Regensburg
Dr. Gerhard Richter, Buckow
Harald Richter, Alsdorf
Dr. Karsten Riedl, Essen
Anne Rieger, Graz
Frank Riegler, Bubenreuth
Siegfried Riemann, Bruchköbel
Michael Ries, Hannover
Prof. Dr. Rainer Rilling, Marburg
Mark Roach, Hamburg
Willi Robertz, Windeck
Günter Roggenkamp, Moers
Klaus Röllecke, Stuttgart
Katharina Roloff, Hamburg
Dr. Stephanie Rose, Hamburg
Sigrid Rose, Bielefeld
Eckart Rosemann, Kaarst
Prof. Dr. Rolf Rosenbrock, Berlin
Dr. Volker Roth, Düsseldorf
Holger Rottmann, Rüthen

Franz-Josef Röwekamp, Münster
Albert Rozsai, Düsseldorf
Hajo Rübsam, Homberg
Anke Rudat, Hagen
Stefan Rudschinat, Hamburg
Dr. Urs Peter Ruf, Bielefeld
Walter Rüth, Ratingen

Robert Sadowsky, Gelsenkirchen
Prof. Dr. Wolfgang Saggau,
   Bielefeld
Gert Samuel, Düsseldorf
Bernhard Sander, Wuppertal
Anne Sandner, Münster
Günter Sanné, Eschborn
Ruth Sauerwein, Hagen
Enzo Savarino, Friedrichshafen
Günther Schachner, Peiting
Manfred F.G. Schäffer,
   Bad Oeynhausen
Remo Schardt, Mömbris
Heidi Scharf, Schwäbisch Hall
Angela Scheffels, Neuberg
Gerald Scheidler, Bremen
Christoph Scherzer, Düsseldorf
Dr. Egbert Scheunemann,
   Hamburg
Burkhard Schild, Aachen
Henning Schimpf, Stuttgart
Dominik Schirmer, Kiefersfelden
Dr. Andreas Schlegel, Northeim
Gudrun Schlett, Coesfeld
Thorsten Schlitt, Berlin
Fabian Schmid, Hamburg
Christian Schmidt, Olten
Thomas Schmidt, Düsseldorf
Gudrun Schmidt, Frankfurt
   am Main
Werner Schmidt, Stuttgart
Dr. Ingo Schmidt, Athabasca
Gisbert W. Schmidt, Hamburg

Detlev Schmidt, Duisburg
Dr. Helmut Schmidt, Maintal
Detlef Schmidt, Gladbeck
Gabriele Schmidt, Gladbeck
Prof. Dr. Hajo Schmidt, Hagen
Prof. Dr. Peter Schmidt, Bremen
Marlis Schmidt, Salzgitter
Martin Schmidt-Zimmermann,
    Braunschweig
Horst Schmitthenner,
    Niedernhausen
Werner Schmitz, Bremen
Karl-Heinz Schneider, Augsburg
Günter Schneider, Unna
Gerhard Schneider, Ellwangen
Gottfried Schneider, Hallerndorf
Klaus Schneider, Hamburg
Bernhard Schneider, Kronberg
Dr. Olaf Schneider, Stuttgart
Lino Schneider-Bertenburg,
    Düsseldorf
Michael Schnitker, Rosenheim
Dr. Wolfgang Schober, Bremen
Wilfried Schollenberger,
    Heidelberg
Dieter Scholz, Berlin
Wilfried Schönberg, Braunschweig
Andreas Schönfeld, Leipzig
Christian Schreiner, Oberursel
Birgit Schröder, Hattingen
Prof. Dr. Mechthild Schrooten,
    Berlin
Dr. Ursula Schröter, Berlin
Dr. Michael Schuler, Tecklenburg
Katharina Schüler, Witten
Karin Schüller-Mirza, Frankfurt
    am Main
Matthias Schult, Detmold
Guido Schulz, Freiburg
Hartmut Schulz, Wunstorf
Hans-Peter Schulz, Wuppertal

Benjamin Schulz, Mainz
Thorsten Schumacher, Hannover
Josef Schumacher, Stommeln
Prof. Dr. Ursula Schumm-Garling,
    Berlin
Bernd Schüngel, Berlin
Prof. Dr. Susanne Schunter-
    Kleemann, Bremen
Sandra Schuster, Berlin
Dr. Bernd Schütt, Friedrichsdorf
Kevin Schütze, Berlin
Ingo Schwan, Kassel
Prof. Dr. Jürgen Schwark, Bocholt
Holger Schwarz, Kiel
Michael Schwarz, Tübingen
Helga Schwitzer, Hannover
Reinhard Schwitzer, Hannover
Prof. Dietmar Seeck, Emden
Reinhard Seiler, Lemgo
Dr. Friedrich Sendelbeck,
    Nürnberg
Frank Sichau, Herne
Gerd Siebecke, Hamburg
Friedrich Siekmeier, Hannover
Regina Siepelmeyer, Schlangenbad
Dr. Alexander Silbersdorff,
    Gleichen
Dr. Ralf Sitte, Berlin
Alfred Skambraks, Berlin
Harry Skiba, Braunschweig
Gert Söhnlein, Kist
Margarete Solbach, Helpsen
Stephan Somberg, Köln
Dr. Jörg Sommer, Bremen
Prof. Dr. Richard Sorg, Hamburg
Thomas Sorg, Altbach
Siegfried Späth, Ulm
Uwe Spitzbarth, Dortmund
Bernd Spitzbarth, Straußfurt
Gabriel Spitzner, Düsseldorf
Martina Stackelbeck, Dortmund

Andreas Stähler, Niedernhausen
Sybille Stamm, Stuttgart
Jürgen Stamm, Stuttgart
Enrico Stange, Leipzig
Siegfried Stapf, Brühl
Alfred Staudt, Schmelz
Detlef Steinbach, Hagen
Robert Steinigeweg, Ibbenbüren
Prof. Dr. Klaus Steinitz, Berlin
Kurt Stenger, Berlin
Prof. Dr. Brigitte Stepanek,
    Greifswald
Prof. Dr. Brigitte Stieler-Lorenz,
    Berlin
Hartmut Stinton, Bremen
Volker Stöckel, Osnabrück
Gerd Stodollick, Arnsberg
Klaus Störch, Flörsheim
Ruth Storn, Bad Vilbel
Herbert Storn, Bad Vilbel
Jürgen V. Stranwitz, Dresden
Dr. Detlev Sträter, München
Manfred Sträter, Dortmund
Helmut Süllwold, Dortmund

Ingo Tebje, Bremen
Ingo Thaidigsmann, Lindenfels
Elke Theisinger-Hinkel,
    Kaiserslautern
Anneliese Thie, Aachen
Lydia Thies, Bielefeld
Andreas Thomsen, Oldenburg
Ulrich Thöne, Berlin
Matthias Threin, Köln
Wolfgang Thurner, Dresden
Christian Thym, Ludwigsburg
Michael Tiemens, Idstein
Dr. Lothar Tippach, Leipzig
Ulrike Tirre, Wagenfeld
Hannelore Tölke, Dortmund
Günter Treudt, Berlin

Dr. Axel Troost, Leipzig
Dr. Manuela Troschke, Bad Tölz
Antje Trosien, Hersbruck
Uwe Tschirner, Mülheim
Manfred Tybussek, Mühlheim
    am Main

Hüseyin Ucar, Bochum
Manfred Ullrich, Dortmund
Detlef Umbach, Hamburg
Marco Unger, Rottenburg
Hermann Unterhinninghofen,
    Frankfurt am Main
Franz Uphoff, Frankfurt am Main
Dr. Hans-Jürgen Urban, Frankfurt
    am Main

Dr. Kai van de Loo, Bochum
Thomas Veit, Neu-Anspach
René Vits, Dresden
Stefani Voges, Hamburg
Willi Vogt, Bielefeld
Dr. Rainer Volkmann, Hamburg
Detlev von Larcher, Weyhe
Lisa Vordermeier-Weinstein,
    Esgrus
Bernd Vorlaeufer-Germer, Bad
    Homburg v. d. Höhe
Werner Voßeler, Hagen
Reinhard van Vugt, Siegbach

Theodor Wahl-Aust, Düsseldorf
Prof. Dr. Roderich Wahsner,
    Bremen
Prof. Dr. Dieter Walter, Potsdam
Rolf Walther, Ohlstadt
Hans-Dieter Warda, Bochum
Veronika Warda, Bochum
Dr. Bert Warich, Berlin
Wilhelm Warner, Hannover
Hugo Waschkeit, Ronnenberg

Georg Wäsler, Taufkirchen
Jürgen Wayand, Bremen
Dr. Roberta Weber, Frankfurt
am Main
Claudia Weber, München
Marianne Weg, Wiesbaden
Doris Wege, Frankfurt am Main
Johannes Wegener, Bielefeld
Dr. Diana Wehlau, Bremen
Torsten Weil, Köln
Harald Weinberg, Ansbach
Stefan Welberts, Kleve
Michael Wendl, Kirchanschöring
Klaus Wendt, Heilbronn
Heinz Georg von Wensiersky,
Bad Bentheim
Markus Wente, Wedemark
Alban Werner, Aachen
Markus Westermann, Bremen
Ulrich Westermann, Frankfurt
am Main
Gerhard Wick, Geislingen
Jörg Wiedemuth, Berlin
Roland Wiegmann, Hamburg
Margarete Wiemer, Frankfurt
am Main
Angelika Wiese, Düsseldorf
Michael Wiese, Herne

Franziska Wiethold, Berlin
Matthias Wilhelm, Kissenbrück
Gerd Will, Nordhorn
Sven Wingerter, Wald-Michelbach
Thomas Winhold, Frankfurt
am Main
Arne Winkelmann, Köln
Burkhard Winsemann, Bremen
Johannes Wintergerst,
Queidersbach
Sabrina Wirth, Nienburg
Darijusch Wirth, Nienburg
Prof. Dr. Frieder Otto Wolf, Berlin
Hans-Otto Wolf, Dortmund
Dagmar Wolf, Bochum
Harald Wolf, Hamburg
Jürgen Wolf, Braunschweig
Rüdiger Wolff, Berlin
Dr. Beatrix Wupperman, Bremen
Michael Wüst-Greim, Wiesbaden

Karl-Friedrich Zais, Chemnitz
Ingo Zander-Koller, Stadthagen
Prof. Dr. Karl Georg Zinn,
Wiesbaden
Kay Zobel, Rostock
Dietmar Zoll, Rostock
Thomas Zwiebler, Peine

II. Langfassung des MEMORANDUM

1 Nachhaltige Mobilität: Verkehrswende aktiv gestalten

Eine Verkehrswende in Richtung nachhaltiger Mobilität stellt eine komplexe und längerfristige Systemtransformation dar. Sie geht deutlich über eine treibstoffbezogene Energiewende hinaus und nimmt die enormen Gewinne an Lebens- und Stadtqualität in den Blick, die sich aus zurückzuerobernden Räumen und reduzierten Gesundheits- und Umweltschäden ergeben. Dem Narrativ einer anbieterorientierten und autozentrierten Technikversion im „Autoland Deutschland" stellt die Arbeitsgruppe Alternative Wirtschaftspolitik *das Leitbild einer bedürfnisorientierten und autobegrenzenden Nachhaltigkeitsvision gegenüber. Dabei werden nicht Wege oder Mobilitätszugänge beschränkt, sondern eine verkehrsvermeidende Stadt- und Regionalplanung, der Aufbau nachhaltiger Mobilitätsalternativen und auch die Verteilungswirkungen in den Mittelpunkt gestellt.*

Nur wenn die privilegierenden Rahmenbedingungen fürs Autofahren geändert werden, wird eine Entwicklung zu kleineren und leichteren Fahrzeugen und generell weniger Fahrzeugen stattfinden. Dazu gehört gleichzeitig ein wirksamer Regulierungsrahmen für den Kauf und das Halten von Fahrzeugen. Die von der Autoindustrie propagierte Elektromobilität kann nur eine Teillösung sein und setzt zwingend einen massiven Ausbau der erneuerbaren Energien voraus. Sie muss ergänzt werden durch Strategien der Verkehrsvermeidung und -verlagerung sowie der Entschleunigung. Unabdingbare Kernmaßnahmen dafür sind eine radikal reformierte EU-Flottenverbrauchsregelung und ein nationaler Instrumentenmix, der preisliche Maßnahmen und Tempolimits einschließt, umweltschädliche Subventionen abschafft und den Umweltverbund fördert. Dies muss komplementiert werden durch Strategien der kommunalen Verkehrswende.

Eine Verkehrswende in Richtung nachhaltiger Mobilität bedeutet – wie auch eine Strom- und eine Gebäudewende – eine besonders komplexe und längerfristige *Systemtransformation*. Dieses Kapitel konzentriert sich auf die Automobilität und ausgewählte Bausteine der Verkehrswende, die es erlauben, einige Kernstrategien nachhaltiger Mobilität zu begründen. Wichtige Themen der Verkehrswende – wie der Güterverkehr, der Flugverkehr, die Stadt-Land-Problematik und eine vertiefte Analyse der Verteilungseffekte, der Genderaspekte und der Verkehrsvermeidung – sowie transformative Strategien für die Automobilindustrie können nur am Rande gestreift werden. Es ist geplant, diese Themen im MEMORANDUM 2021 zu vertiefen.

1.1 Einleitung: Kein Klimaschutz ohne Verkehrswende

Nachhaltige Mobilität für alle ist noch eine Utopie. Aber sie kann Wirklichkeit werden. Schnell, sicher, bequem und bezahlbar von A nach B zu kommen: Das muss für alle möglich sein. Es bedeutet einen Quantensprung an globaler Lebensqualität, dass Menschen, Kulturen, Städte, Räume, Länder und Kontinente wie nie zuvor in der Geschichte in Kontakt und Austausch treten können – wenn sie es achtsam, maßvoll und im Einklang mit der Natur tun.

Die derzeitigen Verkehrstrends sind besonders in globaler, aber auch in nationaler Hinsicht noch weit entfernt von dieser Vision. Das auf fossilen Brennstoffen basierte Verkehrssystem ist aus vielen Gründen weder zukunftsfähig noch enkeltauglich. Es ist z. B. in Deutschland zu über 90 Prozent abhängig von Kraftstoffen aus Mineralöl, und die CO_2-Emissionen steigen noch, statt auf einen drastischen Reduktionspfad einzuschwenken. Ein möglichst rascher Ausstieg aus dem Öl und aus riskanten Rohstoffen schützt nicht nur das Klima, sondern auch vor Importabhängigkeit und Ressourcenkonflikten.

Es ist grundsätzlich richtig, die vollständige und möglichst rasche Dekarbonisierung zum Leitindikator einer Verkehrswende zu machen. Denn der komplette Ausstieg aus fossilen Kraftstoffen, allen voran aus dem Öl, aber mittelfristig auch aus Erdgas und fossil basierten synthetischen Kraftstoffen (wie z. B. aus Erdgas gewonnenem Wasserstoff) ist eine unabdingbare Voraussetzung einer Verkehrswende. Sie ist gleichzeitig ein wesentlicher Baustein einer umfassenden Energiewende, die stets den Strom- und Wärmesektor einschließt. Diese Strategie setzt jedoch voraus, dass die erneuerbaren Energiequellen und auch die Energieeffizienz in einem weit schnelleren Maße ausgebaut werden, als es bisher geschieht. Ansonsten entwickelt sich die auf dem Stromsektor aufbauende Sektorenkopplung als Bumerang, der zu mehr anstatt zu weniger Klimagasen führt. „Nachhaltige Mobilität" wird einen gesellschaftlichen Transformationsprozess implizieren, der noch eine weitergehende positive gesellschaftliche Qualität haben wird, als zur Dekarbonisierung des Energiesystems beizutragen.

Das Öko-Institut hat im Jahr 1980 den Begriff „Energiewende" geprägt und das erste szenariengestützte Konzept für Deutschland mit der bahnbrechenden Studie „Energiewende – Wachstum und Wohlstand ohne Erdöl und Uran" vorgelegt (Krause et al. 1980). Der Begriff „Energiewende" umfasst seitdem im allgemeinen Verständnis auch international eine integrierte Strom-, Wärme-/Gebäude- und Verkehrswende in Richtung des Klima- und Ressourcenschutzes wie auch, zumindest in Deutschland, den Ausstieg aus der Atomenergie. In zahlreichen differenzierten Szenarien für Deutschland wurde inzwischen nachgewiesen, dass technisch ein vollständiger Verzicht nicht nur auf Erdöl, sondern auf alle fossilen und nuklearen Energien bis 2050 möglich ist.

Neu zu bewerten ist heute allerdings das damalige Verständnis von „Wachstum und Wohlstand". Der noch immer anhaltende, beschwörende Ruf von Politik und Wirtschaft nach Wirtschaftswachstum kann genauso wenig wie eine pauschale „Wachstumskritik" die komplexen Fragen nach einer nachhaltigen Entwicklung der Mobilität beantworten. Notwendig ist stattdessen ein System nachhaltiger Mobilität, eingebettet in eine radikale sozial-ökologische Transformation. Dies erfordert in wirtschaftlicher Hinsicht einen staatlich forcierten Strukturwandel, der sehr schnell wachsende ökologische Branchen wie z. B. erneuerbare Energien und Ressourceneffizienz einschließt und mit einem möglichst raschen Ausstieg aus Risikobranchen wie den fossilen Energien einhergeht. Eine pauschale „Wirtschaftswachstumskritik" übersieht dagegen diese strukturelle Differenzierung wie auch die besonderen Entwicklungs- und Wachstumsbedingungen im globalen Süden.

Aber auch das Verständnis von „Wohlstand" muss heute auf dem Hintergrund einer stark gewachsenen Ungleichverteilung von Einkommen, Vermögen und gesellschaftlicher Teilhabe differenzierter betrachtet werden. Denn sowohl der ungleiche Zugang zu Mobilität als auch die ungleichen Belastungen durch den Verkehr, z. B. hinsichtlich Gesundheit und Lebensqualität, verlangen eine genauere und integrierte Analyse der sozialen Dimensionen von Mobilität. Die Verkehrswende wird nicht gelingen, wenn die heutige Ungleichbelastung durch zerstörerische Automobilität ausgeklammert und die positive Verteilungswirkung und gewonnene Lebensqualität durch nachhaltige Mobilität nicht nachgewiesen wird. Auch beim Umbau des Verkehrssystems und keineswegs nur in den Kohleregionen geht es um „just transition", einen „gerechten Übergang" (vgl. auch Hennicke et al. 2019).

Nachhaltige Mobilität bedeutet stets einen Vierklang aus *Effizienz* (minimaler Energie- und Ressourceneinsatz), *Suffizienz* (möglichst weitgehende Verkehrsvermeidung), *Konsistenz* (möglichst natur- und klimaverträgliche Fortbewegungsarten und Verkehrstechnik) und *gerechter, risikoarmer Teilhabe an Mobilität* (fairer Zugang für alle). Es liegt auf der Hand, dass z. B. das Konzept der „autogerechten Stadt" eine „bürgergerechte Mobilität" im öffentlichen Raum und die Freiheits- und Mobilitätsrechte etwa für Fußgängerinnen und Fußgänger und Fahrradfahrende sowie besonders für Ältere, Kinder, Behinderte, sozial Benachteiligte – also generell für Nichtautofahrende – massiv begrenzt. Daher muss eine Verkehrswende deutlich über eine treibstoffbezogene Energiewende hinausgehen. Nachhaltige Mobilität hat im „Autoland Deutschland" nur eine Chance, wenn sie als Fortschrittsvision begründet und als mehrheitsfähig wahrgenommen wird. Die ungleichen Verteilungseffekte des Nutzens und der Schäden heutiger Automobilität gilt es aufzudecken, und der enorme Gewinn an Lebensqualität *für alle* durch nachhaltige Mobilität ist nachzuweisen.

Denn generell gilt: Würde das vorherrschende Verkehrssystem mit Pkw, Lkw, Flugzeugen und Schiffen dekarbonisiert, aber wie bisher weiter exponentiell wachsen, dann wären immer mehr Landschaftsverbrauch, die Aushöhlung von Stadtqualität durch „autogerechte" Stadtentwicklung, eine ausbeuterische Rohstoffbeschaffung und unnötig hohe Gesundheits- und Todesrisiken weiter dominierende Entwicklungstrends. Die Verkehrszukunft braucht als einen wesentlichen Baustein einen *vollständig neuen Typus von maßvoller, integrierter und umweltfreundlicher Automobilität,* nach der Devise: Entprivilegierung des Autos, dafür mehr Mobilität und Lebensqualität für alle.

1.2 Kontroverse Leitbilder: Welche Mobilität wollen wir in Zukunft?

Die Zurückeroberung von Natur, Landschaft, Flächen, Plätzen und Straßen sowie die Begrenzung der Gesundheitsschäden durch Unfälle, Luftverschmutzung und Lärm verlangen primär das Zurückdrängen traditioneller Konzepte, Techniken und Muster der Pkw- und Lkw-Mobilität im Personen- und Güterverkehr. Es kann davon ausgegangen werden, dass eine gelingende Wende bei der Automobilität auf nachhaltigere Muster und Politiken auch z. B. beim Flugverkehr ausstrahlt. Der folgende Schwerpunkt liegt daher auf den Leitbildern nachhaltiger Automobilität.

Stark vereinfacht stehen sich heute zwei gegensätzliche Leitbilder („Narrative") zur Zukunft der (Auto-)Mobilität gegenüber:

1. die anbieterorientierte und autozentrierte Technikvision und
2. die bedürfnisorientierte und autobegrenzende Nachhaltigkeitsvision.

Die *anbieterorientierte und autozentrierte Technikversion* geht davon aus, dass die herstellergetriebene Einführung neuer Verkehrstechnik und Verkehrssysteme im Zusammenspiel von Mobilitätskonzernen und förderlicher Verkehrspolitik die heutigen Verkehrsprobleme beseitigt. Die Automobilität bleibt erhalten oder wird sogar verstärkt, aber umweltfreundlichere Antriebs- und Systemtechniken sollen die Folgeprobleme lösen. Die häufigsten Stichworte sind Elektromobilität,

Wasserstoff, Brennstoffzelle, Digitalisierung, künstliche Intelligenz, Sektorkopplung, autonomes Fahren, Flugtaxis, Lieferdrohnen und Robotic. Es ist die alte (Auto-)Technikwelt, die durch neue Verheißungen von „schneller, größer, schwerer, weiter, bequemer" noch oder wieder attraktiver werden soll. Im Mittelpunkt steht die individuelle Automobilität, aber zukünftig aufgeladen mit Unterhaltungs-, Steuerungs- und Sicherheitstechnik, die den alten Fahrspaß der PS-Protze schrittweise ersetzen soll durch den Spaß, „autonom" gefahren und multimedial unterhalten zu werden. Kontrovers ist allenfalls, ob die Elektromobilität die Öl-Mobilität komplett ablöst oder ob und ggf. ab wann sie durch wasserstoffgetriebene Autos mit Brennstoffzellen ergänzt werden muss. Es stellt sich allerdings die Frage, wie nachhaltig diese neue, schöne (Auto-)Welt wirklich ist, etwa in Bezug auf Energie- und Ressourcenverbrauch, aber auch in Hinblick auf die Schließung der Gerechtigkeits- und Ungleichheitslücke beim Zugang zu und bei der Betroffenheit durch Mobilität.

Aktuelle Trends in der Automobilbranche deuten nicht darauf hin, dass die Branche von sich aus bei ihren Technikvisionen ernsthaften Nachhaltigkeitsambitionen folgt. Wider alle ökologische Vernunft hat sich z. B. der globale Anteil von SUV (Sport Utility Vehicle, englischsprachiger Begriff für [Stadt-]Geländewagen) an den Neuzulassungen von 2010 bis 2018 auf etwa 40 Prozent verdoppelt (IEA 2019). Vor allem die höhere Produktrendite der Hersteller, aber auch das ungebrochen autofixierte Prestigebedürfnis der Käuferinnen und Käufer, politisch gesetzte Fehlanreize (z. B. das Dienstwagen-Privileg) und der Mangel an attraktiven Alternativen wirken hier in unheilvoller Allianz zusammen. Der überaus erfolgreich lancierte SUV-Boom verdeutlicht, in welche Richtung die schöne neue Mobilitätswelt gehen könnte, wenn der Verkehrspolitik nicht klare und langfristig verlässliche sozial-ökologische Leitplanken gesetzt werden. Der SUV-Boom zeigt insbesondere, dass nachhaltige Mobilität niemals „über den freien Markt", sondern nur durch bessere Verkehrspolitik, durch Anreize zu klimaverträglicher und Sanktionen für nicht nachhaltige Mobilität sowie durch das Angebot attraktiver Mobilitätsalternativen erreichbar ist. Darüber hinaus geht es auch um die Förderung und Ermutigung weniger autoaffiner Verhaltenstrends gerade bei jungen Menschen. In einem Satz: Die nachfolgend zusammengefasste bedürfnisorientierte Nachhaltigkeitsvision muss durch eine öffentlich geförderte Kommunikations- und Dialogstrategie systematisch unterstützt werden. Denn nur dann kann ein wirklich technik- und innovationsoffener Diskurs über die Mobilität der Zukunft stattfinden.

Eine bedürfnisorientierte und autobegrenzende Nachhaltigkeitsvision stellt die vielfältigen situativen Mobilitätsbedarfe in den Mittelpunkt. Sie fragt nach dem Mobilitätsmodus, der für unterschiedliche Status, Standorte (Stadt *und* Land!), Anlässe und Lebensformen die umwelt- und bürgerverträglichen Mobilitätsoptionen bereitstellt. Diese Vision differenziert auch danach, dass strukturelle Zwänge zur Mobilität (z. B. Berufspendeln) andere Maßnahmen erfordern als freiwillig gewählte Mobilitätsaktivitäten. Generell gilt: Nicht „Wege" oder „Mobilitätszugänge" sollen beschränkt, sondern verkehrsvermeidende Stadt- und Regionalplanung („Stadt der kurzen Wege") sowie die Verlagerung auf den Umweltverbund müssen in den Mittelpunkt gestellt werden. Die *Mobilitätsausgrenzung und geschaffene Autoabhängigkeit ländlicher Regionen* muss durch den Aufbau nachhaltiger Mobilitätsalternativen beendet werden. Diese Vision nimmt ernst, dass Stakeholderinnen und Stakeholder vor Ort, Kommunen, Regionen, NGO, Gewerkschaften, Unternehmen etc. mitreden wollen, wenn es um eine klimafreundliche Zukunft und die Frage geht, wie nachhaltige Mobilität dazu beitragen kann. Partizipation ist ein Mittel, das nicht von allein zu einer wirklich nachhaltigen Mobilität führt. Aber Partizipation erleichtert die Identifikation von Konsens- und Dissens-Zielen, die am Anfang eines bürgerorientierten Mobilitätskonzeptes steht. Die Entprivilegierung der Automobilität und auch des Fliegens sowie die gleichzeitige Priorisierung attraktiver und nachhaltiger Alternativen ist ein langwieriger Prozess, bei dem innovative Technikkonzepte, Finanzierungsfragen, Bildung für Nachhaltigkeit, Fairness und Gerechtigkeit, Information, Kommunikation, Transparenz und die regulative Verlässlichkeit vorausschauender Verkehrswendepolitik eine wesentliche Rolle spielen. Viele Rahmenbedingungen hierfür werden auf EU- oder Bundesebene gesetzt, aber für die Implementierung spielt die konkrete kommunale und regionale Mobilitätspolitik ebenfalls eine wesentliche Rolle. Stichworte hierzu sind eine partizipative Verkehrsplanung, der Rückbau der autogerechten Stadt zur Bürgerstadt, die Maximierung des Zusatznutzens (englisch *Co-Benefits*) durch Verkehrsvermeidung und -verlagerung auf Busse und Bahnen, Fahrrad und auf die Füße, eine nachhaltigere Ressourcennutzung und generell die Reduktion nicht nur von Treibhausgasen, sondern auch von Luft- und Umweltverschmutzung, von Gesundheitsrisiken und Unfällen, von Lärmbelästigung sowie von verkehrsbedingtem Landschafts- und Ressourcenverbrauch. Zur Vermeidung von Missverständnissen sei ausdrücklich darauf hingewiesen, dass im Folgenden nicht *„gegen das Auto"*, sondern, wie zu zeigen sein wird, mit guten Argumenten *„für ein wirklich nachhaltiges Auto"* und vor allem auch für erheblich *weniger Autos* argumentiert wird. Das betrifft auch das Land, unter der Bedingung, dass dort mit besonderem Schwerpunkt nachhaltigere Mobilitätsalternativen angeboten werden.

Auf der Ebene vor Ort wird am deutlichsten spürbar, dass nachhaltige Mobilität ein Fortschrittskonzept ist, das die Lebensqualität aller, vor allem auch für den nicht automobilen Teil der Bevölkerung unmittelbar verbessern wird. Autofreie Siedlungen, Straßen und Plätze wären ein enormer Gewinn an Stadtqualität, der gerade auch durch die technisch ungewissen Zukunftsversprechen in Bezug auf das autonome Fahren (vgl. dazu Seiten 117f.) nicht aufgewogen werden kann.

1.3 Mit Vollgas in die Sackgasse? Die Verkehrs- und Emissionstrends

Ausgangspunkt für ein Leitbild nachhaltiger Mobilität ist die Analyse des Status quo, d. h. Transparenz hinsichtlich der Frage, bei welchen unterschiedlichen Aktivitäten heute Menschen mobil sind bzw. sein müssen. Eine Maßgröße ist die Anzahl der Wege (Verkehrsaufkommen) zu den jeweiligen Orten typischer Aktivitäten (Verkehrszweck) wie Beruf, Ausbildung, geschäftlichen Aktivitäten, Einkaufen, Freizeit und Urlaub. Der Anteil der unmotorisiert zurückgelegten Wege in

Deutschland lag im Jahr 2019 immerhin noch bei etwa 32 Prozent (22 Prozent Fußwegen und 10 Prozent Radwegen). Der Anteil der mit öffentlichen Verkehrsmitteln zurückgelegten Wege lag bei 12 Prozent und der Anteil der mit motorisierten Individualverkehrsmitteln durchgeführten Wege bei 56 Prozent (BMVI 2019a).

Bestimmt man den *Verkehrsaufwand in Personenkilometern (Pkm)*, multipliziert also die Anzahl der beförderten Personen mit der jeweiligen Streckenlänge, dann ändern sich die Verkehrsanteile deutlich. Nun entfallen auf die nicht motorisierten Verkehrswege lediglich 6 Prozent des Verkehrsaufwands, hingegen auf den motorisierten Individualverkehr 76 Prozent und auf den öffentlichen Straßenpersonenverkehr und den Schienenpersonenverkehr jeweils etwa 7 Prozent.

Insgesamt ist der motorisierte Individualverkehr (MIV) im Hinblick auf den Verkehrsaufwand (in Milliarden Pkm) in den vergangenen Jahrzehnten (1994 bis 2017) kontinuierlich und schneller gewachsen als der öffentliche Straßenpersonenverkehr und der Schienenverkehr (BMVI 2019a). Diese Entwicklung geht einher mit einem *zunehmenden Bestand an Kraftfahrzeugen*. Dieser ist in Deutschland von 47,5 Millionen (1995) auf 57,3 Millionen zum 1. Januar 2019 angestiegen. Darunter sind etwa 4,4 Millionen Krafträder und etwa 47 Millionen Pkw, was etwa 568 Pkw pro 1.000 Einwohnerinnen und Einwohner entspricht.

Im Güterverkehr ist ebenfalls eine kontinuierliche Zunahme des Verkehrsaufwands in Tonnenkilometern (tkm, Produkt aus der Menge der transportierten Güter und der zurückgelegten Strecke) zu beobachten. Zwischen der Entwicklung des nominalen BIP und des Güterverkehrsaufwands besteht in der Regel ein enger Zusammenhang. Erst seit 2008 hat sich eine gewisse Entkopplung gezeigt. Es muss weiter untersucht werden, ob und ggf. wie diese Entwicklung (weniger Güterverkehrsaufwand pro Euro BIP) verstärkt werden kann.

Insgesamt sinken die *spezifischen Energieverbräuche* (Joule/Pkm bzw. tkm) aller eingesetzten Verkehrssysteme. Der Gesamtenergieverbrauch ist allerdings aufgrund der gestiegenen Verkehrsaufwände im Personen- und Güterverkehr im vergangenen Jahrzehnt gestiegen.

Ähnliches gilt auch für die CO_2-Emissionen. Der Anstieg konnte zwar durch energieeffizientere Fahrzeuge gebremst werden. Aber höhere PS-Durchschnitte, Geschwindigkeiten und Fahrzeuggewichte der Pkw-Flotte haben die Effizienzfortschritte wieder aufgezehrt. Die Abbildung zeigt, dass die CO_2-Emissionen im Verkehr in den Jahren 2005 bis 2018 weitgehend konstant geblieben sind, sich aber in den darauffolgenden Jahren wieder ein Aufwärtstrend (vor allem verursacht durch SUV und Geländewagen) ablesen lässt. Vom verbindlichen Sektorziel 2030 (von ursprünglich minus 40 bis 42 Prozent Emissionsreduktion gegenüber 1990 durch das kürzlich verabschiedete Bundesklimaschutzgesetz auf minus 42 Prozent präzisiert, dies entspricht einer Emissionsreduktion auf 95 Millionen Tonnen CO_2 bis zum Jahr 2030) ist die Trendentwicklung jedenfalls noch weit entfernt.

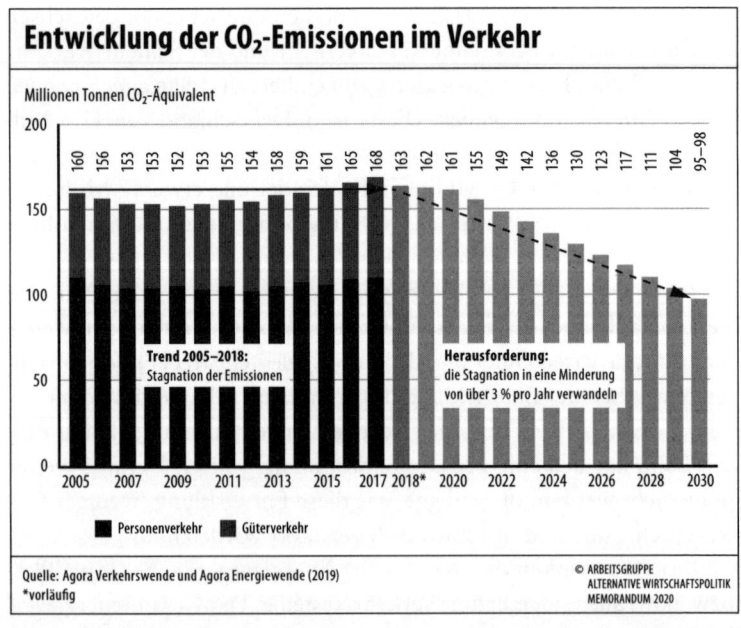

Entwicklung der CO_2-Emissionen im Verkehr

Millionen Tonnen CO_2-Äquivalent

Werte der Balken: 160, 156, 153, 153, 152, 153, 155, 154, 158, 159, 161, 165, 168, 163, 162, 161, 155, 149, 142, 136, 130, 123, 117, 111, 104, 95–98

Trend 2005–2018:
Stagnation der Emissionen

Herausforderung:
die Stagnation in eine Minderung von über 3 % pro Jahr verwandeln

Jahre: 2005 2007 2009 2011 2013 2015 2017 2018* 2020 2022 2024 2026 2028 2030

■ Personenverkehr ■ Güterverkehr

Quelle: Agora Verkehrswende und Agora Energiewende (2019)
*vorläufig

© ARBEITSGRUPPE
ALTERNATIVE WIRTSCHAFTSPOLITIK
MEMORANDUM 2020

1.4   Szenarien: Wege zu nachhaltiger Mobilität

Politikorientierte Verkehrsszenarien gehen vom globalen Klimaschutzziel aus und errechnen, wie und in welchem Umfang nationale CO_2-Reduktionsstrategien einen Beitrag leisten können, um den Anstieg der mittleren Erderwärmung unterhalb von 2° C („well below 2° C") gegenüber dem vorindustriellem Niveau zu halten. Gerade auch durch den Umbau des Verkehrssystems kann und muss dazu ein Beitrag geleistet werden.

Politikszenarien sollen technisch-ökonomische Alternativen zur Zielerreichung aufzeigen. Solche Szenarien sind keine Prognosen über wahrscheinlich eintretende Entwicklungen, sondern eine Methode sozialen Lernens über prinzipiell mögliche Verkehrszukünfte: Sie verdeutlichen, welche Techniken, Politiken und Maßnahmen sowie Verhaltensänderungen möglich und notwendig sind, um eine bestimmte gewünschte Zukunft zu erreichen. Es ist Aufgabe der Politik, die vereinbarte Zielkongruenz auf der Grundlage kontinuierlicher und transparenter Evaluierung der Umsetzungsprozesse sicherzustellen.

Eine perspektivische Dekarbonisierung des Verkehrssektors bis 2050 kann auf der Basis von erneuerbar produziertem Strom realisiert werden. Die Verfügbarkeit erneuerbarer Energien in Deutschland ist allerdings begrenzt, und derzeit schreitet der Ausbau viel zu langsam voran (vgl. dazu Seiten 115ff.).

Global bestehen grundsätzlich hohe Potenziale in sonnen- und windreichen Ländern, jedoch darf nicht vernachlässigt werden, dass jede Form der Energiebereitstellung mit Auswirkungen verbunden ist. Dies gilt auch für erneuerbare Energien (z. B. hinsichtlich des Flächenbedarfs), sodass insgesamt eine Kombination mit maximaler Effizienz bei der Erzeugung und Nutzung von Energie – auch der erneuerbaren – zwingend notwendig ist. Für die Dekarbonisierung des Verkehrssektors müssten *zusätzliche* erneuerbare Stromerzeugungskapazitäten zur Verfügung stehen. Aber nicht nur die Dekarbonisierung des Strom- und des Verkehrssektors, sondern etwa auch die des Gebäudesektors (z. B. mittels Wärmepumpen) verlangt einen erheblichen *zusätzlichen* Ausbau der erneuerbaren Stromerzeugung. Nationale Akzeptanzprobleme können nur begrenzt durch Importe von erneuerbaren Energien vermieden werden. Deshalb sind die maximale Effizienz der Verkehrsträger und die Verkehrsvermeidung unabdingbare Bestandteile einer nachhaltigen Mobilitätsstrategie.

Das nachfolgend betrachtete Dekarbonisierungsszenario 2035 des Wuppertal Instituts für Klima, Umwelt, Energie im Auftrag von Greenpeace (Wuppertal Institut 2017) geht daher von einer außerordentlich ambitionierten *Verkehrsvermeidungs- und Verlagerungsstrategie* im Personen- und Güterverkehr aus, damit der Energieverbrauch und in der Konsequenz die Nutzung (knapper) erneuerbarer Energien im Verkehrssektor so gering wie möglich bleiben können.

Selbst in einem solchen, auf maximale Effizienz zielenden Klimaschutzszenario werden signifikante Mengen zusätzlichen erneuerbaren Stroms für den Verkehrssektor benötigt. Es muss deshalb eine möglichst „direkte Elektrifizierung" anvisiert werden, also ein direkter Strombezug aus dem Netz, ermöglicht über batterie-elektrische Pkw sowie über Oberleitungen für die Schiene und für große Lkw auf Bundesautobahnen. Direkte Elektrifizierung hat den Vorteil eines hohen Wirkungsgrades und hält die Nachfrage nach Strom damit ebenfalls verhältnismäßig gering. Für bestimmte Zwecke (z. B. längere Entfernungen, nicht elektrifizierbare Verkehrsformen) ist dennoch zusätzlich eine „indirekte Elektrifizierung" notwendig, indem aus erneuerbarem Strom unter der Hinnahme von Wirkungsgradverlusten Wasserstoff und als Folgeprodukt auch synthetische Kraftstoffe hergestellt werden. Diese strombasierten Produkte müssen für Lkw sowie für den (internationalen) Flug- und Seeverkehr reserviert werden.

Das Dekarbonisierungsszenario 2035 des Wuppertal Instituts zielt mit besonderer Rigorosität auf die Einhaltung des für die globalen Klimaziele erforderlichen 1,5 °C-Pfads und eine vollständige Dekarbonisierung bis 2035. Die Abbildung auf Seite 81 zeigt den Personenverkehrsaufwand dieser und anderer Szenariostudien für Deutschland mit dem Zielhorizont 2030 bis 2050, im Vergleich zum Stand im Jahr 2015. Rechts dargestellt ist das Szenario des Wuppertal Instituts, das eine deutliche Reduktion des Verkehrsaufwands sowie verglichen mit den anderen Szenarien eine erheblich höhere Verlagerung vom moto-

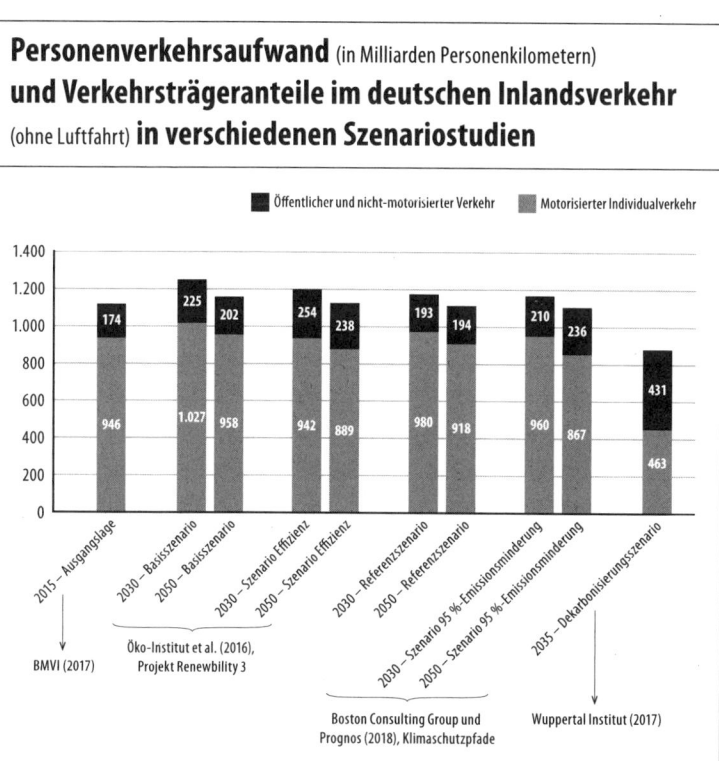

Personenverkehrsaufwand (in Milliarden Personenkilometern) **und Verkehrsträgeranteile im deutschen Inlandsverkehr** (ohne Luftfahrt) **in verschiedenen Szenariostudien**

Quellen: Eigene Zusammenstellung der oben genannten Studien und Berichte.

© ARBEITSGRUPPE ALTERNATIVE WIRTSCHAFTSPOLITIK MEMORANDUM 2020

risierten Individualverkehr zum öffentlichen und nicht motorisierten Verkehr simuliert.

Die vier anderen Szenarien entstammen dem Endbericht des Projekts „Renewbility 3" (IFEU et al. 2016) und den „Klimaschutzpfaden" des Bundesverbands der Deutschen Industrie (Boston Consulting Group/Prognos 2018). Auch im Güterverkehr stellt sich das Dekarbonisierungsszenario des Wuppertal Instituts im Vergleich zu den anderen möglichen Zukunftspfaden als außerordentlich ambitionierte Variante heraus, nämlich mit einem vergleichsweise geringen Güterverkehrswachstum und einer deutlichen Verlagerung von der Straße hin zu Schiene und Schiff.

Ob und wie die im Szenario projektierte, technisch machbare, aber hoch ambitionierte Vermeidungs- und Verlagerungsstrategie in der Praxis umgesetzt werden kann, muss einer besonderen Analyse vorbehalten sein.

Exkurs: Strukturwandel der Autoindustrie – Herausforderungen und Chancen

Die möglichen Implikationen dieser Szenarienanalyse sind in Hinblick sowohl auf die Antriebsart als auch auf die Verkehrsvermeidung für die zukünftige Entwicklung der Automobilindustrie einschneidend. Sie können in diesem Exkurs nur angedeutet werden.

Mit einem Umsatz von 426 Milliarden Euro und mehr als 830.000 Beschäftigten (Hersteller und Zulieferer) ist die Automobilindustrie eine Schlüsselindustrie in Deutschland (Destatis 2019). Zudem verfügt sie gemessen an den Ausgaben für Forschung und Entwicklung (F&E) über überdurchschnittlich hohe Innovationskraft.

Die Verkehrswende bedeutet für die Autoindustrie einen fundamentalen Strukturwandel, der unterschiedliche Dimensionen hat: eine Wende vom Verbrennungsmotor zu alternativen Antrieben, eine Entwicklung zu ressourcen- und energiesparenden Fahrzeugen, die weniger Schadstoffe und CO_2 emittieren, neue Angebote und Mobilitätsdienstleistungen zur geteilten Nutzung (Sharing) und die Entwicklung intelligenter Fahrzeuge. Da nachhaltige Mobilität auf die Stärkung des Umweltverbundes zielt und weniger Autoverkehr ermöglicht, bedeutet dies zudem einen Rückgang im Kerngeschäft, dem Verkauf von Autos.

Die Antriebswende vom Verbrennungsmotor hin zum Elektroantrieb wurde von der Autoindustrie mit staatlicher Unterstützung begonnen und wird in den kommenden Jahren an Fahrt aufnehmen. Weil der elektrische Antriebsstrang mit weniger beweglichen Teilen auskommt als der von konventionellen Fahrzeugen und zudem weniger wartungsintensiv ist, sind erhebliche Arbeitsplatzverluste zu erwarten. Das Institut für Arbeitsmarkt- und Berufsforschung (IAB) errechnet bis 2035 den Wegfall von rund 114.000 Arbeitsplätzen in der Automobilwirtschaft (IAB 2018). Demgegenüber stehen prognostisch nur 16.000 neue Stellen, die durch die Elektrifizierung entstehen. Dabei nimmt das IAB einen E-Auto-Marktanteil von 23 Prozent an. Eine Studie der Nationalen Plattform Zukunft der Mobilität (NPM) geht von 79.000 bis 88.000 gefährdeten Arbeitsplätzen bis 2030 aus, wenn E-Fahrzeuge dann einen Marktanteil von 30 Prozent haben sollten – Arbeitsplatzverluste durch Produktivitätsgewinne sind hier bereits eingerechnet (NPM 2020).

Eine durch entsprechende Politikinstrumente flankierte Wende hin zu kleineren, geringer motorisierten Fahrzeugen mit niedrigeren Margen (Gewinn pro Fahrzeug) könnte den derzeitigen klima- und ressourcenschädlichen Boom zu SUV und Geländewagen beenden, sie bedeutet jedoch eine besondere Herausforderung für das zur Zeit noch vorherrschende Geschäftsmodell der Hersteller in Deutschland – hier werden über 95 Prozent der Oberklassefahrzeuge deutscher Autokonzerne produziert, aber nur rund 17 Prozent der Kleinwagen (VDA 2019). Gelingt die notwendige Vermeidung und Verlagerung des motorisierten Individualverkehrs, bedeutet dies zusätzlichen Druck für Geschäftsmodelle, Produktionsvolumina und Arbeitsplätze.

Diesen Herausforderungen stehen jedoch Chancen der Autoindustrie gegenüber, durch einen Beitrag zur Verkehrswende neue Geschäftsfelder zu erschließen und Innovationen in anderen Bereichen zu forcieren. So tragen die Weiterentwicklung von Elektrofahrzeugen, technische Maßnahmen zur Steigerung der Energieeffizienz wie Leichtbau, Energiemanagement und Senkung von Fahrwiderständen sowie intelligente, gewichtsparende, aktive Sicherheitssysteme nicht nur zur Senkung der Emissionen und des Ressourcenaufwands bei, sondern können die Position der deutschen Autoindustrie in einem Innovationswettbewerb stärken.

Zudem eröffnen neue Mobilitätssysteme und digital gestützte Angebote zur geteilten Nutzung (Sharing) neue Geschäftsfelder: Zum einen werden neue Fahrzeugtypen benötigt, die auf Abruf bestellt und zur Sammelbeförderung eingesetzt werden können (öffentlicher On-Demand-Verkehr, ride pooling) – etwa Kleinbusse, die den Mitreisenden dennoch Komfort und Privatsphäre bieten und die perspektivisch als autonome Fahrzeuge unterwegs sein könnten. Zum anderen kann die Autoindustrie Geschäftsmodelle entwickeln, in denen sie eingebunden in den öffentlichen Verkehr diese neuen Mobilitätsdienstleistungen erbringt – vom Car-Sharing, das durch Restriktionen für private Pkw in Städten deutliche Zuwächse erwarten könnte, bis zu den bereits erwähnten Ride-pooling-Angeboten, die den öffentlichen Verkehr ergänzen. Die deutsche Autoindustrie hat in diesen Bereichen bereits eigene Angebote entwickelt (PWC 2018).

Schließlich erfordert das Wachstum des öffentlichen Verkehrs im Zuge der Verkehrswende eine große Zahl neuer und innovativer Fahrzeuge – darunter insbesondere batterie-elektrische oder wasserstoffbetriebene Busse, die zum Portfolio vieler Automobilhersteller gehören. Und auch in anderen Produkt- und Dienstleistungsbereichen der Mobilitätsbranche ist ein Wachstum zu erwarten: Beim Aus- und Aufbau von Straßen- und Stadtbahnsystemen, beim Aufbau eines öffentlichen Ladesystems sowie durch private Ladestationen für E-Fahrzeuge, bei S-Bahnen, im Regional- und Fernverkehr, bei der Erweiterung des Güterverkehrs auf der Schiene sowie der Elektrifizierung von Autobahnstrecken für den Schwerlastverkehr sind sowohl neue Infrastrukturen als auch Fahrzeuge erforderlich. Deren Entwicklung und Produktion eröffnen Geschäftsfelder und Arbeitsplatzperspektiven, die teilweise die zu erwartenden Rückgänge in den konventionellen Feldern der Automobilindustrie auffangen könnten (Friedrich-Ebert-Stiftung 2019).

Um den skizzierten Umbruch in vorsorgender Weise zu bewältigen, ist eine Debatte über eine Transformation der Automobilindustrie notwendig – unter Einbeziehung aller Stakeholderinnen und Stakeholder, insbesondere der in Gewerkschaften und Betriebsräten organisierten Arbeitnehmerinnen und Arbeitnehmer der Automobilindustrie und anderer betroffener Branchen, zusammen mit Vertreterinnen und Vertretern der Politik, der Wissenschaft und der Zivilgesellschaft. Auch die Zulieferbetriebe sind einzubeziehen, die in der Autobranche einen Wertschöpfungsanteil von rund 70 Prozent haben.

An die Debatte um eine „Konversion der Automobilindustrie", die eine aktive Entwicklung von Alternativen unter Mitwirkung der

Beschäftigten zur Herstellung ressourcen- und emissionsintensiver Automobile zum Ziel hat (vgl. Blöcker 2015; Rosa-Luxemburg-Stiftung 2017), kann dabei angeschlossen werden.

Die Transformation der Automobilbranche muss durch Regulierung und Anreize für nachhaltige Mobilität unterstützt, industriepolitisch flankiert und durch die Tarifpartner strukturiert werden, um eine vorsorgende Transformation als „Systemumbau im laufenden Betrieb" (Friedrich-Ebert-Stiftung 2018) zu erreichen. Neue Formen der überbetrieblichen Mitbestimmung (z. B. Wirtschafts- und Sozialräte) sollten geprüft werden (vgl. auch Hennicke et al. 2019).

1.5 Der blinde Fleck: Die Verteilungseffekte des Verkehrs

1.5.1 Das heutige Verkehrssystem beruht auf Externalisierung

In Diskursen zur Umwelt- und Klimapolitik dominiert noch oft das unterschiedslose „Wir": „Wir alle" seien Täter und Opfer. „Die Menschheit" stehe vor großen Herausforderungen. Analysen über Hauptverursacherinnen und -verursacher sowie Hauptbetroffene scheinen sekundär. Für die demokratische Mehrheitsbildung und die notwendige Akzeptanz für gravierende Transformationsschritte sind jedoch Beiträge zur Lösung der sozialen Frage und das Berücksichtigen von Verteilungseffekten von größter Bedeutung.

Bei Fragen nach *globaler* Verursachung und den Folgen des Klimawandels verliert das die Interessenswidersprüche verschleiernde „Wir" inzwischen an Suggestionskraft. Denn die Fakten sind klar: Die Länder und Menschen im globalen Süden, die Hauptleidtragenden, haben zum Klimawandel wenig beigetragen, und die historischen Hauptverursacherländer im globalen Norden können ihre Verantwortung nicht länger leugnen. *Innerhalb* der nationalen Grenzen sind die Verteilungseffekte aber noch immer viel zu wenig untersucht.

Das gilt besonders beim Verkehr: Analysen zu *nationalen Verteilungseffekten* hinsichtlich des ungleichen Zugangs und der ungleichen Belastungen durch das heutige Verkehrssystem und erst recht hinsichtlich *globaler Externalisierungseffekte* von Kosten und Schäden fristen ein Schattendasein. Empirische Analysen zur *Verkehrsgerechtigkeit* („mobility equity") und zur privilegierten Inanspruchnahme des Nutzens von Verkehr werden in offiziellen Mobilitätsanalysen (vgl. u. a. BMVI 2019b) weitgehend ignoriert. Das gilt insbesondere in Hinblick auf die heutigen exzessiven Formen der Automobilität.

Im nationalen Maßstab geht die Landschafts- und Umweltzerstörung durch Automobilität zulasten der Lebens-, Ruhe-, Umweltund Stadtqualitäten und zulasten nicht motorisierter Verkehrsteilnehmerinnen und -teilnehmer. Sozial benachteiligte Familien leiden an einer überproportionalen Belastung durch Lärm, Schadstoffe und den Straßenbau in benachteiligten Wohngebieten, was drastische Folgen für die Gesundheit hat und zu vorzeitigen Sterbefällen führt (Umweltbundesamt 2019b). Beim Zugang zu Mobilität sind einkommensschwache Haushalte, Ältere, Kinder, Behinderte und Menschen mit Migrationshintergrund Bürgerinnen und Bürger zweiter Klasse. Zugespitzt formuliert gilt: Wer arm ist, profitiert vom Verkehrssystem weniger und erleidet mehr. Das derzeitige Verkehrssystem verursacht im nationalen Maßstab massive Verteilungseffekte. Es wird Zeit, diese Effekte genauer zu beleuchten, sonst bleibt der Ruf nach „nachhaltiger Mobilität" realitätsfern, weil nicht mehrheitsfähig. Klima- und Umweltgründe zum Umsteuern gibt es viele, aber ohne eine Verbindung mit Lösungskonzepten für die soziale Frage und die Überwindung von Ungleichheit wird es für den notwendigen Kurswechsel keine hinreichende Akzeptanz geben.

Nachhaltige Mobilität als Leitprinzip zu postulieren, setzt voraus, dass hinreichend präzise definiert werden kann, was „nachhaltig" bedeutet und warum das heutige Verkehrssystem weit entfernt von dieser Nachhaltigkeit ist und einer dringenden Änderung bedarf. Nachhaltigkeit ist ein *normatives Konzept*; bündig formuliert bedeutet „nachhaltige Mobilität" in Kontext dieses Kapitels: *Nicht auf Kosten von Um-, Mit- und Nachwelt unterwegs zu sein.*

Nicht nur der internationale Flugverkehr, sondern auch die heutige Form der Automobilität basiert auf *massiver sozialer Exklusion und Lastenabwälzung.* Die Freiheiten und Privilegien der automobilen

Mehrheitsgesellschaft begrenzen den Lebensraum und die Lebensqualität der autofreien Minderheit.

Brand/Wissen (2017) beziehen sich bei ihrer fokussierten Analyse des Konzepts einer „imperialen Lebensweise" in exemplarischer Form auf die SUV und Geländewagen: „Im Geländewagen- und SUV-Boom manifestieren sich die imperiale Lebensweise und ihre tendenzielle Verallgemeinerung auf eine besonders anschauliche Weise" (ebd., S. 126). Der weltweite Boom führe nicht nur zu schwereren sowie in der Regel verbrauchs-, ressourcen- und emissionsintensiveren Fahrzeugen, sondern auch zu gravierend ungleichen Verletzungs- und Sterberisiken bei Unfällen. Was SUV-Fahrerinnen und -Fahrer dabei an Sicherheit gewännen, verlören bei einer Kollision mit den massigen SUV-Karossen die Insassinnen und Insassen kleiner Autos, Fußgängerinnen und Fußgänger sowie Radfahrerinnen und Radfahrer (ebd.).

Was bei Brand/Wissen noch als ein zweifelhaftes Ausleben individueller Automobilität erscheinen mag, wird inzwischen von der Internationalen Energieagentur (IEA) als ein alarmierender weltweiter Trend gegen den Klimaschutz diagnostiziert: Der dramatische Schwenk hin zu größeren und schwereren Autos zeigt sich laut IEA an der weltweit seit dem Jahr 2010 von 35 Millionen auf inzwischen über 200 Millionen gestiegenen Zahl an SUV. Diese Entwicklung sei für 60 Prozent des Anwachsens der globalen Pkw-Flotte in diesem Zeitraum verantwortlich. Heutzutage liegt laut IEA der Anteil der SUV an den verkauften Pkw bei 40 Prozent, mehr als doppelt so viel wie noch vor zehn Jahren. In der Periode von 2010 bis 2018 waren die CO_2-Emissionen aus dem exorbitanten Zuwachs der SUV nach dem Energiesektor die Haupttreiber der globalen CO_2-Emissionen, quantitativ noch vor der energieintensiven Industrie und dem Flugverkehr (IEA 2019).

1.5.2 „Externe Kosten": Nur ein Bruchteil der Externalisierung wird erfasst

Nachhaltige Mobilität, d. h. nicht auf Kosten von Um-, Mit- und Nachwelt mobil zu sein, würde die derzeitige Externalisierung durch das Verkehrssystem auf ein unvermeidliches Minimum begrenzen. Dieses umfassende Konzept der Externalisierung steht in einem offensichtlichen Spannungsverhältnis dazu, wie die herrschende neoklassische Ökonomie „externe Kosten" versteht und welche klima- und verkehrspolitischen Implikationen sie mit der „Internalisierung der externen Kosten" verbindet. Denn der Begriff „externe Kosten" in der herrschenden Ökonomie ist viel enger gefasst und klammert z. B. Verteilungs-, Macht- und Herrschaftsverhältnisse ebenso aus wie vielfältige nicht quantifizier- und monetarisierbare Folgen einer „imperialen Lebensweise" (zur Analyse des Verhältnisses von externen Kosten und Externalisierung vgl. Hennicke 2020). Gleichwohl wird nachfolgend auf Definition und Anwendung des Konzepts „externe Kosten" zurückgegriffen, um die Anschlussfähigkeit zur über den Preis steuernden Instrumentendiskussion herzustellen.

Dem herrschenden Konzept der „externen Kosten" liegt ein allgemein akzeptiertes Methodenverständnis zugrunde. Insofern kann es auch pragmatische Hinweise zur Internalisierung der „externen Kosten" liefern, etwa durch eine Steuer oder einen Emissionshandel. Deshalb ist es sinnvoll, sich bei der Politikberatung auf dieses etablierte Minimalkonzept zu beziehen.

Im Jahr 2019 sind gleich drei wesentliche Studien zum Thema „externe Kosten" im Verkehr veröffentlicht worden: Im Februar publizierte das Umweltbundesamt die Methodenkonvention 3.0 (Matthey und Bünger 2019), im Juni die Europäische Kommission die aktualisierte Fassung des Handbuchs zu externen Transportkosten mit Bezug auf das Jahr 2016 (European Commission 2019a) und im August Infras den Schlussbericht „Externe Kosten des Verkehrs in Deutschland" mit Bezug auf das Jahr 2017 (Infras 2019). Die Ergebnisse der drei Studien verweisen auf ähnliche Strukturen der „externen Kosten", differenziert nach Verkehrsträgern.

Das Umweltbundesamt (Matthey und Bünger 2019) hat in seiner Methodenkonvention 3.0 eine Grundlage für die Ermittlung von Umweltkosten des Personen- und Güterverkehrs in Deutschland geschaffen. Mit Schätzwerten erfasst werden dabei Emissionen aus dem Betrieb der verschiedenen Fahrzeugtypen sowie aus anderen Phasen des Lebenszyklus (z. B. bei Bau, Wartung und Entsorgung) und bei der Bereitstellung von Kraftstoffen. Neben den Luftschadstoff- und Treibhausgasemissionen werden Schätzungen zu anderen negativen Effekten wie Lärm sowie Landschaftszerschneidung und Flächenversiegelung, soweit monetarisierbar, hinzuaddiert. Wegen der höheren Klimaschädlichkeit von Flugzeugen in hohen Höhen werden die im

Tabelle 1.1: Umweltkosten pro Personenkilometer durch Emission von Treibhausgasen, Luftschadstoffen und Lärm sowie durch Vorprozesse und Flächenverbrauch für verschiedene Fahrzeugtypen in Deutschland (2016)

Fahrzeugtyp		Gesamte Umweltkosten in Cent pro Personenkilometer	
		mit Treibhausgas-Kostensatz von 180 Euro/t CO_2	mit Treibhausgas-Kostensatz von 640 Euro/t CO_2 (Sensitivitäts-analyse)
Pkw	Benzin	4,30	11,94
	Diesel	5,05	12,26
	Elektro	4,09	10,44
Linienbus	Diesel	2,50	6,48
Personenzug, Fernverkehr	Elektrisch	1,74	4,36
Personenzug, Nahverkehr	Elektrisch/ Diesel, ge-wichteter Durch-schnitt	2,80	6,58

Quelle: Matthey/Bünger (2019), S. 45.

Flugverkehr emittierten Treibhausgase mit dem Faktor 2 multipliziert. Im Ergebnis geht es darum, unter Berücksichtigung verschiedener Einflussfaktoren (wie z. B. inner- und außerorts sowie Autobahnverkehr), durchschnittliche Umweltkosten pro Fahrzeugkilometer sowie – nach Einbeziehung von Besetzungs-/Auslastungsgraden – hieraus letztendlich die Umweltkosten pro Personenkilometer zu ermitteln. Deutlich wird dabei (siehe Tabelle 1.1 auf Seite 89) die starke Abhängigkeit vom unterstellten Kostensatz für Treibhausgase. Aber auch die geringen Unterschiede bei Pkw in Bezug auf die Antriebsart (Benzin, Diesel, Elektro) springen ins Auge.

Die Verknüpfung dieser spezifischen Daten mit der Menge und der Entfernung der Transportleistung sowie die Aggregation der externen Kosten macht die massiven volkswirtschaftlichen Probleme des heutigen globalisierten Verkehrssystems sehr deutlich.

Infras (2019) hat im Auftrag von Allianz pro Schiene e. V. die ex-

Tabelle 1.2: Externe Kosten des Verkehrs in Deutschland (2017) nach Verkehrsträgern und Kostenbereichen

Externe Kosten insgesamt: 149 Milliarden Euro			
Anteile nach Verkehrsträgern in Prozent		Anteile nach Kostenbereichen in Prozent	
Straßenverkehr	94,5	Klima	18,0
Schienenverkehr	3,8	Luftschadstoffe	6,0
Luftverkehr (Inland)	0,9	Unfälle	41,0
Binnenschiff	0,8	Lärm	5,0
		Natur und Landschaft	9,0
		Vor- und nachgelagerte Prozesse	21,0

Quelle: Infras (2019). Die Studie beinhaltet auch wesentliche Folgekosten von Verkehrsunfällen mit Todesfolge, deren monetäre Bewertung umstritten ist.

ternen Kosten des Verkehrs in Deutschland für 2017 ermittelt (siehe Tabelle 1.2). Die gesamten durch den Verkehr verursachten, aber nicht durch die verursachenden Akteurinnen und Akteure getragenen Kosten belaufen sich *allein für das Jahr 2017 auf rund 149 Milliarden Euro*. Diese Kosten lagen damit um 69 Milliarden Euro höher als im Vergleichsjahr 2007. Enthalten sind hierin die Kostenbereiche „Klima, gesundheitliche und nicht-gesundheitliche Schäden durch Luftverschmutzung, Unfälle, Lärm, Natur und Landschaft sowie vor- und nachgelagerte Prozesse" (ebd., S. 4).

Ein Blick auf die EU macht die gesamtgesellschaftliche Schizophrenie der heutigen Automobilität noch deutlicher: Es wird geschätzt (vgl. European Commission 2019a, S. 126ff.), dass durch den Verkehr in der EU *jährlich* etwa 987 Milliarden Euro externe Kosten (inkl. Staukosten) entstehen, etwa 83 Prozent davon durch den Straßenverkehr. Nachhaltige Mobilität würde europaweit sicherlich nicht den gesamten, aber einen wesentlichen Teil dieses kontraproduktiven wirtschaftlichen Kostenballasts vermeiden.

1.5.3 Internalisierung externer Kosten, Lenkungswirkung von Spritpreisen und gesellschaftliche Akzeptanz

Aus Tabelle 1.1 wird deutlich, dass je nach Bewertung der externen Kosten des Klimawandels (180 bzw. 640 Euro pro Tonne CO_2) ein Benzin-Pkw externe Umweltkosten von 4,3 bzw. 11,94 Cent pro Personenkilometer verursacht. Mit einem Verbrauch von 7 Litern pro 100 km, der dem durchschnittlichen Flottenverbrauch entspricht, würden sich auf den Benzinpreis umgelegt daraus zusätzliche Kosten von 61 bzw. 179 Cent pro Liter ergeben. Damit entsteht für eine *allein* spritpreisgesteuerte Systemänderung im Verkehr ein unauflösliches Dilemma: Soll die Lenkungswirkung hoch sein, muss die Kosteninternalisierung die obere Bandbreite der externen Kosten ausschöpfen. Bei mehr als einer Verdopplung des heutigen Benzinpreises (um 179 Cent pro Liter) wäre die gesellschaftliche Akzeptanz selbst bei einem komplexen Rückverteilungsmechanismus gering.

Für die heutigen, zumeist autoabhängig deformierten Gesellschaften ist der Spritpreis quasi der Brotpreis des 21. Jahrhunderts. Wird er – ohne soziale Kompensation – durch politische Intervention deutlich erhöht, kann dies eine grassierende allgemeine Unzufriedenheit mit der herrschenden Politik katalytisch bis zu sozialen Unruhen verstärken. So unterschiedliche Länder wie Frankreich, Ecuador oder Iran haben dies erst kürzlich gezeigt. Aus Gründen fehlender Akzeptanz werden vermutlich die Spritpreise als Steuerungsinstrument *niemals* in die Nähe dessen angehoben werden, was als „ökologische Wahrheit" mit dem Konstrukt der sogenannten externen Kosten ohnehin nur teilweise monetarisiert ausgedrückt werden kann. Im Rahmen eines Politik-Mixes ist das auch gar nicht notwendig, wie das in Abschnitt 1.9 vorgestellte Programm des Umweltbundesamts (UBA) zeigt. Dies gilt besonders für das Umsteuern der Autoabhängigkeit im ländlichen Raum und bei den Pendlerverkehren, wo die Förderung von nachhaltigeren Alternativen (z. B. Schienen-Regionalverkehr, Rufbusse, Sammeltaxis etc.) entscheidend ist.

Ein Vergleich mit der zwischen 1999 und 2003 insgesamt um 15,35 Cent pro Liter angehobenen Öko-Steuer auf Benzin (zu beachten ist dabei: der Energiesteuersatz auf Benzin beträgt 65,45 Cent pro Liter, dazu kommen 19 Prozent Mehrwertsteuer und ein Erdölbevorratungsbeitrag von 0,27 Cent pro Liter Benzin) zeigt darüber hinaus, dass hiervon – wenn überhaupt – nur eine marginale Lenkungswirkung ausgegangen ist, die jedenfalls die erhebliche Zunahme übermotorisierter Automobilität (z. B. durchschnittlich mehr PS, mehr Gewicht, höhere Spitzengeschwindigkeit) nur wenig gebremst haben dürfte.

Es wird also deutlich, dass für einen Umbau des Verkehrssystems zur nachhaltigen Mobilität allgemeine preissteuernde Maßnahmen (d. h. direkt durch eine CO_2-Steuer oder indirekt durch einen Emissionshandel, der die Gesamtreduktionsmenge für CO_2 fixiert und die Preissetzung dem Markt überlässt) zwar – mit entsprechender sozialer Flankierung – notwendig, aber bei weitem nicht hinreichend sind (siehe dazu Kapitel 2). Das ist auch der Grund dafür, dass das UBA in seinem Vorschlag vom November 2019 zunächst nur mit einem Aufschlag von 80 Euro pro Tonne CO_2 rechnet, der den Liter Diesel um 21,1 Cent pro Liter und das Benzin um 18,6 Cent pro Liter verteuern würde. In einer weiteren Stufe soll dem eine Erhöhung von zusätzlich 33 Cent pro Liter Diesel und 29,1 Cent pro Liter Benzin folgen (Umweltbundesamt 2019a, siehe auch Abschnitt 1.9). Diese angekündigte und relativ moderate Preiserhöhung müsste gleichwohl erstens sozial flankiert werden, um Akzeptanz z. B. auch auf dem Land und bei Pendlerinnen und Pendlern zu erreichen. Zweitens ist diese über den Preis steuernde Maßnahme klugerweise beim UBA-Konzept in *einen Politik-Mix*, d. h. in ein Bündel von 13 weiteren strategischen Maßnahmen eingebunden (vgl. Abschnitt 1.9). Was beim UBA-Vorschlag allerdings noch ergänzt werden muss, ist der beschleunigte *Ausbau der Alternativen* zum MIV; das UBA rechnet hier nur mit einer eher moderaten Förderung des Umweltverbundes. Pointiert zusammengefasst geht es bei der notwendigen, umfassenden Doppelstrategie um *Entprivilegierung des Autos und Vorrang für alle alternativen öko-sozialen Mobilitätsformen und -strukturen.*

Trotz dieser kritischen Reflexion über die begrenzte Aussagekraft und die begrenzten Wirkungen der Internalisierung sogenannter externer Kosten muss betont werden: Externe Kosten des Verkehrs sind real und werden nicht etwa dadurch fiktiv, dass sie von den Verursacherinnen und Verursachern nicht getragen werden. Die Gesellschaft, die Mit-, Um- und Nachwelt, zahlt in irgendeiner Form dafür die Zeche. Der neoklassische Begriff der „externen Kosten" ist, wohlgemerkt, nur die messbare Spitze des Eisbergs, dessen eigentlicher exorbitanter Umfang und dessen globale Lastenverlagerung – eben „die Externalisierung" – dadurch unzureichend erfasst werden.

Die Ermittlung der genannten exorbitanten Gesamtkosten (inkl. externer Kosten) des heutigen Verkehrssystems ist ein erster notwendiger Analyseschritt, um die *gesamtwirtschaftliche Problematik* heutiger Automobilität zu verdeutlichen. Diese Gesamtkosten geben aber noch keine Auskunft über die *Verteilungswirkung innerhalb einer Gesellschaft*. Denn die *Teilhabe an der derzeitigen Automobilität und die Belastungen durch deren Folgewirkungen* sind signifikant ungleich verteilt.

1.5.4 Teilhabe an Mobilität und Belastungen durch den Verkehr

Wer arm ist, profitiert weniger und leidet mehr unter dem heutigen Verkehr

In der regierungsoffiziellen Studie zur „Mobilität in Deutschland" (BMVI 2019b) gibt es in Bezug auf Verkehrsaufkommen, Struktur und Trends etc. eine Fülle von interessanten Daten. Befremdlich ist aber, dass nur in Ausnahmenfällen diese Datenfülle mit *dem sozialen Status* der Bürgerinnen und Bürger und Haushalte und mit Fragen der Teilhabe und der Belastung durch den Verkehr verknüpft wird.

Eine glaubwürdige Vision „nachhaltiger Mobilität", die hinsichtlich der gesellschaftlichen Chancen tatsächlich niemanden zurücklässt, kann sich damit nicht zufrieden geben. Wenn für Millionen Bürgerinnen und Bürger die *(Nicht-)Teilhabe* an Automobilität und die vorwiegend *negative Betroffenheit* – aller Bürgerinnen und Bürger, auch wenn sie Autofahrerinnen und Autofahrer sind – durch die heutige Form der Automobilität praktisch ignoriert wird, besteht offensichtlicher Analysebedarf und ein Imperativ zum Handeln. Denn ein mehrheitsfähiger Übergang zu nachhaltiger Mobilität muss insofern transparent und gerecht sein (im Sinne von „just transition"), als er den Zugewinn an Lebensqualität für die Bevölkerungsmehrheit so genau wie möglich veranschaulicht. Das gilt insbesondere auch für den ländlichen Raum, wo nachhaltigeren Alternativen zur bisherigen Automobilität zumeist wenig Beachtung geschenkt wird.

Wichtig wären Analysen zur systematischen Verknüpfung des sozialen Status mit umwelt- und verkehrsbedingten Belastungen sowie privilegierten Nutzungen. Leider liegen hierzu nur wenige Berichte des Umweltbundesamts vor. Zusammenfassend heißt es dort: „Gesundheitliche Belastungen als Folge von Umweltproblemen sind in Deutschland ungleich verteilt. Sozial- und umweltepidemiologische Studien der vergangenen Jahre weisen darauf hin, dass der soziale Status in Deutschland mit darüber entscheidet, ob und in welchem Umfang Kinder, Jugendliche und Erwachsene durch Umweltschadstoffe belastet sind. Sozioökonomische Faktoren wie Bildung und Einkommen, aber auch andere Faktoren wie Migrationshintergrund und das soziale Umfeld beeinflussen die Wohnbedingungen, Lebensstile, die verfügbaren Ressourcen sowie die damit verbundenen Gesundheitsrisiken der Menschen. In den meisten Studien zeigt sich bei Menschen mit niedrigem Sozialstatus eine Tendenz zur stärkeren Belastung durch negative Umwelteinflüsse" (Umweltbundesamt 2019b). „Sozial und gesundheitlich benachteiligt" lautet daher das Fazit von einigen Fallstudien des UBA, die einen Zusammenhang zwischen Belastungen durch den Straßenverkehr und dem sozialen Status untersuchen.

Sozioökonomischer Status und Mobilitätsprofile
Mangels systematischer Studien werden nachfolgend einige ausgewählte, empirisch belegte Zusammenhänge zwischen dem sozioökonomischen Status und der Mobilität aufgelistet. Hier besteht ein besonderer Forschungsbedarf. Insgesamt verdichtet sich der Eindruck, dass eine Systemtransformation zu nachhaltiger Mobilität eine steuernde und koordinierende politische Rahmensetzung braucht und gleichzeitig einen hohen Flexibilitätsgrad und viel situative Entscheidungsfreiheit aufweisen muss:

• Die Mobilitätsquote, mithin der Anteil der Bevölkerung, der an einem Tag das Haus verlässt, liegt bei Haushalten mit sehr niedrigem ökonomischen Status bei 80 Prozent und nimmt mit zunehmendem Status auf 88 Prozent bei hohem und sehr hohem Status zu. Die Unterwegszeiten der mobilen Personen liegen bei gut 90 Minuten, lediglich die Personen mit sehr hohem ökonomischen Status weisen einen Durchschnitt von gut 100 Minuten auf.
• „Im Jahr 2019 gab es in der deutschsprachigen Bevölkerung ab 14 Jahren rund 2,59 Millionen Personen mit drei oder mehr Pkw im Haushalt. Die meisten Befragten (etwa 36,62 Millionen) besaßen einen Pkw, circa 13,96 Millionen Haushalte waren komplett autofrei [Zahlen hochgerechnet von 20.000 Befragten, Anm. d. Verf.]" (Statista 2020). Damit sind etwa 20 Prozent der Bevölkerung über 14 Jahre auf Mobilitätsalternativen zum Auto angewiesen.
• Die Ausstattung der Haushalte mit Pkw hängt deutlich mit deren ökonomischem Status zusammen. So liegt der Anteil der autofreien

Haushalte bei den Haushalten mit sehr niedrigem ökonomischen Status bei gut der Hälfte und nimmt bis zu den Haushalten mit sehr hohem ökonomischem Status auf unter 10 Prozent ab.

- Rund 40 Prozent der Haushalte mit hohem ökonomischen Status besitzen zwei Autos. Der Anteil der Haushalte mit zwei Autos ist bei Familien deutlich höher als bei anderen Haushalten. Der Anteil der autofreien Haushalte ist bei Haushalten mit Haushaltsmitgliedern unter 35 Jahren mit 42 Prozent besonders hoch.

Monetäre Privilegierung

Die ungleiche Bepreisung von Verkehrsmitteln und deren Infrastrukturen lässt sich an den Flächenpreisen in Städten ablesen: Der Bau und die Instandhaltung von Parkplätzen verursachen hohe Kosten, die zum großen Teil von der Allgemeinheit getragen werden. Laut Agora Verkehrswende (2018) liegen die Bereitstellungskosten für einen bewirtschafteten Parkplatz am Straßenrand in Berlin bei 220 Euro im Jahr, die laut Straßenverkehrsordnung für einen Bewohnerparkausweis zulässigen Gebühren haben aber eine Spannweite von mindestens 10,20 Euro und höchstens 30,70 Euro und sind damit dagegen verschwindend gering. Zum Vergleich: Ein Bewohnerparkausweis in Stockholm kostet 827 Euro im Jahr (ebd.). Ein Antrag des Bundeslands Berlin, die rechtlich zulässigen Anwohnerparkgebühren auf bis zu 240 Euro anzuheben, ist Mitte Februar 2020 im Bundesrat gescheitert.

Darüber hinaus leistet sich Deutschland eine Vielzahl von umweltschädlichen Subventionen. Das Umweltbundesamt veröffentlicht dazu seit 2008 eine Fachbroschüre. Der jüngste Bericht (Umweltbundesamt 2016) zählt im Verkehr für das Bezugsjahr 2012 folgende Subventionen auf:

- Energiesteuervergünstigung für Dieselkraftstoff: 7,35 Milliarden Euro,
- Entfernungspauschale: 5,1 Milliarden Euro,
- Energiesteuerbefreiung des Kerosins: 7,08 Milliarden Euro,
- Mehrwertsteuerbefreiung für internationale Flüge: 4,76 Milliarden Euro,

- Energiesteuerbefreiung der Binnenschifffahrt: 170 Millionen Euro,
- Energiesteuerbegünstigung von Arbeitsmaschinen und Fahrzeugen, die ausschließlich dem Güterumschlag in Seehäfen dienen: 25 Millionen Euro,
- pauschale Besteuerung privat genutzter Dienstwagen: 3,1 Milliarden Euro,
- Biokraftstoffe der ersten Generation, die aus der regulären landwirtschaftlichen Erzeugung stammen und somit zu den bestehenden Umweltproblemen vor Ort beitragen bzw. diese verschärfen: 1,05 Milliarden Euro.

Es bleibt also festzuhalten: Die deutsche Verkehrspolitik subventioniert und privilegiert *nicht nachhaltige Auto- und Flugmobilität* mit fast 29 Milliarden Euro pro Jahr, d. h. mit einem Finanzvolumen, das dringend zur Umsetzung einer Strategie „nachhaltige Mobilität" benötigt wird.

1.6 Die EU-Verkehrspolitik und ihre Regelungskompetenzen

Verkehrspolitik ist eine Mehrebenenpolitik, wobei der EU-Rahmen für die Herausbildung eines nationalen Konzepts „nachhaltige Mobilität" eine bedeutsame Rolle spielt. Insofern ist ein kurzer Blick auf die europäische Ebene notwendig.

Die in Deutschland zu beobachtende Entwicklung steigender Emissionen des Verkehrs zeigt sich auch auf Ebene der Europäischen Union. Unter den Verbrauchssektoren zählt der Verkehrssektor zu den wenigen, in denen die Treibhausgasemissionen sogar noch zunehmen (European Environment Agency 2019).

Lastenteilung („effort sharing")

Emissionen, die im Verkehrssektor entstehen, fallen auf europäischer Ebene weitestgehend unter die sogenannte Lastenteilungsentscheidung (engl. effort sharing decision). In der Lastenteilungsentscheidung werden für die Mitgliedstaaten der Europäischen Union Minderungsziele für die Treibhausgas emittierenden Sektoren festgelegt, die nicht am Europäischen Emissionshandel (EU-ETS) teilnehmen. Hierzu zählen im Wesentlichen Gebäude, die Landwirtschaft, aber eben auch der Verkehr (bis auf den innereuropäischen Flugverkehr, der zusammen mit der Energieerzeugung und der energieintensiven Industrie dem EU-ETS unterworfen ist). Gemäß der ersten Lastenteilungsentscheidung aus dem Jahr 2009 sollen die Emissionen Deutschlands im Jahr 2020 um 14 Prozent unter denen des Jahres 2005 liegen (Europäische Union 2009).

Laut der im Jahr 2018 neu beschlossenen Lastenteilungsverordnung ist Deutschland in den betroffenen Bereichen bis 2030 zu einer Emissionsreduktion um 38 Prozent gegenüber dem Jahr 2005 verpflichtet. Die Gesamtheit der Mitgliedstaaten der Europäischen Union soll ihre Emissionen bis zum Jahr 2030 um 30 Prozent gegenüber dem Jahr 2005 senken (Europäische Union 2018). Deutschland trägt hier also eine überdurchschnittliche Verantwortung.

Für die Erreichung dieser Ziele sind in erster Linie die Mitgliedstaaten verantwortlich. Dies bedeutet jedoch nicht, dass die EU keinerlei Einflussmöglichkeiten auf die Emissionen im Verkehrsbereich hat.

Ein prinzipiell machtvolles Instrument: die EU-weite Flottenverbrauchsregelung

Die größte Öffentlichkeitswirkung unter den EU-Rechtsakten im Verkehrsbereich hat wahrscheinlich die Verordnung zu CO_2-Emissionsnormen für Pkw und leichte Nutzfahrzeuge erhalten. Mit dieser im April 2019 neu gefassten Verordnung (Verordnung 2019/631) werden die Hersteller von Pkw und leichten Nutzfahrzeugen dazu verpflichtet, dass die Flotte der in der EU neu zugelassenen Fahrzeuge im Durchschnitt einen bestimmten Emissionswert nicht überschreitet. Für das Jahr 2021 liegt dieser Wert für Pkw bei 95 g CO_2/km, bei leichten Nutzfahrzeugen beträgt er 147 g CO_2/km. Bis zum 1. Januar 2025 werden diese Grenzwerte um 15 Prozent gegenüber dem Jahr 2021 reduziert. Bis zum Jahr 2030 müssen für Pkw die Flottendurchschnitte um 37,5 Prozent gegenüber dem Jahr 2021 reduziert werden, bei leichten Nutzfahrzeugen um 31 Prozent. Diese Zielwerte gelten jedoch nicht einheitlich, sondern jeder Hersteller erhält einen individuellen Wert auf Basis des mittleren Gewichts seiner Flotte. Hersteller, die ihre Grenzwerte nicht einhalten, müssen eine von der Anzahl der verkauften Fahrzeuge und der Überschreitung des Grenzwertes abhängige Abgabe zahlen. All dies klingt auf den ersten Blick ambitioniert; weiter unten wird deutlich, dass etliche von der Autolobby erzwungene Schlupflöcher dieses eigentlich machtvolle Instrument erheblich abschwächen.

Zusätzlich reagiert diese Verordnung auf die vielfach diskutierte Frage, inwiefern auf Teststständen ermittelte Kraftstoffverbräuche und Emissionen, die Grundlage für die Berechnung der Flottendurchschnitte sind, den Verbräuchen in der alltäglichen Nutzung entsprechen. Hier soll ein verändertes Testverfahren, die „Worldwide Harmonized Light Vehicles Test Procedure" (WLTP), Abhilfe schaffen, das im Herbst 2018 eingeführt wurde. Gleichzeitig will die EU sich aber nicht ausschließlich auf neue Testverfahren verlassen, sondern vom Fahrzeug gespeicherte Daten zum Kraftstoff- und Energieverbrauch sammeln und auswerten, um die Realitätsnähe des WLTP-Verfahrens bewerten zu können. Die Verordnung trat am 1. Januar 2020 in Kraft.

Eine weitere Verordnung betrifft die die CO_2-Emissionsnormen für schwere Nutzfahrzeuge (EU-Verordnung 2019/1242). In dieser Flottenverbrauchsverordnung wird festgelegt, dass die CO_2-Emissionen schwerer Nutzfahrzeuge bis zum Jahr 2025 von den Herstellern um 15 Prozent und bis zum Jahr 2030 um 30 Prozent gegenüber dem Referenzzeitraum (1. Juli 2019 bis 30. Juni 2020) gesenkt werden sollen. Im Gegensatz zu Pkw und leichten Nutzfahrzeugen kann hier kein pauschaler Bezugswert angegeben werden, da die Emissionen stark von Achszahlen, Einsatzprofilen usw. abhängig sind.

Bereits die genannten Verordnungen machen deutlich, dass die Europäische Kommission große Hoffnung auf die Förderung alternativer Antriebe setzt. Denn mit Verbrennungsmotoren, die Benzin oder Diesel als Kraftstoff nutzen, scheinen die geforderten Flottendurchschnitte bei den heute von den Käuferinnen und Käufern gewählten Fahrzeugen kaum erreichbar zu sein. Alternative Antriebe fördert die EU mit einer eigenen Richtlinie über den Aufbau einer Infrastruktur für alternative Kraftstoffe (2014/94/EU). Mit dieser werden die Mitgliedstaaten verpflichtet, eine Strategie für die Förderung alternativer Antriebe zu erarbeiten und Ziele für den Zubau von Ladepunkten für Elektroautos, aber auch von Erdgas-Tankstellen festzulegen. Zugleich soll Erdgas als alternativer Kraftstoff für die Schifffahrt entwickelt werden und die Möglichkeit zur Landstromversorgung ausgebaut werden. Erdgas wird hier nicht nur als Beitrag zum Klimaschutz verstanden, sondern auch als Ansatz zur Verbesserung der Luftqualität (Europäische Union 2014).

Förderung von Verkehrs-Infrastrukturen
Ein weiteres Handlungsfeld der Europäischen Kommission ist der Ausbau der Infrastruktur. Mit Mitteln der Connecting Europe Facility (CEF) wird insbesondere der Ausbau der transeuropäischen Netze (TEN) gefördert. Die Verteilung der Mittel zeigt, dass die Europäische Union dabei einen Schwerpunkt auf nachhaltige Transportmöglichkeiten legt. Fast drei Viertel der verfügbaren Mittel wurden in den Ausbau von Schienenwegen investiert (European Commission 2019b, S. 26).

Des Weiteren engagiert sich die Generaldirektion Mobilität und Verkehr auch im Feld der urbanen Mobilität. Dies umfasst auch eine Förderung des Rad- und Fußverkehrs sowie des öffentlichen Personennahverkehrs (ÖPNV), und somit wird auch an dieser Stelle das Ziel einer Verlagerung des Verkehrs auf andere Verkehrsträger sichtbar (European Commission 2013; European Union 2016).

Allerdings ist festzustellen, dass das Thema *Verkehrsvermeidung* an keiner Stelle prominent angesprochen wird. Bei Betrachtung der Basispolitiken der Europäischen Union – Binnenmarkt, Freizügigkeit und Wettbewerbsorientierung – ist dies nicht verwunderlich. Unbegrenzt mobil zu sein, ist eine prioritäre Kernvision der Europäischen Union. So stand bereits im Jahr 2011 im Weißbuch der Europäischen Kommission zum Verkehr deutlich: „Die Einschränkung von Mobilität ist keine Option" (Europäische Kommission 2011, S. 6).

Diese überholte und verzerrt dargestellte Linie ist bis heute in den

Politiken der Europäischen Kommission zu erkennen (und nicht nur dort). Es geht nicht um simple „Einschränkung", sondern um eine fundamentale Qualitätsänderung in Richtung nachhaltiger Mobilität durch Vermeidung und Verlagerung umwelt- und sozialschädlicher Verkehre. Das Ziel „nachhaltiger Mobilität" – d. h. Mobilität unter Einhaltung planetarer Grenzen und in Richtung eines dekarbonisierten, aber auch sozialverträglichen Verkehrssystems – ist erst in jüngster Zeit in den Fokus gerückt. Insofern ist es auch nicht verwunderlich, dass trotz aller bisherigen Aktivitäten ein Anstieg der EU-weiten Emissionen des Verkehrssektors festzustellen ist.

European Green Deal

Die neue EU-Kommission unter der Präsidentin Ursula von der Leyen, die im Dezember 2019 ihre Amtsgeschäfte aufnahm, hat als erste größere Maßnahme einen *European Green Deal* angekündigt (Europäische Kommission 2019). Dieser soll das Erreichen der für das Jahr 2030 bereits definierten Klimaschutzziele möglich machen und insgesamt das Ambitionsniveau des europäischen Klimaschutzes erhöhen. Der *European Green Deal* stellt ausdrücklich fest, dass der Verkehrssektor einen gewichtigen Beitrag zur Erreichung der Emissionsziele leisten muss – bis 2050 müssen die Emissionen des Verkehrs um 90 Prozent reduziert werden. Dafür sieht die EU-Kommission verschiedene Ansatzpunkte. Der multimodale (d. h. unterschiedliche Verkehrsmittel nutzende) Verkehr soll insbesondere im Güterverkehr gestärkt werden. So heißt es, dass ein substanzieller Anteil der 75 Prozent des Güterverkehrs, die heute noch auf der Straße transportiert werden, auf Schiene und Wasserwege zu verlagern ist. Dazu soll ggf. die Richtlinie zum kombinierten Güterverkehr (92/106/EWG) neu gefasst werden, um so den kombinierten Güterverkehr besser zu fördern. Auf eine stärkere Multimodalität baut die neue EU-Kommission jedoch nicht nur im Güterverkehr. Mobilitätsdienste („mobility-as-service") sollen insbesondere im urbanen Raum auch finanziell unterstützt werden. Neue Technologien sollen außerdem helfen, das Verkehrsmanagement zu verbessern.

Bemerkenswert am *European Green Deal* ist die ausdrückliche Anerkennung der Subventionen fossiler Energieträger als Problem (ebd., S. 13). Die Europäische Kommission will sich dafür einsetzen, dass in diesem Bereich Schlupflöcher geschlossen werden und die steuerliche Bevorteilung von Kraftstoffen im Luft- und Schiffsverkehr endet. Im Rahmen des *European Green Deal* wird auch diskutiert, den europäischen Emissionshandel auf den Straßenverkehr auszuweiten. Dies sieht die *Arbeitsgruppe Alternative Wirtschaftspolitik* kritisch; in nationalen Steuerlösungen sieht sie die bessere Variante (siehe dazu Kapitel 2). Der Luft- und Schiffsverkehr steht darüber hinaus auch wegen seiner Luftschadstoffemissionen auf der Agenda. Hier soll beispielsweise der Zugang sehr schmutziger Schiffe zu europäischen Häfen reguliert werden. Außerdem erwägt die Europäische Kommission, Landstromversorgung verpflichtend zu machen (ebd., S. 14).

Insgesamt will der *European Green Deal* den Verkehr an vielen Stellen sauberer machen. Die Standards für Fahrzeuge mit Verbrennungsmotoren sollen nicht nur hinsichtlich der Emissionen von Luftschadstoffen verschärft werden. Auch in Bezug auf die Grenzwerte für Treibhausgasemissionen von Fahrzeugen ist eine Verschärfung der Verordnungen ab dem Jahr 2025 geplant. Den Umstieg auf alternative Antriebe will die Europäische Kommission darüber hinaus im Rahmen ihrer Industriepolitik unterstützen. So ist eine europäische Batterie-Allianz vorgesehen, die eine Fertigung der nicht nur für batterie-elektrische Fahrzeuge vermehrt benötigten Batterien mittelfristig auch in Europa möglich macht (ebd.).

1.7 Deutsche Verkehrspolitik für die 2020er-Jahre: Wende in Sicht?

Im *Klimaschutzplan 2050* vom November 2016 bestätigte die Bundesregierung die Emissionsminderungsziele von mindestens 55 Prozent bis zum Jahr 2030 und von mindestens 70 Prozent bis zum Jahr 2040 gegenüber dem Basisjahr 1990. Bis zum Jahr 2050 soll Deutschland weitgehend treibhausgasneutral werden. Sektorbezogen wurde z. B. für den Verkehrsbereich für das Jahr 2030 eine Reduktion von 40 bis

42 Prozent gegenüber dem Jahr 1990 angestrebt (BMU 2016). Im Dezember 2019 sind mit dem Bundesklimaschutzgesetz diese zulässigen sektorbezogenen Jahresemissionsmengen rechtsverbindlich verabschiedet worden. Das Sektorziel für den Verkehr wurde für das Jahr 2030 auf 42 Prozent Emissionsreduktion gegenüber dem Jahr 1990 fixiert (eine Minderung von 163 auf 95 Millionen Tonnen CO_2). Damit verbunden sind eine jährliche Erfolgskontrolle und die Pflicht zum Nachsteuern. Dies ist im weltweiten Vergleich *eine wesentliche Innovation*. Es bleibt allerdings höchst fraglich, ob und ggf. wie die *Pflicht zum Nachsteuern* insbesondere im Verkehrssystem mit den schon heute größten Abweichungen vom notwendigen CO_2-Reduktionspfad und unter langfristig wirkmächtigen infrastrukturellen Pfadabhängigkeiten (z. B. Schienen- und Straßensystem) realisiert werden kann.

Zur Umsetzung des *Klimaschutzplans 2050* hat die Bundesregierung im Jahr 2019 das *Klimaschutzprogramm 2030* (BMU 2019) beschlossen, auf dessen Basis Regelungen zur Umsetzung weiterer Maßnahmen zum Klimaschutz erfolgen sollen. Diese gliedern sich in mehrere Handlungsfelder: Verkehrsverlagerung, alternative Kraftstoffe, alternative Antriebe und Digitalisierung. Nachfolgend werden diese Handlungsfelder kurz zusammengefasst.

Das *Handlungsfeld Verkehrsverlagerung* umfasst Maßnahmen für den Schienenfernverkehr, den öffentlichen Personennahverkehr und den Fahrradverkehr. Um zusätzlich nennenswerte Verkehrsanteile im Schienenfernverkehr bewältigen zu können, sollen Engpässe beseitigt, die Ablaufsteuerung durch Digitalisierung der Leit- und Sicherungstechnik weiter verbessert und attraktive Angebote und Takte mit zusätzlichen Zügen gestaltet werden. Im ÖPNV sind bereits die Mittel, die nach dem Gemeindeverkehrsfinanzierungsgesetz investiert werden können, ab dem Jahr 2021 auf eine Milliarde Euro festgelegt worden, im Rahmen des Klimaschutzprogramms sollen diese Mittel ab dem Jahr 2025 auf jährlich zwei Milliarden Euro erhöht werden. Die Attraktivität und Sicherheit des Fahrradverkehrs soll durch den weiteren Ausbau von Radschnellwegen und Radwegen an Bundesstraßen gesteigert werden. Im Rahmen der Sonderprogramme „Stadt" und „Land" sollen Finanzhilfen für investive Maßnahmen der Länder und Kommunen zur

Realisierung von Radverkehrsnetzen zur Verfügung gestellt werden. Damit wird auch die Attraktivität des nicht motorisierten Verkehrs mittel- bis langfristig gesteigert.

Im Zusammenhang mit dem Klimaschutzprogramm hat die Bundesregierung ein Milliardenprogramm für die Deutsche Bahn angekündigt, das Konzernchef Lutz als das „größte Investitions- und Wachstumsprogramm in der über 180-jährigen Bahngeschichte" bezeichnete (Wüpper 2019). Im Januar 2020 haben der Bund und die Deutsche Bahn daraufhin eine neue Leistungs- und Finanzierungsvereinbarung abgeschlossen, die den Schienenverkehr in Deutschland deutlich voranbringen soll: „Bis 2030 fließt die Rekordsumme von 86 Milliarden Euro in den Erhalt und die Modernisierung des bestehenden Schienennetzes. Damit werden Gleise und Bahnhöfe, Stellwerke und Energieversorgungsanlagen erneuert. Von den Gesamtmitteln trägt der Bund nach Angaben der Bahn 62 Milliarden Euro. Es stünden durchschnittlich 8,6 Milliarden Euro pro Jahr für Ersatzinvestitionen und Instandhaltung zur Verfügung, 54 Prozent mehr als im vergangenen Planungszeitraum" (Dow Jones News vom 14.01.2020: „Investitionsprogramm für Deutsche Bahn unterzeichnet"). Das sind große Zahlen, die zweifellos in die richtige Richtung zielen. Sie relativieren sich aber dadurch, dass der Investitionsstau allein beim Netz auf 58 Milliarden Euro veranschlagt wird und Deutschland im europäischen Vergleich im Jahr 2018 bei den Investitionen in die Schieneninfrastruktur mit 77 Euro pro Kopf auf einem der hinteren Plätze rangierte (zum Vergleich: Die Schweiz investiert umgerechnet 365 Euro pro Kopf, Österreich 218 Euro pro Kopf; Allianz pro Schiene o.J.). Es wird Jahrzehnte dauern, bis der nur um die Hälfte erhöhte Etat sich tatsächlich in einer deutlichen Attraktivitätssteigerung der Bahn niederschlägt. Aber immerhin: Ein Anfang ist gemacht.

Das *Handlungsfeld alternative Kraftstoffe* kann in die drei Felder Biokraftstoffe, Wasserstoff und Power-to-X (PtX, Technologien zur Speicherung, Umwandlung bzw. anderweitigen Nutzung von Strom) unterteilt werden. Bei Biokraftstoffen sollen die bestehende Forschungs- und Entwicklungslücken durch Projekte und Demonstrationsvorhaben geschlossen werden, um mittelfristig eine großtechnische Produktion realisieren zu können. PtX-Kraftstoffe und -Wasserstoff werden längerfristig eine zunehmende Rolle spielen. Hier will die Bundesregierung Rahmenbedingungen für die Entwicklung und den großvolumigen Ausbau der Elektrolyse- und Raffinerieprozesse schaffen. Die strombasierte Herstellung von Wasserstoff hat sich bislang jedoch als wesentlich energieintensiver erwiesen als die direkte Nutzung erneuerbar erzeugten Stroms. Im Fall der PtX-Kraftstoffe ist der Energieeinsatz nach derzeitigem Stand der Technik noch größer.

Im *Handlungsfeld alternative Antriebe* sollen über die europäische Flottenverbrauchsregulierung hinaus die Anteile an Pkw mit Elektroantrieben und an (Plug-in-)Hybridautos deutlich erhöht werden. Dabei sollen kleine Fahrzeuge besonders gefördert werden. Die öffentlich zugängliche Ladeinfrastruktur soll ausgebaut werden, sodass in Deutschland bis zum Jahr 2030 insgesamt eine Million Ladepunkte zur Verfügung stehen. Deshalb fördert der Bund den Aufbau von öffentlichen Ladesäulen mit entsprechenden Programmen bis 2025.

Im *Handlungsfeld Digitalisierung* wird auf den Ausbau der Mobilfunknetze und der Breitbandkommunikation sowie auf die digitale Interaktion verwiesen. Mobilfunkapplikationen sollen den Verkehrsteilnehmerinnen und -teilnehmern eine vereinfachte Nutzung von Verkehrssystemen erlauben.

Die genannten *Förderprogramme der einzelnen Handlungsfelder* führen mittelfristig zu Angebotsverbesserungen in den Verkehrssystemen. Dadurch werden nicht nur motorisierte Verkehre vom Straßenverkehr auf relativ umweltfreundliche Verkehrsträger verlagert. Vielmehr entstehen auch Anreize für die bisherigen Nutzerinnen und Nutzer, mit diesen umweltfreundlichen Verkehrsträgern längere Fahrten durchzuführen. Attraktivere Nahverkehrsangebote verlagern gegebenenfalls auch nicht motorisierten Verkehr zu motorisiertem Verkehr.

Dem Bund stehen mehrere monetäre Anreizinstrumente dieser Art zur Verfügung. Neben der bereits erwähnten Energiesteuer (ehemals Mineralölsteuer) gehört dazu die Kraftfahrzeugsteuer, die seit dem Jahr 2009 eine Bundessteuer ist. Zur Umsetzung der EU-Vorgaben zur CO_2-Reduktion wurde neben dem Hubraum als Bemessungsgrundlage eine CO_2-Komponente ergänzt. Diese belastet Dieselfahrzeuge stärker als Benziner. Trotz der höheren Kfz-Steuer haben sich wegen der reduzierten Energiesteuer (rund 19 Cent pro Liter gegenüber Benzin) Dieselfahrzeuge am Markt durchgesetzt – zumindest bis zum Dieselskandal. Der Anteil des Dieseltreibstoffverbrauchs lag im Jahr 1995 bei etwa 16 Prozent und stieg bis zum Jahr 2017 auf etwa 45 Prozent an (BMVI 2018).

Im Rahmen des Klimaschutzprogramms (BMU 2019) setzt die Bundesregierung auf monetäre Anreize und entsprechende Wechselwirkungen mit den Fördermaßnahmen der Handlungsfelder, um Treibhausgasemissionen zu reduzieren. Dabei wird in den Sektoren Verkehr und Wärme ein CO_2-Preisaufschlag verhängt, dessen Höhe zunächst fix ist und in einigen Jahren durch ein nationales Emissionshandelssystem bestimmt werden soll (siehe Kapitel 2). Ob dieses Instrument mit den vorgesehenen engen und für die Sektoren einheitlichen Grenzen für die Zertifikatpreise (55 bis 65 Euro pro Tonne CO_2) Sinn macht, ist äußerst zweifelhaft. Für den Wärmebereich ist eine gewisse Lenkungswirkung vorstellbar. Für den Verkehrsbereich ist sie gleich Null, da die zusätzliche Belastung pro Kilometer Fahrstrecke bei unter einem Cent liegen wird. In beiden Sektoren ist die Höhe weit von der theoretisch intendierten Internalisierung der externen Kosten entfernt. Das Verkehrskonzept des Umweltbundesamts mit 80 Euro pro Tonne CO_2 (Etappe 1) und später 205 Euro pro Tonne CO_2 (Etappe 3) geht dagegen in diese Richtung (siehe Abschnitt 1.9).

Darüber hinaus erfolgen weitere monetäre Anreize in den einzelnen Handlungsfeldern. Im Handlungsfeld Verkehrsverlagerung wurde beschlossen, die Luftverkehrsteuer ab April 2020 zu erhöhen. Konkret steigt sie für innereuropäische Ziele von 7,50 Euro auf 13,03 Euro, für mittlere Distanzen bis 6.000 km von 23,43 Euro auf 33,01 Euro und für Fernflüge von 42,18 Euro auf 59,43 Euro. Dies dürfte sich aber allenfalls geringfügig auf den innereuropäischen Verkehr auswirken. Ergänzend sinkt der Mehrwertsteuersatz bei Leistungen im Schienenverkehr von 19 Prozent auf 7 Prozent. Damit wird für Luftverkehrsteilnehmerinnen und -teilnehmer ein Anreiz geschaffen, auf innerdeutsche bzw. innereuropäische Flüge zugunsten des Schienenverkehrs zu verzichten.

Auch im Handlungsfeld alternative Antriebe werden monetäre Anreize geschaffen. Die Kfz-Steuerbefreiung für Elektroautos wird ab 2020 fortgesetzt. Zudem wird die einmalige Prämie für Käuferinnen und Käufer von Elektroautos bis zum Jahr 2025 verlängert und etwas erhöht. Elektroautos mit einem Kaufpreis bis 40.000 Euro werden mit 6.000 Euro bezuschusst, darüber mit 5.000 Euro. Plug-in-Hybridfahrzeuge werden ebenfalls gefördert, aber nicht ganz so weitreichend wie reine E-Fahrzeuge.

Berechnungen des ADAC (2019) zufolge kann sich die Anschaffung eines Elektroautos derzeit mit Bezug auf die Kosten durchaus rechnen (vgl. Abschnitt 1.8.2). Zwar sind die Anschaffungskosten eines Elektroautos gegenüber einem vergleichbaren Auto mit Verbrennungsmotor auch weiterhin deutlich höher. Dafür sind allerdings die Verbrauchskosten deutlich geringer, sofern an der eigenen Steckdose geladen werden kann.

Ein wesentliches Instrument zur Finanzierung der Fördermaßnahmen ist der Energie- und Klimafonds, der hauptsächlich aus den Erlösen des europäischen Emissionshandelssystems (EU-ETS) gespeist wird. Die Bundesregierung rechnet für das Jahr 2020 mit gut 2,7 Milliarden Euro Einnahmen aus dem EU-ETS, bis zum Jahr 2023 plant sie mit einem Anstieg auf etwa 3,3 Milliarden Euro (BMF 2019). Hinzu kommen die Einnahmen aus der Einführung der CO_2-Besteuerung. Auf der Ausgabenseite stehen zusätzliche Klimaschutzausgaben in den Einzelplänen des Haushalts, die steuerlichen Fördermaßnahmen und die Entlastungsmaßnahmen, insbesondere die Absenkung der EEG-Umlage.

Skandalös ist die Haltung aller bisherigen Bundesregierungen zur Einführung eines generellen Tempolimits auf Autobahnen. Erneut krachend scheiterte am 17. Oktober 2019 im Bundestag der moderate Antrag der Grünen auf Einführung eines Tempolimits von 130 km/h. Auf 70 Prozent deutscher Autobahnen darf also – im Unterschied zu allen anderen europäischen Ländern – weiter unbegrenzt gerast werden (Das Erste vom 19.11.2019: „Zankapfel Tempolimit – was gilt im restlichen Europa?"). Dabei begann selbst der ADAC, die stets felsenfeste Bastion der Freundinnen und Freunde des Rasens, Ende Januar 2020 zu wanken. Er befragt in jährlichen Abständen seine Mitglieder zu deren

Einstellung zum generellen Tempolimit. Im Jahr 2019 votierten 45 Prozent für ein Tempolimit, 50 Prozent dagegen. Interessant ist, dass seit fünf Jahren die Zustimmung für ein Tempolimit kontinuierlich angestiegen ist (ADAC 2020). Und wenn schon fast die Hälfte der ADAC-Mitglieder für ein Tempolimit sind, kann davon ausgegangen werden, dass bundesweit bis zu 60 Prozent der Bevölkerung ein Tempolimit befürworten, insbesondere Frauen und Menschen unter 45 Jahren, so der Mobilitätswissenschaftler Andreas Knie. Der ADAC spüre den immer stärker werdenden öffentlichen Druck: „Das Tempolimit wird kommen" (taz vom 25.01.2020, „Weniger Unfälle, weniger Staus").
Der Vizepräsident des ADAC, Gerhard Hillebrand, bewertet die Situation wie folgt: „Wenn die Faktenlage bezüglich der Wirkungen eines Tempolimits unklar und teilweise widersprüchlich ist, ist eine neutrale Position eine logische Konsequenz" (ADAC 2020). Das kann man getrost als Vernebelungstaktik verstehen. Da ein Tempolimit mit Sicherheit die CO_2-Emissionen reduzieren würde und auch weniger Unfälle zur Folge hätte, wird die logische Konsequenz ein baldiges Tempolimit sein. Zudem ist das Tempolimit eine der wenigen Maßnahmen, die schnell umsetzbar und wirksam wären und zudem quasi nichts kosten. 120 km/h auf Autobahnen wären sinnvoll; in den Niederlanden gilt ab März 2020 tagsüber ein Limit von 100 km/h.

Das Fazit zu den genannten energiepolitischen Aktivitäten der Bundesregierung ist bei fast allen Expertinnen und Experten (vgl. z. B. Randelhoff 2019) einmütig: Dieser Maßnahmenkatalog wird zur Erreichung des Sektorziels Verkehr 2030 nicht ausreichen.

1.8 E-Mobilität: Rettung für den Autoabsatz oder für das Klima?

1.8.1 Politik und Konzerne setzen auf E-Mobilität

Die Bundesregierung setzt bei ihrer zukünftigen Klimapolitik im Verkehrsbereich vor allem auf Elektromobilität. Pkw sollen in Zukunft emissionsfrei mit Strom aus erneuerbaren Energiequellen fahren, und im Bereich des Straßengüterverkehrs sowie der Schiff- und Luftfahrt soll elektrisch erzeugter Wasserstoff oder als Folgeprodukt synthetischer Kraftstoff (Power-to-X) zum Einsatz gelangen.

Mit den im September 2019 verabschiedeten *Eckpunkten für das Klimaschutzpaket 2030* hat die Bundesregierung angekündigt, bis zum Jahr 2030 sieben bis zehn Millionen Elektrofahrzeuge auf die Straße zu bringen (Bundesregierung 2019). Dazu hat sie eine Reihe von Maßnahmen (z. B. Kaufprämien, Steuerbefreiungen, Ausbau der Ladeinfrastruktur) beschlossen, die den Umstieg auf Elektrofahrzeuge beschleunigen soll.

Ziel ist dabei, den MIV schrittweise zu elektrifizieren und den Automobilherstellern die Umstellung auf Elektrofahrzeuge zu erleichtern. Allerdings wurde wenig unternommen, um das Grundproblem bei der Automobilität anzupacken: Weder gibt es ausreichende Impulse für ein Verkehrssystem mit deutlich weniger Individualfahrzeugen, noch gibt es Ansätze, um die Fahrzeuge kleiner, leichter und effizienter zu machen und die Käuferinnen und Käufer zu einer smarteren Form des verbleibenden MIV zu bewegen.

Der späte und zunächst nur zögerliche Umstieg vom Verbrennungs- auf den Elektromotor geschah im Einverständnis mit dem größten deutschen Automobilhersteller, dem Volkswagenkonzern, der den zugeworfenen Rettungsring gerne ergriff. VW hat sich bei der Hauptversammlung des Konzerns im Mai 2019 auf Elektromobilität festgelegt. Vorstandschef Herbert Diess betonte: „Elektromobilität ist mit Abstand der effizienteste Weg zur Dekarbonisierung und zum Erreichen der CO_2-Flottenziele. 2019 wird ein Schlüsseljahr unserer konzernweiten E-Offensive." Auch VW hat jetzt erkannt: „Der Klimawandel ist die zentrale Herausforderung der Menschheit. Wenn wir die CO_2-Emissionen nicht signifikant senken, wird das verheerende Folgen für die nächsten Generationen haben [...]. Als größter Automobilhersteller der Welt steht unser Unternehmen besonders in der Pflicht. Allein die Fahrzeuge unserer Pkw-Marken verursachen ein Prozent des weltweiten CO_2-Austoßes. Dieses eine Prozent wollen wir bis 2050 auf null absenken" (Diess 2019).

Das Umdenken bei VW hängt wesentlich damit zusammen, dass

China der größte Absatzmarkt für VW ist. Im Jahr 2018 hat Volkswagen insgesamt 10,8 Millionen Fahrzeuge verkauft, davon mehr als 4 Millionen in China. Das ist mehr, als alle Kundinnen und Kunden in Deutschland und ganz Europa abgenommen haben. Wenn man nun weiß, dass alle Autobauer seit Januar 2019 in China eine zehnprozentige Elektro-Quote zu erfüllen haben und ab 2020 sogar zwölf Prozent aller verkauften Fahrzeuge reine Elektroautos sein müssen, so kann man ohne Übertreibung feststellen, dass dieses Umdenken – bei Strafe – durch China erzwungen wurde (vgl. FAZ Online vom 28.09.2017, „Die E-Auto-Quote in China kommt").

1.8.2 Wie wirkt sich die E-Mobilität auf das Klima aus?

Ersatz oder zusätzliche Fahrzeuge?
Der Volkswagenkonzern mit seinen zwölf Töchtern plant, in den nächsten Jahren nicht nur mehr Elektrofahrzeuge zu bauen, sondern insgesamt – also auch bei den konventionellen Fahrzeugen – soll der Absatz stark wachsen (Diess 2019). Diesel und Benziner werden also nicht nur durch E-Fahrzeuge ersetzt, sondern es werden zusätzlich konventionelle Fahrzeuge produziert. Die Ernsthaftigkeit des Bekenntnisses des VW-Vorstandes zum Klimaschutz (siehe oben) ist daher durchaus skeptisch zu sehen. Im Jahr 2018 ist der Bestand an Personenkraftwagen in Deutschland um rund 612.000 angestiegen (Kraftfahrtbundesamt 2019). Die Anzahl der neu zugelassenen reinen E-Fahrzeuge lag bei 35.000 Fahrzeugen, die der Plug-in-Hybride war noch geringer. Eine absolute Reduktion der Fahrzeugemissionen ist unter Berücksichtigung ihrer Fahrleistungen also nicht zu erwarten, selbst wenn alle E-Fahrzeuge emissionsfrei produziert und fahren würden.

E-Auto oder Verbrenner – was schadet dem Klima weniger?
In den vergangenen Monaten und Jahren sind einige Studien zur Ökobilanz von Elektrofahrzeugen von namhaften Forschungsinstituten veröffentlicht worden. Die Ergebnisse weisen kleinere oder größere Vorteile zugunsten der Elektromobilität aus. Allerdings stellt man bei

allen Studien eine eindeutige Schwachstelle fest: Um die CO_2-Emissionen der elektrischen Fahrzeuge zu berechnen, werden die *durchschnittlichen* Emissionen der gesamten Stromerzeugung in Deutschland zugrunde gelegt. Man rechnet mit dem derzeitigen oder einem zukünftigen Strommix. Der derzeitige Strommix wird ermittelt, indem die direkten Emissionen der fossilen Kraftwerke des laufenden Jahres durch die Anzahl der insgesamt produzierten Kilowattstunden geteilt werden (Umweltbundesamt 2018). Beim zukünftigen Strommix wird unterstellt, dass der Anteil an erneuerbaren Energiequellen anwächst und somit die durchschnittlichen CO_2-Emissionen des Kraftwerkparks sinken (Agora Verkehrswende 2019). CO_2-frei wäre E-Mobilität also nur dann, wenn in ferner Zukunft der Strommix zu 100 Prozent erneuerbar oder auf dem Weg dorthin der Stromzuwachs der E-Mobilität vollständig zusätzlichen Wind- und Solarstromkapazitäten zurechenbar wäre.

Diese rechnerische Vorgehensweise hat allerdings nichts mit der Wirklichkeit zu tun. Was passiert tatsächlich, wenn sich Herr Müller einen Stromer kauft? Er bezieht zusätzlichen Strom aus der Steckdose. Dieser Strom wird nicht von zusätzlichen Wind- oder Solaranlagen, sondern in bestehenden Kohle- und Gaskraftwerken erzeugt. Der Ausbau von Wind- und Solaranlagen erfolgt unabhängig von der Entwicklung im Verkehrssektor und wird über den Ausbaupfad für die erneuerbaren Energien im Rahmen des Erneuerbare-Energien-Gesetzes von 2017 geregelt. Dieser wurde weder an die neuen Ziele für den Ausbau der E-Mobilität noch an mögliche weitere Strombedarfe durch eine Sektorenkopplung angepasst. Im Gegenteil: Die vom Wirtschaftsministerium vorgeschlagene 1.000 Meter-Abstandsregelung zwischen Windanlagen und Wohngebieten stellte den Ausbau der Windenergie ganz generell in Frage (neue energie 2019).

Nun stellt sich die Frage, wie der zusätzliche Strombedarf für die E-Fahrzeuge zu bewerten ist. Das ifo-Institut (Sinn und Buchal 2019) setzt strombedingte Emissionen von 550 g CO_2/kWh an, das Fraunhofer ISI-Institut (Wietschel et al. 2019) rechnet mit 421 g CO_2/kWh im Durchschnitt für die Jahre 2020 bis 2030 und bezieht sich auf die Studie von Agora Verkehrswende (2019). Dabei wird unterstellt, dass die Bundesregierung das selbst gesetzte Ziel bei den Erneuerbaren erreicht – nämlich einen 65-Prozent-Anteil an der Stromerzeugung im Jahr 2030. Um dies zu erreichen, müsste jedes Jahr ein Leistungszubau von erneuerbaren Kraftwerken erfolgen, die jährlich mehr als 20 Milliarden kWh Strom produzieren können. Tatsächlich wurde im Jahr 2019 deutlich weniger als die Hälfte zugebaut (zu genauen Zahlen siehe Seiten 115ff.)!

Unterstellt man beim Zubau von Wind- und Solarenergie weiter den derzeitigen gebremsten Verlauf, könnte man pro bezogener Kilowattstunde rund 840 g CO_2 (Kohle-/Erdgas-Mix) ansetzen. Führt man mit diesem Wert einen Emissionsvergleich durch, werden die Ergebnisse auf den Kopf gestellt: Dann stößt der Diesel über die Lebensdauer weniger CO_2-Emissionen aus als das E-Fahrzeug.

Was sich daraus schließen lässt:

1. In der EU-Flottenverbrauchsregelung für E-Fahrzeuge null CO_2-Emissionen anzusetzen, ist unter heutigen Bedingungen auf jeden Fall ein Etikettenschwindel und ein für den Klimaschutz fatales Zugeständnis an die Autolobby.

2. Die in den meisten Studien kommunizierten Ergebnisse, dass E-Fahrzeuge klimafreundlicher sind als Dieselfahrzeuge, gelten nur unter der Voraussetzung bestimmter Annahmen. Selbst wenn man für den Stromverbrauch der E-Fahrzeuge durchschnittliche Emissionen gemäß Strommix 2016 unterstellt, ist der Vorteil der E-Fahrzeuge erst ab einer Fahrleistung zwischen 60.000 und 80.000 km (siehe Abbildung auf Seite 113) gegeben. Allerdings sind Lerneffekte und damit zukünftig zunehmend ressourceneffizientere Fahrzeuge möglich.

3. Damit Elektrofahrzeuge zum Klimaschutz beitragen, muss parallel zum Ausbau der E-Flotte der Zubau erneuerbarer Energien entschieden vorangetrieben werden, um den Strombedarf abzudecken. Dem steht jedoch die Ausbaudeckelung für Wind- und Solarstrom entgegen, die von der Regierungskoalition aus Union und SPD zu verantworten ist.

4. Das Klimaproblem im Verkehrssektor lässt sich nicht alleine mit einem Technologiewechsel vom Verbrennungsmotor zum Elektro-

motor oder der Brennstoffzelle lösen. Vielmehr bedarf es neben einer Energiewende im Verkehr einer echten Mobilitätswende. Diese umfasst Verkehrsvermeidung, Verkehrsverlagerung, eine Entschleunigung sowie eine Verteuerung des fließenden und ruhenden motorisierten Individualverkehrs (siehe Abschnitt 1.9).

5. In diesem Abschnitt steht nur der *klimarelevante* Vergleich „Verbrennungsmotor versus Elektromotor" zur Diskussion. Es versteht sich von selbst, dass alle im Beitrag analysierten weiteren Kritikpunkte an der heutigen Automobilität (z. B. Unfälle, Flächen- und Ressourcenverbrauch, Lärm, Beeinträchtigung der Stadtqualität, Verteilungswirkungen) weiter bestehen bleiben.

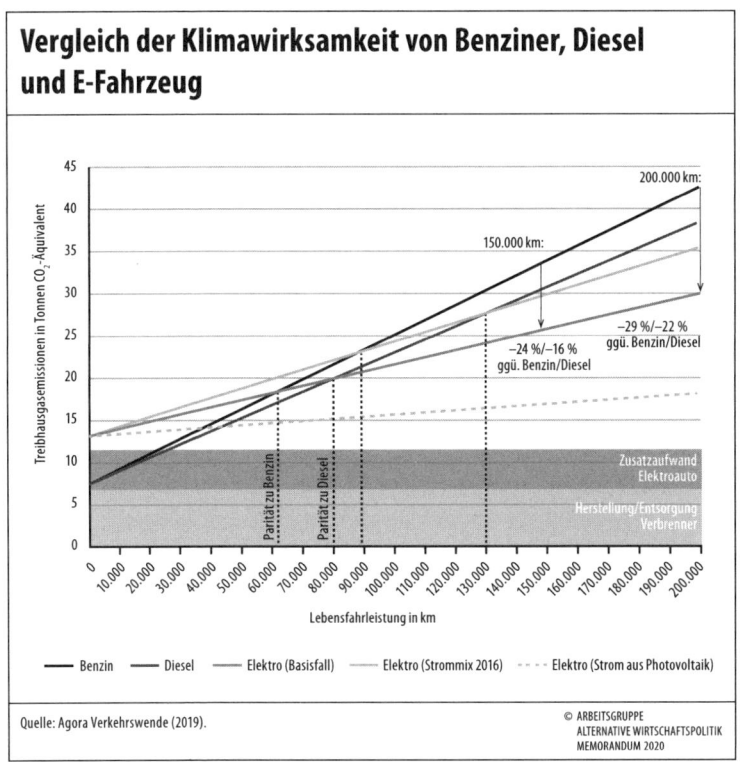

Vergleich der Klimawirksamkeit von Benziner, Diesel und E-Fahrzeug

Quelle: Agora Verkehrswende (2019).

© ARBEITSGRUPPE
ALTERNATIVE WIRTSCHAFTSPOLITIK
MEMORANDUM 2020

Um nicht falsch verstanden zu werden: Die Elektromobilität spielt für den zukünftigen Klimaschutz eine wichtige Rolle. Doch die CO_2-Emissionen des Verkehrs werden sich nur verringern, wenn entsprechend dem Technologiewechsel auch ein zusätzlicher Ausbau von Windkraft- und Solaranlagen erfolgt. Dies ist derzeit aber nicht absehbar.

Batterie-elektrisch, grüner Wasserstoff oder Power-to-X?

Elektromobilität ist ein Sammelbegriff, der noch nichts über die eingesetzten Technologien aussagt. Zumeist werden darunter batterie-elektrische Fahrzeuge verstanden, wobei die Batterie den „Treibstoff" bzw. Strom für den Elektromotor liefert. Aber auch ein Brennstoffzellenfahrzeug, das mit Wasserstoff betankt wird, gilt als Elektrofahrzeug, weil der Wasserstoff in der Brennstoffzelle in Strom umgewandelt wird und dieser den Elektromotor antreibt. Batterie-elektrische Fahrzeuge haben derzeit einen wesentlichen Vorteil: Um 100 km weit zu kommen, braucht ein Fahrzeug der Kompaktklasse etwa 15 kWh Strom. Um dieselbe Strecke mit einer wasserstoffbetriebenen Brennstoffzelle zu fahren, wird mehr als doppelt so viel Strom gebraucht (siehe Abbildung auf Seite 115), da sowohl die Wasserstoffgewinnung als auch die Umwandlung des Wasserstoffs in der Brennstoffzelle mit deutlich höheren Wirkungsgradverlusten verbunden ist. Der Wasserstoff kann auch in einem zweiten Schritt unter der Zuführung von CO_2 und der Hinnahme weiterer Wirkungsgradverluste in synthetische gasförmige („Power-to-Gas") oder flüssige („Power-to-Liquid") Kraftstoffe umgewandelt werden (PtX). Da erneuerbarer Strom bislang nicht im Überfluss vorhanden ist, gilt die batterie-elektrische Strategie, der sich auch der VW-Konzern verschrieben hat, mit ihren niedrigeren Verlusten mittelfristig als die bessere Lösung (Diess 2019).

Auch bezüglich der Kosten gilt der batterie-elektrische Weg als der günstigste: Eine im September 2019 erschienene Studie des Umweltbundesamts ermittelt nicht zuletzt wegen der deutlich besseren Wirkungsgrade für batterie-elektrische Fahrzeuge, Plug-in-Hybride oder netzgebundene Lkw in Form von Oberleitungshybrid-Fahrzeugen wesentlich geringere gesamtwirtschaftliche Kosten als für die Strategie, auf die Brennstoffzelle und strombasierte Kraftstoffe umzusteigen. Ein

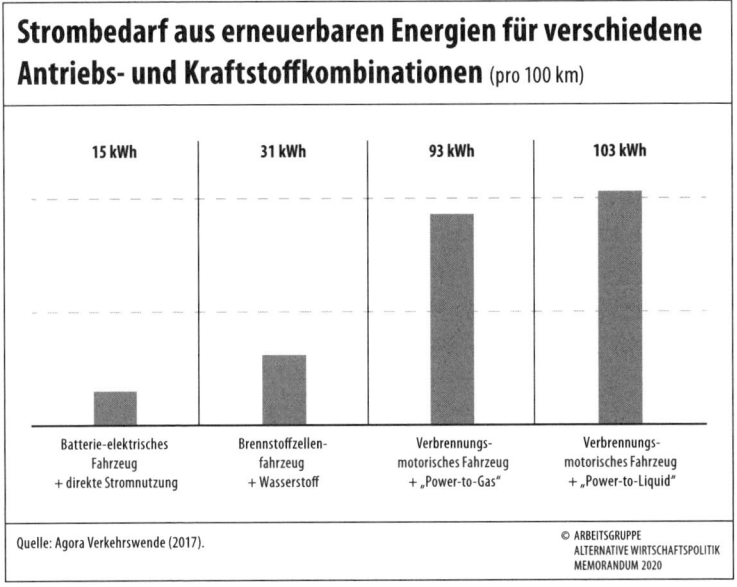

Strombedarf aus erneuerbaren Energien für verschiedene Antriebs- und Kraftstoffkombinationen (pro 100 km)

Quelle: Agora Verkehrswende (2017).

© ARBEITSGRUPPE ALTERNATIVE WIRTSCHAFTSPOLITIK MEMORANDUM 2020

Umstieg auf Brennstoffzellenfahrzeuge, die aus erneuerbarem Strom hergestellten Wasserstoff nutzen, würde demnach im Zeitraum von 2020 bis 2050 rund 600 Milliarden Euro mehr kosten als die Umstellung auf batterie-elektrische Fahrzeuge (Mottschall et al. 2019).

Sektorenkopplung – wo soll der Strom herkommen?

Strom aus erneuerbaren Energiequellen ist der zentrale Energieträger für eine klimaneutrale Gesellschaft. Das sieht auch die Bundesregierung so und setzt zur Erreichung der Klimaschutzziele auf die Sektorenkopplung, die Verknüpfung des Strom- mit dem Gebäude- und dem Verkehrssektor. Anders gesagt: Der Verkehr wird auf Elektrofahrzeuge, Häuser werden auf elektrische Wärmepumpen und Industrieprozesse auf Strom oder regenerativ erzeugten Wasserstoff umgestellt.

Damit die Strategie aber aufgeht, muss der wachsende Strombedarf möglichst aus nationalen, aber mit großer Wahrscheinlichkeit auch aus internationalen erneuerbaren Energiequellen gedeckt werden. Doch bei der nationalen Entwicklung zeichnet sich eine große Lücke ab: Um auf einen klimaneutralen Kurs zu kommen und auf Importe verzichten zu können, müssten in Deutschland im Jahr 2050 etwa 1.200 TWh Strom aus erneuerbaren Energiequellen erzeugt werden, um den Energiebedarf aller Sektoren abzudecken. Dieser Betrag ist eine aktuelle Schätzung des Autorenteams, die auf einem Vergleich repräsentativer Szenarien (Stand 2018) basiert. Dieser zeigt für das Jahr 2050 eine extreme Bandbreite erneuerbarer Stromerzeugung zwischen 790 und 1320 TWh. Um mit den niedrigen Werten auszukommen, müssen allerdings massive Effizienzsteigerungen vorausgesetzt werden. In den gleichen Szenarien schwankt die zusätzliche Stromnachfrage für den Verkehrssektor zwischen 60 und 200 TWh, ebenfalls starke Effizienzsteigerung unterstellt (vgl. Hennicke und Berg 2018).

Wo ist der Stand zu Beginn des Jahres 2019? Im Jahr 2018 lag die Bruttostromerzeugung bei 649 TWh (Umweltbundesamt 2018). Davon wurden rund 50 TWh mehr exportiert als importiert (Austauschsaldo) und 599 TWh in Deutschland verbraucht. Der Anteil der erneuerbaren Energien am Bruttostromverbrauch lag bei 37,8 Prozent, was einer Stromproduktion von 225 TWh entspricht (Umweltbundesamt 2019c).

Die Bruttostromerzeugung bewegt sich seit dem Jahr 2000 im Bereich von 600 bis 650 TWh, mit leicht steigender Tendenz (Umweltbundesamt 2018). Damit die bis zum Jahr 2050 auf 1.200 TWh angewachsene Stromnachfrage abgedeckt werden kann, müsste die nationale erneuerbare Stromerzeugung in den nächsten 30 Jahren um über 900 TWh oder 30 TWh pro Jahr erhöht bzw. durch enorme Importe unterstützt werden.

Doch zwischen den anspruchsvollen Zielen und dem, was derzeit beim nationalen Zuwachs der Erneuerbaren tatsächlich passiert, klafft eine Lücke: Die Windenergie an Land gilt als das Zugpferd der Erneuerbaren. Sie bestritt im Jahr 2018 mit 110 TWh knapp 50 Prozent der gesamten erneuerbaren Stromerzeugung. Doch das Zugpferd lahmt: Die Zubauleistung lag nach Angaben von WindGuard im Jahr 2019 nur bei 1.078 MW an Land (Deutsche WindGuard 2020a) und bei 1.111 MW auf See (Deutsche WindGuard 2020b). Damit stieg die Windstromerzeugung im Jahr 2019 insgesamt (brutto) um etwa 18,5 TWh. Bei der Solarenergie wurde für 2019 ein Plus von nicht mehr als 3,5 TWh erwartet. Bei Wasserkraft und Biogas gibt es voraussichtlich keine zählbaren Zuwächse. Mit anderen Worten: Der derzeitige Ausbau der erneuerbaren Stromerzeugung deckt den eigentlich notwendigen Zuwachs nicht ab, zumal mit dem Neubau der Anlagen auch die abgehenden Anlagen ersetzt werden müssen.

Ein Grund für die Lähmung ist, dass sich die Rahmenbedingungen für Windenergie durch Regelungen auf der Bundes- und Landesebene massiv verschlechtert haben (etwa mit der Umstellung von der Einspeisevergütung auf das Ausschreibungsverfahren). Auch führte die zunehmende Klagewelle gegen Windprojekte dazu, dass der Ausbau der Windenergie auf den niedrigsten Stand seit dem Jahr 2000 gefallen ist. Bleibt es bei der umstrittenen 1.000-Meter-Abstandsregelung von Windkraftanlagen zur nächsten kleinen Ansiedlung würde der Ausbau der Windenergie weiter stark eingeschränkt. Erschwerend kommt hinzu, dass Ende des Jahres 2020 viele Windkraftanlagen aus dem Erneuerbare-Energien-Gesetz fallen und ihr Weiterbetrieb nicht gewährleistet ist.

Werden die Erneuerbaren jedoch weiterhin durch Regierung, Behörden und Klagen ausgebremst, dann geht die angestrebte Sektorenkopplung nach hinten los: Statt weniger wird mehr CO_2 ausgestoßen, weil der Mehrverbrauch an Strom durch Kohle- und Gaskraftwerke gedeckt werden muss. Nach derzeitigem Stand ist eine Kompensation durch den Import von erneuerbarem Strom im genannten Umfang so gut wie ausgeschlossen.

Autonomes Fahren

Kurz soll noch ein aktuelles Schlagwort aufgegriffen werden, das – neben der E-Mobilität – eine noch schönere Autowelt der Zukunft verspricht: „autonomes Fahren". Die Zukunft wird demnach wunderbar sein: Wir lassen uns durch fahrerlose, mit erneuerbarem Strom angetriebene Elektrofahrzeuge nahezu geräuschlos durch Städte und Landschaften fahren. Ein Tippen auf den Bildschirm des Handys genügt, um das Ziel einzugeben und schon nähert sich ein geeignetes

Fahrzeug, das uns bequem, kostengünstig und stets online an unser Ziel bringen wird. Darüber hinaus wird autonomes Fahren die Mobilität der Führerscheinlosen sowie der körperlich eingeschränkten Bevölkerung revolutionieren.

Inzwischen gibt es jedoch auch aus der Autoindustrie kritische Stimmen: Autonomes Fahren auf bestimmten Strecken sei machbar, voll autonomes Fahren in einer ganzen Stadt aber weit teurer als gedacht und erst in fernerer Zukunft realisierbar, wenn überhaupt (Handelsblatt vom 17.07.2019, „Das vollkommen autonome Fahren wird vorerst nicht kommen").

Nehmen wir dennoch an, voll autonomes Fahren wäre in Zukunft möglich: Würde dies dem Klimaschutz dienen? Kostengünstiger und bequemerer Individualverkehr könnte die Menschen dazu verleiten, häufiger und länger zu reisen. Auch könnten Nutzerinnen und Nutzer des öffentlichen Verkehrs oder Fahrradfahrerinnen und Fahrradfahrer auf das bequeme und günstige Verkehrsmittel umsteigen. Dadurch könnte der Verkehr in den Städten bis zum Jahr 2050 um 50 bis 150 Prozent ansteigen, so die Organisation „Transport & Environment" (2019a). Die Folge wäre eine gravierende Verkehrsbelastung. Würde das autonome Fahren durch die Städte nicht reguliert, z. B. indem autonome Fahrzeuge mit Verbrennungsmotor aus der Stadt ausgeschlossen werden, so könnte dies bis zum Jahr 2050 zu klimarelevanten Mehremissionen in Höhe von 40 Prozent führen. Damit wären die Klimaziele der Europäischen Union nicht mehr erreichbar (Transport & Environment 2019b).

Daraus folgt: Welche Wirkung autonome Fahrzeuge im Hinblick auf das Klima in Zukunft haben würden, hängt ganz entscheidend von der Verkehrspolitik der Städte ab. Werden die Städte ihre Lenkungsmöglichkeiten für den nicht motorisierten Verkehr und den öffentlichen Nahverkehr nutzen und die Verkehrsmittelwahl (Modal-Split) entsprechend beeinflussen? Oder werden sie weiter in Richtung einer autogerechten Stadt agieren und damit eine klimagerechte Stadtentwicklung verhindern?

1.9 Kernstrategien für nachhaltige Mobilität

Mit welchen Politiken und Maßnahmen kann eine Verkehrswende in Richtung nachhaltige Mobilität eingeleitet und forciert vorangetrieben werden?

Dieser Abschnitt konzentriert sich – im Sinne eines notwendigen, wenn auch noch nicht hinreichenden Katalogs – auf ausgewählte Kernstrategien. Zum einen wird der Vorschlag des Umweltbundesamts (2019a; siehe Abschnitt 1.9.2) unterstützt, der mit einem Zeithorizont bis zum Jahr 2030 auf ein durchgerechnetes Maßnahmenpaket in Richtung Dekarbonisierung abzielt. Zum anderen wird die Flottenverbrauchsregelung der EU darauf untersucht, wie die Schlupflöcher zielkongruent geschlossen werden könnten. Schließlich werden einige Kernstrategien für die kommunale Verkehrswende zusammengefasst.

1.9.1 EU-Flottenverbrauchsregelung

Die EU-Verordnung zum Flottenverbrauch (Europäische Union 2018) gibt für den durchschnittlichen Flottenverbrauch der Fahrzeughersteller scheinbar anspruchsvolle Ziele vor. So muss der durchschnittliche Emissionswert der im Jahr 2030 neu zugelassenen Pkw auf 59 g CO_2/km absinken. Das entspricht einem Benzinverbrauch von 2,5 Litern pro 100 km bzw. einem Dieselverbrauch von 2,3 Litern. Beide Werte sind mit konventionellen Antriebssystemen und bei den heutigen Leistungsansprüchen an die Fahrzeuge nicht zu schaffen, denn die durchschnittliche Motorisierung von neuzugelassenen Pkw beträgt aktuell mehr als 150 PS (BMVI 2019a).

Allerdings bietet die EU-Flottenverbrauchsregelung wesentliche Schlupflöcher: So gehen in den durchschnittlichen Flottenverbrauchswert die Emissionen von Elektrofahrzeugen mit null und die Emissionen der Plug-in-Hybride mit einem sehr geringen, wirklichkeitsfremden Wert ein. Damit nicht genug: In einer Übergangzeit von 2020 bis 2022 erhalten diese Fahrzeuge sogenannte Super-Credits. Das bedeutet, dass alle neuen Fahrzeuge mit CO_2-Emissionen unter 50 g/km über diesen

Zeitraum mehrfach für den Flottendurchschnitt eines Herstellers angerechnet werden.

Die Flottenverbrauchsregelung sollte für die Automobilhersteller Anreize für die rasche Einführung von E-Fahrzeugen und Plug-in-Hybriden geben. Diese Intention schlägt sich bislang aber noch nicht in den Zulassungszahlen nieder. Während der Anteil von E-Fahrzeugen an Neuzulassungen noch bei einem Prozent liegt, hat sich der Anteil der SUV und Geländewagen stetig erhöht und liegt nun in Deutschland bei über 30 Prozent. Daher sind die durchschnittlichen CO_2-Emissionen der neu zugelassenen Fahrzeuge nicht gesunken, sondern gestiegen: Im Oktober 2018 lagen die Durchschnittsemissionen aller in Deutschland zugelassenen Pkw um 3,3 g CO_2/km höher als im gleichen Monat des Vorjahres und erreichten durchschnittlich 131 g CO_2/km (Kraftfahrtbundesamt 2020). Hinzu kommt, dass die verbindlichen Flottenverbrauchswerte für die einzelnen Autokonzerne massengewichtet differieren (pro 100 kg zusätzlichem Fahrzeuggewicht der Fahrzeugflotte dürfen 3,33 g CO2/km mehr ausgestoßen werden, analog haben leichtere Fahrzeugflotten weniger zu emittieren). Aus diesem Grund liegen die Zielwerte für das Jahr 2021 für Daimler bei 103 g CO_2/km, für BMW bei 101 g CO_2/km und für VW bei 96 g CO_2/km im Vergleich zum EU-Durchschnitt von 95 g CO_2/km (vgl. ICCT 2018). Hersteller sowie Käuferinnen und Käufer schwerer und umweltschädlicherer Autos werden dadurch privilegiert. Ein Anreiz zur Entwicklung hocheffizienter Leichtfahrzeuge und generell zu einer kleineren Dimensionierung (Downsizing) der Flotte sieht offensichtlich anders aus! Die Abbildung auf Seite 121 zeigt daher auch die entgegengesetzte Entwicklung bei den tatsächlich festgestellten und den zu erreichenden spezifischen CO_2-Emissionen.

Anfang des Jahres 2020 scheint klar, dass die deutschen Automobilhersteller ihre Flotten-Emissionsziele nicht durch Innovationen bei konventionellen Fahrzeugen erreichen werden (Downsizing, Leichtbau, Reduktion des Fahrwiderstands, Verbesserungen an Motor und Getriebe). Es zeichnet sich auch ab, dass selbst bei einem raschen Hochfahren der Produktion von E-Fahrzeugen die Flottenverbrauchsziele überschritten werden und Strafzahlungen in Milliardenhöhe anstehen.

Der International Council on Clean Transportation (ICCT) hat ermittelt, dass VW, Mercedes und BMW bis zum Jahr 2021 ihre Ziele erreichen könnten, wenn der Anteil der E-Fahrzeuge an den Zulassungen etwa 8 bis 15 Prozent betragen würde (Mock 2019). So müsste z. B. VW seinen Absatz an Elektrofahrzeugen von aktuell 1,4 Prozent auf 8 Prozent (2021) steigern und gleichzeitig die Verbrauchswerte der neu zugelassenen konventionellen Fahrzeuge um etwa 10 Prozent absenken. Gelingt dies nicht, so fallen erhebliche Strafzahlungen an: Für jedes Gramm, um das der herstellerspezifische Flottenzielwert überschritten wird, sind dies 95 Euro pro neu zugelassenem Fahrzeug. Bei einem mittelgroßen SUV mit rund 150 g CO_2-Emissionen pro Kilometer müsste VW demnach 5.130 Euro an den Haushalt der EU bezahlen (VW hat im Jahr 2021 einen Flottenzielwert von 96 g CO2/km; 54 Gramm Überschreitung multipliziert mit 95 Euro pro Gramm ergeben 5.130 Euro

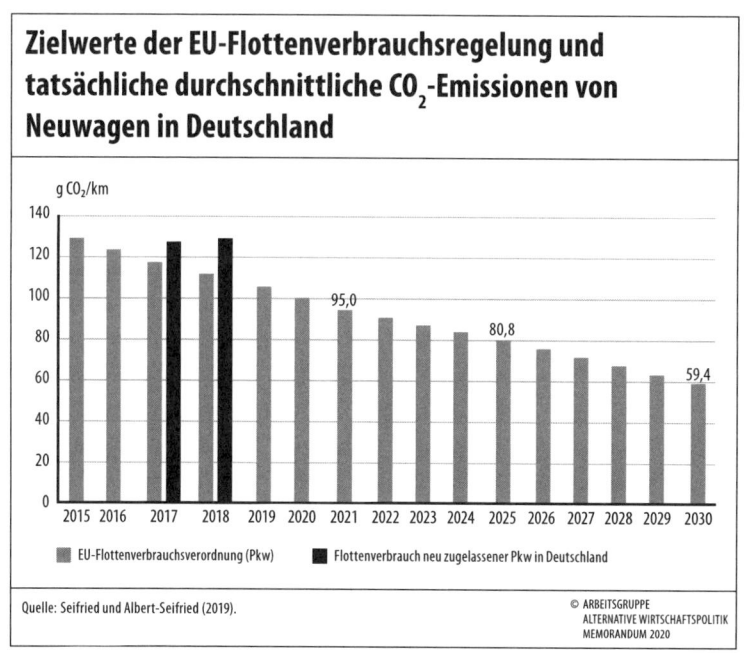

Zielwerte der EU-Flottenverbrauchsregelung und tatsächliche durchschnittliche CO_2-Emissionen von Neuwagen in Deutschland

g CO_2/km

■ EU-Flottenverbrauchsverordnung (Pkw) ■ Flottenverbrauch neu zugelassener Pkw in Deutschland

Quelle: Seifried und Albert-Seifried (2019).

© ARBEITSGRUPPE ALTERNATIVE WIRTSCHAFTSPOLITIK MEMORANDUM 2020

pro Fahrzeug). Diese Regelung gilt sowohl für Pkw als auch – mit höheren Flottenverbrauchswerten – für leichte Nutzfahrzeuge.

Doch selbst wenn die Zielwerte der EU-Flottenverbrauchsregelung eingehalten würden, wäre die reale Wirkung auf die CO_2-Emissionen aufgrund der Schlupflöcher sehr gering. Die jüngste Entwicklung bei den Fahrzeugzulassungen zeigt eindeutig (siehe die Abbildung auf Seite 121), dass trotz der EU-Flottenverbrauchsregelung die Fahrzeuge nicht oder kaum effizienter werden. Vielmehr lässt die EU-Verordnung den Automobilherstellern viel Spielraum, weiterhin schwere und umweltschädliche Fahrzeuge zu verkaufen und die Zielvorgaben der EU durch sogenannte Null-Emissions-Fahrzeuge und Niedrig-Emissions-Fahrzeuge (Plug-in-Hybride) mit einem realen Ausstoß von über 200 g CO_2/km zu kompensieren.

Reformbedarf der EU-Flottenverbrauchsregelung

Weder die EU-Flottenverbrauchsregelung noch der Umstieg auf Elektrofahrzeuge werden in den nächsten 15 Jahren zu einer deutlichen CO_2-Minderung im Verkehrsbereich führen. Damit die Flottenverbrauchsregelung im Sinne des Klimaschutzes wirksam werden kann, müssen einige wesentliche Änderungen vollzogen werden:

- Plug-in-Hybride sollten nicht als emissionsarme Fahrzeuge betrachtet, sondern mit ihren realen Emissionen in die Berechnung des durchschnittlichen Flottenverbrauchs einbezogen werden.
- Die Besserstellung von größeren und schwereren Fahrzeugen durch höhere zulässige CO2-Grenzwerte pro Fahrzeug ist kontraproduktiv und sollte durch eine Änderung der EU-Flottenverbrauchsregelung rasch beseitigt werden.
- Super-Credits sollten vermieden werden, da sie die Emissionsberechnungen verzerren.
- Die Einführung von batterie-elektrischen PKW muss mit einer Beschleunigung des Aufbaus neuer Kapazitäten für erneuerbare Energien einhergehen.
- Ein verbindliches Flottenverbrauchsziel sollte für konventionelle Fahrzeuge festgelegt werden, ohne Kompensationsmöglichkeiten

durch sogenannte Null-Emissions-Fahrzeuge. Im Gegenzug müssen die Zielwerte nicht so ambitioniert sein wie in der derzeitigen EU-Flottenverbrauchsregelung.

- Um die Einführung von rein elektrischen Fahrzeugen zu fördern und einzufordern, wäre ein flexibles Quotensystem besser geeignet als die derzeitige Regelung.

Zu prüfen wäre weiterhin, ob die Planungen von mindestens zehn europäischen Ländern (Deutscher Bundestag 2019) und auch bedeutsamer Schwellenländer wie z. B. China und Indien für ein *mittelfristiges Verbot der Neuzulassung von Verbrennern* von der EU insgesamt mit dem Zieljahr 2030 übernommen werden sollte. Dies würde zwar bei den „Autoländern" Deutschland, Frankreich und Italien zunächst auf erheblichen Widerstand stoßen. Die Frage ist aber, ob angesichts des Welttrends zum mittelfristigen Ausstieg aus den Verbrennern die Planungssicherheit durch ein klares Ausstiegsjahr nicht die bessere vorsorgende Industrie- und Autopolitik wäre.

Größer, schwerer, stärker, schneller: Wer braucht solche Autos?
Die (Fehl-)Entwicklung der Automobil-Branche kannte bisher nur eine Richtung: größer, schwerer, stärker, schneller. Dies spiegelt sich in einer stetig gestiegenen Leistung der Pkw-Motoren wider (siehe die Abbildung auf Seite 124).

Durch diese Entwicklung wurde ein großer Teil des Effizienzfortschritts kompensiert, der durch effizientere Motoren erzielt wurde. Dabei liegt es gerade beim Umstieg auf die Elektromobilität auf der Hand, dass perspektivisch knappe erneuerbare Energiequellen so effizient wie möglich genutzt werden sollten. Doch viele Elektrolimousinen und E-SUV haben ein Gewicht von 2 bis 2,5 Tonnen. Solche Fahrzeuge werden niemals nachhaltig sein können, weder beim Herstellungsprozess und dem damit verbunden Ressourcenverbrauch noch im Gebrauch.

Ein Austausch des Antriebsaggregats greift also viel zu kurz: Wir brauchen kleinere und leichtere Fahrzeuge – und wir brauchen weniger Fahrzeuge. Eine solche Entwicklung findet nur dann statt, wenn Alternativen attraktiv sind, die privilegierenden Rahmenbedingungen

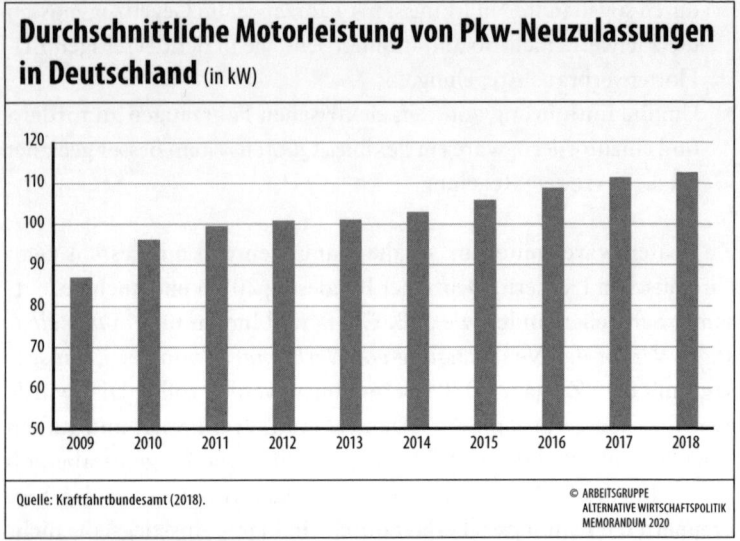

Durchschnittliche Motorleistung von Pkw-Neuzulassungen in Deutschland (in kW)

Quelle: Kraftfahrtbundesamt (2018).

© ARBEITSGRUPPE
ALTERNATIVE WIRTSCHAFTSPOLITIK
MEMORANDUM 2020

fürs Autofahren geändert werden und gleichzeitig ein wirksamer Regulierungsrahmen für den Kauf und das Halten von Fahrzeugen eingeführt wird.

Das Ende Dezember 2019 von Bundestag und Bundesrat verabschiedete Klimapaket 2030 greift zu kurz, um die anvisierten Treibhausgasreduktionen zu erreichen. Um eine spürbare Umorientierung zu erzielen sind weitere, zusätzliche Maßnahmen notwendig, beispielsweise:

- Die Einführung einer Bonus-/Malus-Regelung als Anreiz zum Umbau der Fahrzeugflotte (Downsizing). Ein Malus von bis zu 20.000 Euro (mindestens in Höhe der französischen Regelung, die sich auf 10.500 Euro beläuft) verteuert den Kauf von besonders PS-starken und schweren Fahrzeugen. Die Hälfte der Einnahmen sollte zur Förderung hocheffizienter Kleinfahrzeuge dienen und die andere Hälfte zur Förderung von Maßnahmen der Verkehrsvermeidung und -verlagerung.
- Firmenfahrzeuge (Pkw) sollten nur bis zu einem Wert von 20.000 Euro

steuerlich geltend gemacht werden dürfen. Auch hier kann Frankreich als Beispiel dienen.

- Die Zufahrt in die Innenstädte wird reguliert. Sofern die Innenstadt nicht ganz autofrei gestaltet werden kann, wird die Einfahrt nur noch für kleine, schwach motorisierte und emissionsarme oder emissionsfreie Pkw gestattet.
- Pkw mit einer Leistung von mehr als 100 PS werden nach einem progressiven Tarif extra besteuert.
- Das Dienstwagenprivileg wird abgeschafft.
- Parkplätze in den Vor- und Innenstädten werden nicht vergrößert, sondern tendenziell verkleinert. Autos, die mit dem Platz nicht auskommen, dürfen dort nicht parken.
- Schließlich würde auch die Einführung eines allgemeinen Tempolimits (120 km/h auf Autobahnen, 80 km/h auf Landstraßen und 30 km/h innerorts) einen Impuls für den Kauf von Fahrzeugen geben, die besser geeignet sind, die Mobilitätsbedarfe klimaschonend zu erbringen.

Generell sollte bereits in Schule und Ausbildung, aber auch in der breiten Öffentlichkeit über die Folgen heutiger Formen der Automobilität informiert werden und eine Aufklärung über Mobilitätsalternativen erfolgen.

1.9.2 Das UBA-Positionspapier: ein zielführendes Maßnahmenpaket für 2030

Das Umweltbundesamt hat im November 2019 ein seit dem Sommer unter Verschluss gehaltenes Positionspapier veröffentlicht, das darlegt, wie die verbindlich im Klimagesetz beschlossene Minderung der Treibhausgase im Verkehrssektor im Umfang von mehr als 56 Millionen Tonnen bis zum Jahr 2030 erreicht werden kann (Umweltbundesamt 2019a). Mit der prägnanten Kürze, mit der Quantifizierung und mit dem Versuch einer sozialen Ausgewogenheit des vorgeschlagenen Maßnahmenpakets stellt das Positionspapier einen wichtigen Beitrag der wissenschaftlichen Verkehrspolitikberatung dar. Die *Arbeitsgruppe Alternative Wirtschaftspolitik* begrüßt diesen Vorschlag, durch dessen Umsetzung nach Berechnungen des UBA das Dekarbonisierungs-Zwischenziel für das Jahr 2030 erreicht werden würde. Das Papier liefert einen wesentlichen Beitrag auf dem noch anspruchsvolleren Weg zu nachhaltiger Mobilität, wie er hier abgehandelt wurde.

Insgesamt enthält der Vorschlag 14 zusätzliche Instrumente und Maßnahmen, zum Teil auf der Ebene der EU, vorwiegend aber für die nationale Verkehrspolitik. Vor allem zwingt das vorgeschlagene Programm Politik, Fahrzeughersteller, Fahrzeugnutzerinnen und -nutzer, alle Bürgerinnen und Bürger und nicht zuletzt die Medien zu Transparenz und zu einem konstruktiven Diskurs.

Wer nicht mit dem vorgeschlagenen Instrumentenmix und der geschätzten Minderungswirkung einverstanden ist, muss begründete Alternativen vorlegen, die zum gleichen Ziel führen. Denn das für das Jahr 2030 demokratisch vereinbarte Minderungsziel steht fest und ist aus klimapolitischer Sicht notwendig und unvermeidlich. Es beinhaltet zu Recht, dass Zielverfehlungen in einzelnen Sektoren nicht durch andere Sektoren kompensiert werden dürfen.

Dass Union und SPD das Klimaschutzgesetz gemeinsam beschlossen haben, ist insofern von Vorteil, als es prinzipiell eine breit abgesicherte Handlungsfähigkeit bietet. Wenn allerdings die Koalition bei der Umsetzung wieder der Mut verlässt, wäre das ein Desaster für die Glaubwürdigkeit der Politik.

Aus Sicht der *Arbeitsgruppe Alternative Wirtschaftspolitik* ist der UBA-Vorschlag aus folgenden Gründen eine gute Diskussionsgrundlage für eine Mobilitätswende bis zum Jahr 2030 und darüber hinaus:

- Er zeigt unmissverständlich die notwendig ambitionierten Handlungsfelder und verdeutlicht gleichzeitig, dass ein mutiger Schritt zu nachhaltigerer Mobilität ökologisch, sozial und ökonomisch Vorteile aufweist. Nicht zuletzt wird dadurch ein verkehrstechnologisches und -politisches Handlungs- und Wettbewerbsfeld auf dem globalen Leitmarkt „nachhaltige Mobilität" vorangetrieben.
- Er folgt der Leitidee der Entprivilegierung und Streichung der Sub-

ventionierung umwelt- und sozialschädlicher Automobilität und
der Ermutigung alternativer umwelt- und sozialverträglicherer
Mobilitätsformen.

- Er ist aufkommensneutral konzipiert und nutzt erhöhte Einnahmen
  zur direkten sozialen Flankierung (z. B. in Form eines Öko-Bonus
  wie in der Schweiz (vgl. Seite 158) und zur Förderung umwelt- und
  sozialverträglicherer Mobilitätsformen des Umweltverbundes.
- Die Entprivilegierung privater Pkw-Mobilität umfasst Maßnahmen
  zur Verteuerung der Anschaffung, des Besitzes und der Nutzung privater Pkw. Gleichzeitig werden mit der Förderung von öffentlichem
  und nicht motorisiertem Verkehr leistungsfähige Alternativen geschaffen.
- Er fördert insofern „Synergieeffekte zwischen Umweltschutz und
  sozialen Zielen" (Umweltbundesamt 2019a, S. 32), als die Sub-
  ventionierung einkommensstarker Haushalte (z. B. Begünstigung
  durch das Dienstwagenprivileg) abgeschafft und die Umwelt- und
  Gesundheitsbelastungen von Haushalten mit niedrigem Einkommen durch den heutigen Straßenverkehr reduziert werden.
- Er berücksichtigt einen hinreichenden Ankündigungszeitraum für
  die – allerdings deutliche – Erhöhung der Spritpreise (Diesel und
  Benzin), um auf der Seite der Hersteller sowie der Käuferinnen und
  Käufer rechtzeitig Anpassungen zur Kostenvermeidung zu ermög-
  lichen.
- Das UBA betont mit Nachdruck, dass dieses Maßnahmenpaket
  sofort angegangen werden muss, weil jede Zeitverzögerung die
  Zielerreichung bis 2030 noch schwieriger macht.

Das UBA-Konzept zeigt, dass ein pragmatischer und quantifizier-
barer Instrumentenmix zur notwendigen CO_2-Reduktion bis 2030
verfügbar ist. Gleichwohl ist dieses allein am Klimaschutz orientierte
Konzept für den Pkw- und Lkw-Verkehr noch erheblich von der hier
vertretenen umfassenden Leitidee nachhaltiger Mobilität entfernt. Es
fehlen beispielsweise Instrumente und Maßnahmen zur Verkehrsvermeidung. Auch wird den Fördermaßnahmen zur Verkehrsverlagerung
auf den Umweltverbund nur ein Reduktionspotenzial von zwei Milli-

onen Tonnen CO_2 bis 2030 zugetraut. Weitere mögliche Instrumente zur Reduktion der Fahrzeugflotte, -größe und -gewichte außer einem Bonus-Malus-System bei der Fahrzeuganschaffung werden nicht in Betracht gezogen. Ein Handlungskonzept auf kommunaler Ebene fehlt gänzlich (siehe den Abschnitt 1.9.3 sowie weitere Arbeiten des Wuppertal Instituts, etwa Wuppertal Institut 2017). Die Übersicht in Tabelle 1.3 auf Seite 129 fasst den vom UBA vorgeschlagenen Instrumentenmix für die geplanten drei Stufen der Ambitionsschärfung zusammen.

1.9.3 Kommunale Verkehrswende

Der Nahbereich, die eigene Stadt oder Gemeinde, ist für die Mobilitätsbedürfnisse und -erfahrungen der meisten Menschen prägend. Deshalb ist komplementär und unterstützend zur überörtlichen Verkehrspolitik auch eine kommunale Verkehrswende erforderlich, die ihren kommunalen Gestaltungsspielraum nutzt. Dafür werden hier neun zentrale Ansatzpunkte herausgegriffen (ausführlich in Heinrich-Böll-Stiftung 2020).

1. Umsteuern und Kurswechsel

Die kommunale Verkehrswende bedeutet: umsteuern. Es geht um die klare Abkehr vom überkommenen Leitbild einer autogerechten Stadt. Stattdessen gilt es, die Ansprüche der Menschen an lebenswerte Stadtqualitäten und ein gutes Wohnumfeld und die Ansprüche der Gesellschaft an eine klima- und umweltschonende Mobilitätsgestaltung in den Mittelpunkt zu stellen. Das erfordert, die Verkehrsmittel des Umweltverbundes gegenüber dem motorisierten Individualverkehr zu priorisieren – also das Zu-Fuß-Gehen, das Radfahren, das Fahren mit Bussen und Bahnen im öffentlichen Nahverkehr. Ergänzt wird dies durch die Nutzung von Fahrgemeinschaften, Car-Sharing und Taxis als öffentliche Autos. Dieser Strategiewechsel ist keine Kleinigkeit. In den meisten deutschen Städten ist das ein radikaler Kurswechsel, der klar, massiv und schnell erforderlich ist.

Tabelle 1.3: Übersicht der vom Umweltbundesamt vorgeschlagenen Instrumente und deren Treibhausgas-Minderungswirkung bis zum Jahr 2030 (in Millionen t CO_2)

Summe der Treibhausgasemissionen:	*154*
Etappe 1 **(EU-Vorgaben für CO_2-Flottenzielwerte)**	**Einsparung**
Flottenzielwert Pkw (-37,5 %) und leichte Nutzfahrzeuge (-31 %) bis 2030	4,5
Flottenzielwert schwere Nutzfahrzeuge (-30 % bis 2030)	5,5
Summe der verbleibenden Treibhausgasemissionen:	*144*
Etappe 2 **(ambitionierte Instrumente und Instrumentenverschärfung)**	**Einsparung**
Bonus-Malus-System für Fahrzeuganschaffungen	3,5
Angleichung der Energiesteuern für Diesel bis 2024 (+18 ct/l) sowie Aufschlag von 80 Euro/t CO_2 (Diesel: +21,1 ct/l; Benzin: +18,6 ct/l) für nicht-Lkw-mautpflichtige Fahrzeuge	6
Angleichung der Energiesteuern für Diesel bis 2024 (+18 ct/l) für mautpflichtige Fahrzeuge	1
Abschaffung des Dienstwagenprivilegs	4
Abschaffung der Entfernungspauschale mit Härtefallregelung	4
Ausweitung der Lkw-Maut auf Lkw ab 3,5 t zulässigem Gesamtgewicht und alle Straßen sowie Erhöhung der Lkw-Maut (u.a. Preis von 80 Euro/t CO_2)	3
Tempolimit auf Autobahnen (120 km/h)	3
Förderung Umweltverbund (Radverkehr: zusätzlich 500 Millionen Euro jährlich; ÖPNV: Angebotssteigerung um 10 % zwischen 2025 und 2030; Schienenpersonenfernverkehr: Beschleunigung und Preissenkung)	2
Summe der verbleibenden Treibhausgasemissionen:	*117,5*
Etappe 3 **(verschärfte Instrumente für die Zielerreichung)**	**Einsparung**
E-Quote von 70 % in 2030/12 Millionen E-Pkw/leichte Nutzfahrzeuge in 2030	8
Erhöhung der Energiesteuer auf Basis eines Aufschlags von 205 Euro/t CO_2 für nicht-Lkw-mautpflichtige Fahrzeuge (gegenüber Etappe 2: Diesel: +33,0 ct/l; Benzin: +29,1 ct/l)	8
Erhöhung der Lkw-Maut durch Erhöhung der CO_2-Komponente auf 205 Euro/t CO_2	2
Oberleitungsinfrastruktur für Lkw auf 1.000 km Autobahn	1,5
Summe der verbleibenden Treibhausgasemissionen (entspricht Zielwert):	*98*

Quelle: Umweltbundesamt (2019a).

2. Haltungswechsel und Gewinne

Die kommunale Verkehrswende argumentiert nicht nur gegen zu viel Autoverkehr. Vielmehr wirbt sie für mehr Qualität. Sie will den Menschen und den Unternehmen Mobilität ermöglichen und dabei zugleich ökologisch verträglich, sozial verpflichtet und gerecht sowie ökonomisch effizient sein. Eine lokal und konkret erlebbare Verkehrswende schafft viele Gewinne für die Menschen, die Umweltqualität und die Stadt. Die Menschen gewinnen mehr Ruhe, eine gesündere Atemluft, aktiven Klimaschutz, verbesserte Verkehrssicherheit, eine höhere Wohnumfeldqualität, freien Bewegungsraum für Kinder und erweiterte, umweltschonende Mobilitätsmöglichkeiten für alle. Kurzum: eine lebenswerte Stadt. Diese Gewinne übertreffen die Verluste, also dass in der Stadt nicht mehr jederzeit und überall beliebige Autos gefahren und abgestellt werden dürfen.

3. Gemeinschaftswerk kommunale Verkehrswende

Die kommunale Verkehrswende ist ein Gemeinschaftswerk von vielen. Kommunalpolitik und Kommunalverwaltungen sollten dafür den klaren Kurs setzen. Die lokalen Unternehmen können mit einem betrieblichen Mobilitätsmanagement mitwirken. Die Industrie- und Handelskammern und die Kreishandwerkerschaften sind wichtige Kooperationspartner. Die örtliche Wohnungswirtschaft kann mit wohnstandortbezogenem Mobilitätsmanagement beitragen. Die städtische Mobilitätswirtschaft (kommunale Nahverkehrsunternehmen, Carsharing-Anbieter und das Taxigewerbe) sind ohnehin die natürlichen Verbündeten der kommunalen Verkehrswende. Die lokalen Medien in Zeitung, Hörfunk, Fernsehen und sozialen Netzwerken können jeden Tag die vielfältigen Themen der kommunalen Verkehrswende aufgreifen. Jede und jeder Einzelne kann die eigene alltägliche Mobilität weniger autoorientiert gestalten, sich autounabhängiger fortbewegen oder sich gleich ganz für ein autofreies Leben entscheiden. Die Zivilgesellschaft kann sich politisch für die kommunale Verkehrswende engagieren und dafür streiten. Wissenschaftlerinnen und Wissenschaftler können die Verkehrswende in ihrer Stadt unterstützen. Die kommunale Verkehrswende macht die unterschiedlichsten Akteurinnen und

Akteure zu aktiven „Mit-Gestalterinnen" und „Mit-Gestaltern". Sie aktiviert und bestärkt bürgerschaftliches Engagement (d. h. sie leistet Empowerment).

4. Kommunale Verkehrswendeplanung

Die kommunale Verkehrswende ist eine dauerhafte kommunalpolitische Großaufgabe. Stadtpolitik und Stadtverwaltung sollten sie mit hoher Priorität und kontinuierlich angehen. Strategische Verkehrswendepläne sind dafür genauso erforderlich wie konkrete Projekte. Kommunale Verkehrswendeplanungen behandeln integriert die verschiedenen Verkehrs- und Wegezwecke, die verschiedenartigen Verkehrsmittel im motorisierten Individualverkehr und im Umweltverbund, vertikal die übergeordneten Planungsebenen und horizontal die mitbetroffenen „benachbarten" Planwerke wie Bauleitplanung, Klimaschutzplanung, Luftreinhaltungsplanung oder Lärmminderungsplanung, die unterschiedlichen Akteurinnen und Akteure, die zeitlichen Planungshorizonte der kurz-, mittel- und langfristigen Planungen und manches mehr (vgl. z. B. Forschungsgesellschaft für Straßen- und Verkehrswesen 2013).

5. Leitbild, Ziele und Zielwerte

Beim Leitbild der zukunftsfähigen Mobilität und des nachhaltigen Verkehrs gilt es, vom Ziel her zu denken. Dafür ist es notwendig, konkret zu werden und operationale Zielwerte zu formulieren. Klimaschutz heißt beispielsweise auch im Stadtverkehr, bis zum Jahr 2050 (oder früher) 80 bis 95 Prozent weniger CO_2-Emissionen als im Basisjahr 1990 zu erreichen. Solche operationalisierten Zielvorstellungen müssen stadtpolitisch diskutiert und definiert werden. Doch nur mit konkreten Zielen und Zielwerten kann eine Kommune beurteilen, wo sie bei ihrer Verkehrswende gerade steht und welchen Beitrag ein Verkehrsentwicklungsplan oder ein bestimmtes Verkehrsprojekt tatsächlich zur Zielerreichung leistet.

6. Vermeiden – Verlagern – Verbessern

Drei grundlegende Strategien dienen der kommunalen Verkehrswende:

A) Das *Vermeiden* von Verkehr, bevor er überhaupt entsteht, insbesondere indem Wege verkürzt werden. Dafür sollte die kommunale
Verkehrswendeplanung eine „Stadt der kurzen Wege" durch eine
Mischung der Nutzungen wie Wohnen, Arbeiten, Einkaufen usw.
gestalten.

B) Das *Verlagern* von Wegeanteilen („Modal Shift") vom motorisierten Individualverkehr zu den Verkehrsmitteln des Umweltverbundes durch gezielte Politik. Dem dient eine kluge Kombination
von Einschränkungen und Anreizen – die sogenannte Push-und-
Pull-Strategie. Damit die Anreize zum Umsteigen durch Förderung
des Umweltverbundes ihre volle Wirkung entfalten können, ist es
notwendig, sie mit komplementären Einschränkungen des MIV zu
kombinieren – z. B. mit einem flächendeckenden Tempolimit von
30 km/h innerorts –, auch auf Hauptverkehrsstraßen. Nötig sind
ferner die Verknappung und Verteuerung des öffentlichen Par-
kraumangebotes im Straßenraum und die Verlagerung der abge-
stellten Kraftfahrzeuge in bestehende Parkhäuser und Tiefgaragen.
Besonders effektiv sind Maßnahmen, die in sich die Anreiz- und
Einschränkungswirkung miteinander verbinden – z. B. die Umwandlung von Fahrspuren auf Hauptverkehrsstraßen vom MIV
zu kombinierten Umweltspuren für Busse, Taxis und Fahrräder.

C) Das *Verbessern*, um einen stadtverträglichen Verkehrsablauf zu gestalten und um fahrzeugseitige, technische Fortschritte zu realisieren. Eine flächendeckende Tempo-30-Regelung innerorts gestaltet
den Verkehrsablauf lärm- und schadstoffärmer. Das in immerhin
mehr als 50 deutschen Städten bestehende Instrument „Umwelt-
zone" (Umweltbundesamt 2019d) zur Verringerung der lokalen
Luftschadstoffimmissionsbelastung sollte durch die Ergänzung
einer „blauen Plakette" als zusätzliche vierte Schutzstufe zu einer
„Klimazone" weiterentwickelt werden. Darin dürften künftig nur
noch Kraftfahrzeuge mit spezifisch niedrigen Treibhausgasemissionen fahren. Die Kommunen selbst können ihre eigenen Fuhrparks

im „Konzern Kommune" als kommunale Flottenwende umrüsten und effizienter gestalten: lärmarm, luftschadstoffreduziert, verbrauchsgünstig und CO_2-sparsam. Auch die Busse und Bahnen der kommunalen Verkehrsunternehmen sollten besonders effizient, schadstoffarm und klimaschonend sein.

7. Instrumente

Kommunen sollten für die Umsetzung ihrer Verkehrswende fünf grundsätzliche Instrumententypen konzertiert einsetzen:

A) Planen und Bauen, z. B. eine neue Straßenbahnlinie, einen zentralen Omnibusbahnhof oder dezentrale Fahrradquartiersgaragen und Mobilstationen. Hinzu kommen sollte die Umwidmung von Straßen und Parkplätzen in Fahrradwege sowie in Wege und Plätze für Fußgängerinnen und Fußgänger.

B) Regeln und Anordnen, z. B. ein innerörtliches flächendeckendes Tempolimit von 30 km/h oder „verkehrsberuhigte Bereiche" in Wohngebieten, sodass dort Fußgängerinnen und Fußgänger und der Aufenthalt klaren Vorrang vor dem Kfz-Verkehr haben, der darin nur mit Schrittgeschwindigkeit (6 km/h) fahren darf.

C) Bepreisen und Finanzieren, z. B. die Gebühren für das Parken von Kfz im öffentlichen Straßenraum oder die Einführung einer Innenstadtmaut für das Fahren im Stadtgebiet wie im Ausland in Bergen (seit 1985), Oslo (seit 1990), London (seit 2003), Stockholm (seit 2006), Bologna (seit 2006), Mailand (seit 2008) und Göteborg (seit 2013).

D) Werben für den Umweltverbund, wie z. B. bei der bundesweiten Aufklärungskampagne „Kopf an. Motor aus. Für null CO_2 auf Kurzstrecken" in den Jahren 2009 und 2010 in Bamberg, Berlin, Braunschweig, Dortmund, Freiburg, Halle an der Saale, Herzogenaurach, Karlsruhe und Kiel (www.kopf-an.de). Unterstützt mit Bundesfördermitteln haben diese Städte mit einer systematischen und positiven Aufklärungskampagne für das Gehen und Radfahren in ihrer Stadt erfolgreich geworben (Wuppertal Institut 2010).

E) Organisieren und Managen: Mobilitätsmanagement ist ein immer wichtiger werdendes Werkzeug für die kommunale Verkehrswende

(Reutter/Stiewe 2019; Reutter/Stiewe 2012). Schulen, Wohnungsunternehmen, Betriebe, Verwaltungen, Universitäten und Freizeit-
einrichtungen sind Handlungsfelder für das Mobilitätsmanagement
nach dem Grundsatz „eher regeln als bauen". Kommunen können
dafür mit den Akteurinnen und Akteuren in Wirtschaft, Bildungs-
einrichtungen und Verwaltungen kooperieren, wie zahlreiche gute
Beispiele zeigen (etwa über die „Deutsche Plattform für Mobilitätsmanagement", www.depomm-ev.de).

8. Fokusprojekte

Die kommunale Verkehrswende braucht konkrete Fokusprojekte – zusätzlich zu einem klaren Verkehrswendeplan, der den Rahmen setzt.
Sie spiegeln die Gesamtstrategie im Konkreten wider, veranschau-
lichen sie und strahlen kraftvoll als kommunale Leuchttürme. Ein
Beispiel wäre die Einrichtung von Umweltspuren für Busse, Fahrräder
und Taxis durch Umverteilung des vorhandenen Straßenraums auf der
wichtigsten, meistbefahrenen, überbreiten Hauptverkehrsstraße der
Stadt, wie etwa in Berlin, Bielefeld, Düsseldorf und Münster.

9. Erprobung

Die kommunale Verkehrswende sollte neue Lösungswege mit Real-
experimenten, Reallaboren und Modellvorhaben systematisch erpro-
ben und wissenschaftlich evaluieren. In solchen räumlich und zeitlich
begrenzten Erprobungsformaten können innovative Ideen gezielt eingeführt, getestet und reflektiert werden. Sie helfen, die Verkehrswende
beschleunigt durch die Kraft des Vorbildes voranzubringen. Sie können in den Kommunen bei allen Beteiligten Lernprozesse zur Mach-
barkeit der Verkehrswende unterstützen. Die Straßenverkehrsordnung
eröffnet prinzipiell sowohl mit ihrer Erprobungsklausel (§ 45 Absatz 1
Nr. 6) als auch in § 45 Absatz 1b – 1g weitere Regelungsmöglichkeiten
aus städtebaulichen Gründen und solchen des Umweltschutzes. Sie
stehen allerdings fast alle unter dem Vorbehalt des § 45 Absatz 9 („für
die Sicherheit des Verkehrs erforderlich") und sind somit nur sehr begrenzt wirksam. Diese einengenden Vorgaben in § 45 Absatz 9 sollten
deshalb gestrichen werden.

Generell gilt: Kommunale Verkehrswende bedeutet, umzusteuern und einen längerfristigen Lernprozess zu gestalten!

1.10 Fazit

Die Dekarbonisierung des Verkehrs verdeutlicht die besonderen Herausforderungen einer langfristigen und leitzielorientierten Klimapolitik, nicht zuletzt auch in Bezug auf Koordinierungsverantwortung und Steuerungsfähigkeit. Im Kern geht es um eine neue Governance, eine sozial-ökologischen Transformation (vgl. auch Hennicke et al. 2019). Für das Verkehrssystem gilt dabei: Sowohl die Notwendigkeit und Wünschbarkeit der Wege (Anlässe) von Mobilitätsaktivitäten als auch insbesondere die Länge des Verkehrsaufwandes (in Personen- und Tonnenkilometern) sowie die Mobilitätstechniken müssen nicht nur auf Kompatibilität mit den Klimaschutzzielen, sondern auch mit Kriterien wie Sozialverträglichkeit und Wirtschaftlichkeit in Übereinstimmung gebracht werden. Wege und Verkehrsaufwände sind keine unverrückbaren Naturkonstanten, sondern gewachsene Größen, die sich teilweise durch bewusst geplante Verkehrsstrukturen herausgebildet haben. Durch strukturell erzwungene Verkehre werden Freiheitspielräume und Grundbedürfnisse eingeschränkt – durch „nachhaltige Mobilität für alle" werden stattdessen mehr Begegnung und eine bessere Lebensqualität ermöglicht. Die Stadt und Regionalplanung sind hier wichtige Einflussgrößen.

Trotz großer Unsicherheiten sind zwei fundamentale Aspekte einer zukunftsfähigen Verkehrspolitik eindeutig erkennbar: Erstens die Notwendigkeit einer forcierten Änderung von Mobilitätstechniken, -strukturen und -verhaltensmustern. Zweitens die Unmöglichkeit, die leitzielorientierte Systemtransformation des Verkehrs allein dem Markt zu überlassen, also die Notwendigkeit einer vorsorgenden und antizipativen klimakompatiblen Verkehrspolitik weiter zu ignorieren.

Was also muss geschehen, damit nachhaltige (Auto-)Mobilität keine unerreichbare Utopie bleibt? Das Fazit dieses Beitrags lautet:

1. Die diskutierten Großstrategien müssen wesentlich konsequenter umgesetzt werden.
2. Umstrittene, aber unabdingbare Kernmaßnahmen müssen im Rahmen eines Maßnahmenpakets (Policy Mix) offensiv kommuniziert und mutiger vertreten werden.

1. Großstrategien konsequenter umsetzen

Die Bundesregierung und die EU setzen hinsichtlich der Dekarbonisierung des Verkehrs auf ähnliche *Großstrategien wie*

- Elektrifizierung der Antriebe auf der Basis von erneuerbaren Energien,
- monetäre Anreize und CO_2-Bepreisung,
- Flottenverbrauchsregelung,
- Förderung des Umweltverbundes,
- Abschaffung von Subventionen.

Prinzipiell sind diese Großstrategien sinnvolle und notwendige *Bausteine einer Gesamtstrategie in Richtung nachhaltiger Mobilität.*

Notwendig ist aber in erster Linie eine *erheblich konsequentere Umsetzung* und die Einbindung dieser Großstrategien in die Leitidee einer nachhaltigen Mobilität. Wenn in Deutschland ein auf diesen Strategien aufbauendes pragmatisches Programm wie das des Umweltbundesamtes (2019a) ein halbes Jahr unter Verschluss gehalten und dann auch noch weitgehend ignoriert wird, dann muss der mutlosen Politik offensichtlich massiv auf die Sprünge geholfen werden.

Zweitens muss die vorherrschende *Fixierung auf übermotorisierten Autoverkehr* durch einen breit angelegten gesellschaftlichen Diskurs problematisiert werden. Notwendig sind Leitziele zu den Fragen, welche Rolle der motorisierte Individualverkehr in Zukunft spielen soll und wie Automobilität bzw. automobile Dienstleistungen klima- und sozialverträglich weiterentwickelt werden können. Ein positives Narrativ zur „nachhaltigen Mobilität für alle" muss in den gesellschaftlichen Diskurs eingebracht und zur politischen Leitorientierung gemacht werden. Die sozialen Verteilungswirkungen des heutigen und eines zukünftig wünschbaren Verkehrssystems dürfen nicht weiter aus der Verkehrsdebatte ausgeklammert werden, weil ohne einen nachweisbar sozial-ökologisch gerechten Transformationsprozess die Akzeptanz für die anstehenden großen Veränderungen unterminiert wird.

Drittens ist *vorsorgende sozial-ökologische Industriepolitik* notwendig, damit klima- und sozialverträgliche Mobilitätsdienstleistungen im Produktportfolio der Autoindustrie und ihrer Zulieferer eine zunehmende Rolle spielen können und die desaströse weltweite Verkaufsstrategie von schweren und immer PS-stärkeren Prestigefahrzeugen zurückgedrängt werden kann. Der anstehende Strukturwandel in der Automobilindustrie und im Zulieferbereich hat quantitativ in Bezug auf die Zahl der betroffenen Unternehmen, Arbeitsplätze und Regionen sowie qualitativ in Bezug auf die Nutzung des vorhandenen Innovationspotenzials erheblich größere Dimensionen als der Kohleausstieg. Um den Prozess sozial- und wirtschaftsverträglich sowie auch gesamtwirtschaftlich finanzierbar zu gestalten, zu koordinieren und zu steuern, wäre aus Sicht der *Arbeitsgruppe Alternative Wirtschaftspolitik* und in Erweiterung der Erfahrungen der Kohlekommission die Einrichtung *eines nationalen Wirtschafts- und Sozialrats* unter Beteiligung aller Stakeholderinnen und Stakeholder sowie der Wissenschaft notwendig (zu ersten Überlegungen siehe Hennicke et al. 2019).

Schließlich muss die mangelhafte Mehrebenenpolitik überwunden werden: Die Bundesregierung bremst die EU (z. B. bei der Flottenverbrauchsregelung), statt sie in ihren Bemühungen für ambitionierte Regulierungen zu unterstützen. Und die Bundesregierung ergreift zu wenig Aktivitäten, um die kommunale bzw. regionale Ebene im Sinne des Subsidiaritätsprinzips bei der nachhaltigen kommunalen Mobilitätspolitik und Stadtplanung nach Kräften zu unterstützen, etwa bei der Finanzierung des Umweltverbundes und beim nachhaltigeren Städte- und Verkehrswegebau.

2. Unabdingbare Kernmaßnahmen

Transformative Verkehrspolitik mit dem Ziel einer nachhaltigen Mobilität verlangt den Mut, das Notwendige offensiv zu begründen und konsequent umzusetzen. Wenn aber das Notwendige gar nicht mehr thematisiert, sondern aus Angst vor Populismus, Demagogie und rechter Hetze auf das scheinbar nur Mögliche reduziert wird, dann sind die Demokratie und das Primat der Politik am Ende. Aus diesem Grund sollen hier notwendige Kernmaßnahmen hervorgehoben werden, die in keinem Maßnahmenpaket (Policy Mix) mit dem Ziel nachhaltiger (Auto-)Mobilität fehlen dürfen, auch wenn sie anfänglich stark umstritten sein werden.

a) auf EU-Ebene

Die Flottenverbrauchsregelung der EU wäre prinzipiell ein Meilenstein transformativer europäischer Politik, wenn sie mit langen Ankündigungszeiträumen disruptive Innovationen und neue internationale Wettbewerbsvorteile für nachhaltige und klimaverträgliche Automobilität ermöglichen würde. Die Vielzahl der Schlupflöcher und die Zugeständnisse an die deutsche Autolobby begrenzen diese Chancen jedoch erheblich. Der Revisionsbedarf wurde in Abschnitt 1.9.1 ausführlich begründet. Im Rahmen des *European Green Deal* sollte eine vom EU-Parlament und von der EU-Kommission einvernehmlich eingesetzte Arbeitsgruppe den Revisionsbedarf systematisieren und eine innovative und klimaverträglichere Novelle der Flottenverbrauchsregelung vorlegen.

b) auf nationaler Ebene

Auf nationaler Ebene sollte das vorgestellte Maßnahmenpaket des Umweltbundesamts konsequent umgesetzt und teilweise bei einigen Komponenten verschärft werden:

- Der Preisanstiegspfad zum Jahr 2030 für Benzin bzw. Diesel (plus 47,7 Cent pro Liter bzw. 54,1 Cent pro Liter plus Abschaffung des Dieselprivilegs von 18 Cent pro Liter) sollte mit einer sozialen Kompensation versehen (siehe Kapitel 2 in diesem MEMORANDUM) und offensiv im Rahmen einer Kampagne für nachhaltige Mobilität kommuniziert werden.
- Die Einnahmen aus der Bonus-/Malus-Regelung sollten vollständig als Anreiz zum effizienteren Umbau der Fahrzeugflotte (z. B. Down-

sizing) genutzt werden; ein Malus von bis zu 20.000 Euro entmutigt den Kauf von besonders PS-starken und schweren Fahrzeugen mit hohen externen Kosten (wie z. B. SUV/Geländewagen). Die Hälfte der Einnahmen dient der Förderung hocheffizienter Kleinfahrzeuge, die andere Hälfte der Förderung von Maßnahmen der Verkehrsvermeidung und -verlagerung.

- Ein Tempolimit von 120 km/h auf Autobahnen und 80 km/h auf Bundesstraßen sollte eingeführt werden.
- Die Förderung des Umweltverbundes (Radverkehr, Schiene, ÖPNV) sollte finanziell und regional ausgeweitet werden, und insbesondere sollten Alternativen zum Auto im ländlichen Raum vorrangig gefördert werden.

c) auf kommunaler Ebene

Zehn wesentliche Ansatzpunkte beim kommunalen Gestaltungsraum für nachhaltige Mobilität wurden im Abschnitt 1.9.3 zusammenfasst. Hierzu gibt es wachsendes internationales Anschauungsmaterial über gute Verkehrspraxis. Die Doppelstrategie „Entprivilegierung der Automobilität und forcierter Ausbau sozial-ökologischer alternativer Mobilitätsformen" ist im kommunalen Verkehrspolitikmix am besten vermittelbar. Als besonders wirksam und notwendig erweisen sich dabei vier Kernmaßnahmen:

- Eine flächendeckende Tempo-30-Regelung innerorts und auch auf Hauptverkehrsstraßen, um den Verkehrsablauf lärm- und schadstoffärmer sowie unfallfreier zu gestalten.
- Unter bestimmten Bedingungen die Einführung einer Innenstadtmaut für das Fahren im Stadtgebiet wie in sieben europäischen Städten, um den Prozess „weg von der autogerechten Stadt" und „hin zur Stadt der kurzen Wege" zu unterstützen.
- Die Verknappung und Verteuerung des öffentlichen Parkraumangebots im Straßenraum bis hin zu vollständig parkfreien Verkehrszonen und zur Verlagerung in bestehende Parkhäuser/Tiefgaragen.
- Die systematische Privilegierung und massive finanzielle Förderung des Umweltverbundes, z. B. durch Umverteilung des Straßenraums

zugunsten der Einrichtung von Umweltspuren für Busse, Fahrräder und Taxis.

Die Politik auf Bundes-, Regional- und Gemeindeebene muss den Mut aufbringen und die mehrheitliche Unterstützung dafür finden, diese *Doppelstrategie* ernsthaft in Angriff zu nehmen. Gesetzlich hat sie sich im Grunde dazu verpflichtet: Nur so ist auch das im Klimaschutzgesetz vom 15. November 2019 beschlossene Sektorziel 2030 für den Verkehr noch zu erreichen.

Literatur

ADAC (2019): Kostenvergleich E-Fahrzeuge + Plug In-Hybride gegen Benziner und Diesel, Stand 10/2019, https://assets.adac.de/image/upload/v1576164017/ADAC-eV/KOR/Text/PDF/ADAC_Kosten vergleich_-_Elektrofahrzeuge_gegen_Benziner_und_Diesel_Herbst-Winter_2019_a0wory.pdf.

ADAC (2020): Tempolimit auf Autobahnen, 28.01.2020, https://www.adac.de/verkehr/standpunkte-studien/positionen/tempolimit-auto bahn-deutschland/.

Agora Verkehrswende (2017): Mit der Verkehrswende die Mobilität von morgen sichern. 12 Thesen zur Verkehrswende, https://www.agora-verkehrswende.de/fileadmin/Projekte/2017/12_Thesen/Agora-Verkehrswende-12-Thesen_WEB.pdf.

Agora Verkehrswende (2018): Umparken – den öffentlichen Raum gerechter verteilen. Zahlen und Fakten zum Parkraummanagement, https://www.agora-verkehrswende.de/veroeffentlichungen/umparken-den-oeffentlichen-raum-gerechter-verteilen/.

Agora Verkehrswende (2019): Klimabilanz von Elektroautos. Einflussfaktoren und Verbesserungspotenzial, https://www.agora-verkehrswende.de/veroeffentlichungen/klimabilanz-von-elektroautos/.

Allianz pro Schiene (o. J.): Deutschland investiert zu wenig in die Schieneninfrastruktur, https://www.allianz-pro-schiene.de/themen/infrastruktur/investitionen/.

Blöcker, Antje (2015): Industrielle Wertschöpfungsketten: Herausforderungen für das deutsche Industriemodell am Beispiel der Automobilindustrie, WSI-Mitteilungen 7/2015, S. 534–541.

BMF (2019): Finanztableau des Klimakabinetts von 2020 bis 2023, https://www.bundesfinanzministerium.de/Content/DE/Bilderstre cken/Infografiken/Infografik-Klimakabinett/Klimakabinett-Info grafik-detail.html.

BMU (2016): Klimaschutzplan 2050. Klimaschutzpolitische Grundsätze und Ziele der Bundesregierung, https://www.bmu.de/fileadmin/ Daten_BMU/Download_PDF/Klimaschutz/klimaschutzplan_2050_ bf.pdf.

BMU (2019): Klimaschutzprogramm 2030 der Bundesregierung zur Umsetzung des Klimaschutzplans 2050, https://www.bmu.de/download/klimaschutzprogramm-2030-zur-umsetzung-des-klimaschutzplans-2050/.

BMVI (2017): Verkehr in Zahlen 2017/2018, https://www.bmvi. de/SharedDocs/DE/Publikationen/G/verkehr-in-zahlen-pdf-2017-2018.pdf?__blob=publicationFile.

BMVI (2018): Verkehr in Zahlen 2018/2019, https://www.bmvi.de/ SharedDocs/DE/Publikationen/G/verkehr-in-zahlen_2018-pdf. pdf?__blob=publicationFile.

BMVI (2019a): Verkehr in Zahlen 2019/2020, https://www.bmvi. de/SharedDocs/DE/Publikationen/G/verkehr-in-zahlen-2019-pdf. pdf?__blob=publicationFile.

BMVI (2019b): Mobilität in Deutschland. Ergebnisbericht, https:// www.bmvi.de/SharedDocs/DE/Anlage/G/mid-ergebnisbericht. pdf?__blob=publicationFile.

Boston Consulting Group/Prognos (2018): Klimapfade für Deutschland. Studie im Auftrag des Bundesverbands der deutschen Industrie, https://bdi.eu/publikation/news/klimapfade-fuer-deutschland/.

Brand, Ulrich/Wissen, Markus (2017): Imperiale Lebensweise: zur Ausbeutung von Mensch und Natur im globalen Kapitalismus, München.

Buchal, Christoph/Sinn, Hans-Werner (2019): Erläuterung zur Studie: Was zeigt die CO2-Bilanz? Frankfurter Allgemeine Zeitung,

26.04.2019, http://www.hanswernersinn.de/de/elektroautos-was-zeigt-die-co2-bilanz-faz-26042019.

Bundesregierung (2019): Eckpunkte für das Klimaschutzprogramm 2030. Fassung nach Klimakabinett, https://www.bundesregierung.de/resource/blob/997532/1673502/768b67ba939c098c994b71c0b7d6e636/2019-09-20-klimaschutzprogramm-data.pdf.

Destatis (2019): Beschäftigte und Umsatz der Betriebe im Verarbeitenden Gewerbe: Deutschland, Jahre, Wirtschaftszweige. Tabellenauswertung für Klasse WZ08-29 (Herstellung von Kraftwagen und Kraftwagenteilen).

Deutscher Bundestag (2019): Verbot von Verbrennungsmotoren in Europa, Fachbereich 8 des Wissenschaftlichen Dienst, Aktenzeichen WD 8-3000-048/19, https://www.bundestag.de/resource/blob/651454/e949b6b43bd9b5ac738510e556e611e6/WD-8-048-19-pdf-data.pdf.

Deutsche WindGuard (2020a): Status des Windenergieausbaus an Land in Deutschland – Jahr 2019, https://www.wind-energie.de/fileadmin/redaktion/dokumente/pressemitteilungen/2020/Status_des_Windenergieausbaus_an_Land_-_Jahr_2019.pdf.

Deutsche WindGuard (2020b): Status des Offshore-Windenergieausbaus in Deutschland – Jahr 2019, https://www.wind-energie.de/fileadmin/redaktion/dokumente/pressemitteilungen/2020/Status_des_Offshore-Windenergieausbaus_Jahr_2019.pdf.

Diess, Herbert (2019): Rede auf der Ordentlichen Hauptversammlung 2019, https://www.volkswagenag.com/presence/investorrelation/publications/shareholder-meetings/2019/rede_praesentation_diess/0514_HV_HD_DE.pdf.

Europäische Kommission (2011): Weißbuch: Fahrplan zu einem einheitlichen europäischen Verkehrsraum – Hin zu einem wettbewerbsorientierten und ressourcenschonenden Verkehrssystem, https://eur-lex.europa.eu/legal-content/EN/TXT/?uri=CELEX:52011DC0144.

Europäische Kommission (2019): Der europäische Grüne Deal, Mitteilung vom 11.12.2019, https://ec.europa.eu/info/publications/communication-european-green-deal_en.

Europäische Union (2009): Entscheidung Nr. 406/2009/EG des Europäischen Parlaments und des Rates vom 23. April 2009 über die Anstrengungen der Mitgliedstaaten zur Reduktion ihrer Treibhausgasemissionen mit Blick auf die Erfüllung der Verpflichtungen der Gemeinschaft zur Reduktion der Treibhausgasemissionen bis 2020, https://eur-lex.europa.eu/legal-content/DE/TXT/PDF/?uri=CELEX:32009D0406&from=EN.

Europäischc Union (2014): Richtlinie 2014/94/EU des Europäischen Parlaments und des Rates über den Aufbau der Infrastruktur für alternative Kraftstoffe, https://eur-lex.europa.eu/legal-content/DE/TXT/PDF/?uri=CELEX:32014L0094&qid=1578396720831&from=EN.

Europäische Union (2018): Verordnung (EU) 2018/842 des Europäischen Parlaments und des Rates vom 30. Mai 2018 zur Festlegung verbindlicher nationaler Jahresziele für die Reduzierung der Treibhausgasemissionen im Zeitraum 2021 bis 2030 als Beitrag zu Klimaschutzmaßnahmen zwecks Erfüllung der Verpflichtungen aus dem Übereinkommen von Paris sowie zur Änderung der Verordnung (EU) Nr. 525/2013, https://eur-lex.europa.eu/legal-content/DE/TXT/PDF/?uri=CELEX:32018R0842&qid=1578393253810&from=EN.

European Commission (2013): Together towards competitive and resource-efficient urban mobility, https://ec.europa.eu/transport/sites/transport/files/themes/urban/doc/ump/com%282013%29913_en.pdf.

European Commission (2019a): Handbook on the external costs of transport. Version 2019, https://ec.europa.eu/transport/sites/transport/files/studies/internalisation-handbook-isbn-978-92-79-96917-1.pdf.

European Commission (2019b): The Connecting Europe Facility – Five years supporting European infrastructure, https://ec.europa.eu/digital-single-market/en/news/connecting-europe-facility-five-years-supporting-european-infrastructure.

European Environment Agency (2019): Trends and projections in Europe 2019 – Tracking progress towards Europe's climate and energy targets, EEA Report 15/2019, https://www.eea.europa.eu/publications/trends-and-projections-in-europe-1.

European Union (2016): Urban Mobility Package. Mobility and Transport – European Commission, https://ec.europa.eu/transport/themes/clean-transport-urban-transport/urban-mobility/urban-mobility-package_en.

Forschungsgesellschaft für Straßen- und Verkehrswesen (Hg.) (2013): Hinweise zur Verkehrsentwicklungsplanung, FGSV, Köln.

Friedrich-Ebert-Stiftung (2018): Die Zukunft der deutschen Automobilindustrie. Transformation by Disaster or by Design? WISO Diskurs Nr. 3/2018, https://library.fes.de/pdf-files/wiso/14086-20180205.pdf.

Friedrich-Ebert-Stiftung (2019): Zerstört die Verkehrswende die Automobilwirtschaft in Deutschland? In: dies.: Die Debatte um den Klimaschutz – Mythen, Fakten, Argumente. https://www.fes.de/studie-klimaschutz-debatte.

Heinrich-Böll-Stiftung (2020): Praxis Verkehrswende – Ein Leitfaden. Schriftenreihe Ökologie (Bd. 47), Berlin.

Hennicke, Peter/Berg, Holger (2018): Zukunftsfähigkeit der nachhaltigen Mobilität aus Sicht der Energie- und Kreislaufwirtschaft, Jahrbuch Nachhaltige Ökologie 2018/2019, Marburg.

Hennicke, Peter/Lorberg, Daniel/Rasch, Jana/Schröder, Judith (2019): Die Energiewende in Europa: Eine Fortschrittsvision, https://www.alternative-wirtschaftspolitik.de/de/article/10656311.die-energie-wende-in-europa.html.

Hennicke, P. (2020): Würde Engels heute für Postwachstum kämpfen? Eine Entdeckungsreise zum gesellschaftlichen Naturverhältnis, in: R. Lucas, R. Pfriem, und H.-D. Westhoff (Hrsg.), Arbeiten am Widerspruch, Metropolis Verlag, Marburg.

IAB (2018): Elektromobilität 2035. Effekte auf Wirtschaft und Erwerbstätigkeit durch die Elektrifizierung des Antriebsstrangs von Personenkraftwagen, IAB-Forschungsbericht 8/2018, http://doku.iab.de/forschungsbericht/2018/fb0818.pdf.

ICCT (2018): CO_2 emissions from new passenger cars in the EU: Car manufacturers' performance in 2017, https://theicct.org/sites/default/files/publications/EU_manufacturers_performance_CO2_20180712.pdf.

IEA (2019): Growing preference for SUVs challenges emissions reductions in passenger car market, https://www.iea.org/newsroom/news/2019/october/growing-preference-for-suvs-challenges-emissions-reductions-in-passenger-car-mark.html.

IFEU/Infras/Institut für Verkehrsforschung im DLR/Öko-Institut (2016): Endbericht Renewbility III. Optionen einer Dekarbonisierung des Verkehrssektors, http://www.renewbility.de/wp-content/uploads/Renewbility_III_Endbericht.pdf.

Infras (2019): Externe Kosten des Verkehrs in Deutschland. Straßen-, Schienen-, Luft- und Binnenschiffverkehr 2017. Schlussbericht, Studie im Auftrag von Allianz pro Schiene e.V., https://www.allianz-pro-schiene.de/wp-content/uploads/2019/08/190826-infras-studie-externe-kosten-verkehr.pdf.

Kraftfahrtbundesamt (2018): Neuzulassungen von Pkw in den Jahren 2008 bis 2017 nach technischen Merkmalen, https://www.kba.de/DE/Statistik/Fahrzeuge/Neuzulassungen/Motorisierung/2017/2017_n_motorisierung_pkw_zeitreihe_techn_merkmale.html?nn=652392.

Kraftfahrtbundesamt (2019): Jahresbilanz des Fahrzeugbestandes im 1. Januar 2019, https://www.kba.de/DE/Statistik/Fahrzeuge/Bestand/b_jahresbilanz.html?nn=644526.

Kraftfahrtbundesamt (2020): Monatliche Neuzulassungen, https://www.kba.de/DE/Statistik/Fahrzeuge/Neuzulassungen/Monatliche-Neuzulassungen/monatl_neuzulassungen_node.html.

Krause, Florentin/Bossel, Hartmut/Müller-Reissmann, Karl-Friedrich (1980): Energie-Wende: Wachstum und Wohlstand ohne Erdöl und Uran, Frankfurt am Main.

Matthey, Astrid/Bünger, Björn (2019): Methodenkonvention 3.0 zur Ermittlung von Umweltkosten. Kostensätze, Stand 02/2019, Umweltbundesamt, https://www.umweltbundesamt.de/sites/default/files/medien/1410/publikationen/2019-02-11_methodenkonvention-3-0_kostensaetze_korr.pdf.

Mock, Peter (2019): Auf der Zielgeraden: Die deutschen Automobilhersteller im Kontext der europäischen CO2-Vorgaben für 2021. Studie im Auftrag von Agora Verkehrswende, International Council on

Clean Transportation (ICCT), https://www.agora-verkehrswende. de/veroeffentlichungen/auf-der-zielgeraden/.

Mottschall, Moritz/Kasten, Peter/Kühnel, Sven/Minnich, Lukas (2019): Sensitivität zur Bewertung der Kosten verschiedener Energieversorgungsoptionen des Verkehrs bis zum Jahre 2050. Abschlussbericht, Umweltbundesamt, Texte 114/2019, https://www.umweltbundesamt.de/sites/default/files/medien/1410/publikationen/2019-09-19_texte_114-2019_energieversorgung-verkehr.pdf.

neue energie (2019): Widerstand formiert sich: das Wirtschaftsministerium wird immer heftiger für den Einbruch am Windmarkt kritisiert, Nr. 12/2019, S. 15.

NPM (2020): 1. Zwischenbericht zur strategischen Personalplanung und -entwicklung im Mobilitätssektor, Nationale Plattform Zukunft der Mobilität, https://www.plattform-zukunft-mobilitaet.de/wp-content/uploads/2020/01/NPM_AG-4_FG-Personalplanung_Zwischenbericht_2020.pdf.

PWC (2018): The 2018 Strategy & Digital Auto Report. The future is here: winning carmakers balance metal and mobility.

Randelhoff, Martin (2019): Das Mutproblem der aktuellen deutschen Klimapolitik, Zukunft Mobilität, https://www.zukunft-mobilitaet. net/170395/analyse/klimaschutzprogramm-2030-verkehr-massnahmen-bepreisung-co2/.

Reutter, Ulrike/Stiewe, Mechtild (2012): Mobilitätsmanagement: wissenschaftliche Grundlagen und Wirkungen in der Praxis, Essen.

Reutter, Ulrike/Stiewe, Mechtild (2019): Mobilitätsmanagement – in Deutschland angekommen?! IzR – Informationen zur Raumentwicklung, Nr. 1/2019, S. 14–25.

Rosa-Luxemburg-Stiftung (2017): Rüstungskonversion und alternative Produktion – Modelle für einen demokratisch-ökologischen Umbau der Automobilindustrie? http://nds.rosalux.de/publikation/id/37392/ruestungskonversion-und-alternative-produktion/.

Seifried, Dieter/Albert-Seifried, Sebastian (2019): EU fleet consumption regulation undermines climate protection, http://www.oe2.de/file admin/user_upload/download/White_Paper_EU_fleet_consumpti on_regulation_2019.pdf.

Statista (2020): Bevölkerung in Deutschland nach Anzahl der PKW im Haushalt von 2016 bis 2019, https://de.statista.com/statistik/daten/studie/172093/umfrage/anzahl-der-pkw-im-haushalt/.

Transport & Environment (2019a): Less (cars) is more: how to go from new to sustainable mobility, https://www.transportenvironment.org/publications/less-cars-more-how-go-new-sustainable-mobility.

Transport & Environment (2019b): Runaway driverless cars will increase congestion and accelerate climate breakdown, https://www.transportenvironment.org/press/runaway-driverless-cars-will-increase-congestion-and-accelerate-climate-breakdown.

Umweltbundesamt (2016): Umweltschädliche Subventionen in Deutschland. Aktualisierte Ausgabe 2016, https://www.umweltbundesamt.de/sites/default/files/medien/479/publikationen/uba_fachbroschuere_umweltschaedliche-subventionen_bf.pdf.

Umweltbundesamt (2018): Entwicklung der Bruttostromerzeugung und des Bruttostromverbrauchs. Stand 12/2018, https://www.umweltbundesamt.de/sites/default/files/medien/384/bilder/dateien/2_abb_entw-bruttostromerzeugung-verbrauch_2020-02-25.pdf.

Umweltbundesamt (2019a): Kein Grund zur Lücke. So erreicht Deutschland seine Klimaschutzziele im Verkehrssektor für das Jahr 2030, https://www.umweltbundesamt.de/sites/default/files/medien/1410/publikationen/19-12-03_uba_pos_kein_grund_zur_lucke_bf_0.pdf.

Umweltbundesamt (2019b): Umweltgerechtigkeit – Umwelt, Gesundheit und soziale Lage, https://www.umweltbundesamt.de/themen/gesundheit/umwelteinfluesse-auf-den-menschen/umweltgerechtigkeit-umwelt-gesundheit-soziale-lage.

Umweltbundesamt (2019c): Erneuerbare Energien in Zahlen, https://www.umweltbundesamt.de/themen/klima-energie/erneuerbare-energien/erneuerbare-energien-in-zahlen.

Umweltbundesamt (2019d): Umweltzonen in Deutschland, https://www.umweltbundesamt.de/themen/luft/luftschadstoffe/feinstaub/umweltzonen-in-deutschland.

VDA (2019): Automobilproduktion – Zahlen zur Automobilproduktion im In- und Ausland, https://www.vda.de/de/services/zahlen-und-daten/jahreszahlen/automobilproduktion.html.

Wietschel, Martin/Kühnbach, Matthias/Rüdiger, David (2019): Die aktuelle Treibhausgasemissionsbilanz von Elektrofahrzeugen in Deutschland, Fraunhofer ISI, Working Paper Sustainability and Innovation, Nr. S 02/2019, https://www.isi.fraunhofer.de/content/dam/isi/dokumente/sustainability-innovation/2019/WP02-2019_Treibhausgasemissionsbilanz_von_Fahrzeugen.pdf.

Wuppertal Institut (2010): Projektmonitoring der Kampagne „Kopf an: Motor aus". Endbericht, https://epub.wupperinst.org/frontdoor/deliver/index/docId/3613/file/3613_ZEM.pdf.

Wuppertal Institut (2017): Verkehrswende für Deutschland. Der Weg zu CO_2-freier Mobilität bis 2035. Studie von Rudolph, Frederic/Koska, Thorsten/Schneider, Clemens im Auftrag von Greenpeace, https://epub.wupperinst.org/frontdoor/deliver/index/docId/6812/file/6812_Verkehrswende.pdf.

2 CO$_2$-Bepreisung: sozialverträglich gestalten

Die im MEMORANDUM 2019 *erhobene Forderung nach einer allgemeinen CO$_2$-Bepreisung fand im Lauf des vergangenen Jahres tatsächlich Eingang in den Klimaschutzplan der Bundesregierung. Der vom Klimakabinett vorgeschlagene CO$_2$-Preis war jedoch so wirkungslos gering, dass er im Rahmen der Verhandlungen im Vermittlungsausschuss angehoben werden musste. Ungewissheit über den weiteren Preispfad nach dem Jahr 2025 schwächt aber nach wie vor die Lenkungswirkung des Instruments.*

Eine CO$_2$-Bepreisung wirkt grundsätzlich regressiv. Durch begleitende Maßnahmen wie eine Pro-Kopf-Rückerstattung, ein einkommensunabhängiges Mobilitätsgeld, aus dem Aufkommen finanzierte Fördermaßnahmen sowie einen Härtefallfonds kann sie jedoch so ausgestaltet werden, dass sie eine progressive Verteilungswirkung bekommt. Auch wenn dazu vielfältige Konzepte vorliegen, hat sich die Große Koalition für ein Modell entschieden, das mit einer regressiven Wirkung bei hohen Einkommen einhergeht. Dies droht die gesellschaftliche Spaltung weiter zu vertiefen.

2.1 CO$_2$-Steuer: von der Idee zum Faktum

Im MEMORANDUM 2019 hat die *Arbeitsgruppe Alternative Wirtschaftspolitik* sich für die Einführung einer allgemeinen CO$_2$-Bepreisung ausgesprochen. Um den Umstieg sozialverträglich zu gestalten und Ungleichheiten abzubauen, sollte die Hälfte der Einnahmen an die unteren Einkommensgruppen und wenig Vermögenden zurückverteilt werden. Die andere Hälfte sollte in ein Zukunftsinvestitionsprogramm zur Finanzierung klimafreundlicher Investitionen fließen. In den Sektoren, die bereits einer CO$_2$-Bepreisung im EU-Emissionshandelssystem (EU-ETS) unterliegen – die Stromerzeugung, die energieintensive Industrie und der innereuropäische Flugverkehr –, sollte eine wirksame Bepreisung durch eine deutliche Verknappung der Zertifikatmenge herbeigeführt werden, ergänzt durch einen Mindestpreis.

Die Bepreisung von Treibhausgasen wird, wie im MEMORANDUM 2019 dargelegt, gerechtfertigt durch die doppelte Dividende aus Lenkungswirkung – klimaschädliche Aktivitäten werden proportional zu ihrer Schädlichkeit teurer und damit unattraktiver – und Einnahmewirkung, die zur Finanzierung der sozial-ökologischen Transformation genutzt werden kann. Dahinter steckt das Prinzip der Internalisierung externer Kosten: Produzentinnen und Produzenten wie auch Verbraucherinnen und Verbraucher werden gemäß dem Verursacherprinzip gezwungen, die bisher der Umwelt und Gesellschaft folgenlos überwälzten Kosten in ihr Preiskalkül einzubeziehen. Aufgrund der Grenzen dieses Konzepts, die in diesem MEMORANDUM in Abschnitt 1.5 eingehend erläutert werden, darf die CO_2-Bepreisung nicht als alleinige oder zentrale Klimaschutzmaßnahme begriffen werden, wozu Marktfundamentalistinnen und Marktfundamentalisten sie gerne überhöhen. Sie muss vielmehr in einen breiten Politikmix aus Ge- und Verboten, Förderpolitik, Investitionen in Forschung und Infrastruktur und den Abbau umweltschädlicher Subventionen eingebettet und sozialverträglich ausgestaltet werden.

Nach Drucklegung des MEMORANDUM 2019 gewann die klimapolitische Debatte in Deutschland stark an Fahrt. Grund waren weniger neue Erkenntnisse – die katastrophalen Folgen des Klimawandels sind seit vielen Jahren bekannt –, sondern vielmehr der Druck von der Straße, insbesondere durch die Fridays-for-Future-Bewegung. Während das Wirtschaftsministerium eine über den EU-Emissionshandel hinausgehende CO_2-Bepreisung, wie sie im Klimaschutzplan des Umweltministeriums enthalten war, noch Anfang des vergangenen Jahres vorerst ausgeschlossen hatte, kam nun Bewegung in die Sache. Es müsse Schluss sein mit „Pille-Palle", so die Kanzlerin mit Blick auf den Klimaschutz.

Im Frühjahr 2019 setzte die Bundesregierung ein Klimakabinett aus den Ressorts Umwelt, Wirtschaft, Bau, Verkehr, Landwirtschaft und Finanzen sowie aus dem Kanzleramt ein, um die verhakten Verhandlungen um den Klimaschutzplan zu beschleunigen. Neben den üblichen Verdächtigen aus Umwelt-NGOs und der Klimafolgenforschung sprachen sich alsbald auch der wissenschaftliche Beirat des Bundesfinanzministeriums sowie der Sachverständigenrat zur Begutachtung der gesamtwirtschaftlichen Entwicklung für den Einstieg in die CO$_2$-Bepreisung aus. Das Bundesumweltministerium beauftragte drei Forschungseinrichtungen mit Folgenabschätzungen: das Deutsche Institut für Wirtschaftsforschung (DIW), das Institut für Makroökonomie und Konjunkturforschung (IMK) und das Forum Ökologisch-Soziale Marktwirtschaft (FÖS). Begleitet von Protesten und gewaltigen Demonstrationen – in deutschen Städten gingen am 20. September 2019 über eine Million Menschen auf die Straße – legte das Klimakabinett nach durchverhandelter Nacht die Eckpunkte für das Klimaschutzprogramm 2030 vor.

Zwar enthielt das Paket auch positive Komponenten. Insgesamt war es jedoch ein zu kurz gegriffener Kompromiss auf der Basis des kleinsten gemeinsamen Nenners. Laut Umweltverbänden ließ sich damit nur die Hälfte der bis 2030 benötigten Emissionsminderungen erreichen. Nach Recherchen des *Spiegel* („Rekonstruktion der Klimaverhandlung – Ab sechs Uhr früh waren alle wie ‚auf Speed‘“, Der Spiegel vom 23.09.2019) geriet die CO$_2$-Bepreisung zum größten Knackpunkt der Verhandlungen. Die Vorstellungen reichten anfangs von einem simplen Aufschlag auf die Ökosteuer (vom Finanzministerium gefordert) über ein neues Emissionshandelssystem (gefordert von der Union) über eine separate CO$_2$-Steuer (von der SPD gefordert). Schließlich setzte sich formal die Union mit einem nationalen Emissionshandelssystem für die Sektoren Wärme und Verkehr durch. Da ein Emissionshandelssystem aber mehr Vorbereitungen als eine Steuer braucht und es zudem perspektivisch an das EU-ETS angeschlossen werden soll, wurden bis zum Jahr 2025 Fixpreise vereinbart. Im Jahr 2021 sollte der CO$_2$-Preis 10 Euro pro Tonne betragen und bis 2025 jährlich um 5 Euro auf 35 Euro pro Tonne steigen. Ab dem Jahr 2026 sollte sich dann der Preis am Markt anhand der ausgegebenen Zertifikatmenge und der Nachfrage danach ergeben. Um abrupte Preissprünge zu vermeiden, wurden eine Untergrenze von 35 Euro und eine Obergrenze von 60 Euro pro Tonne festgelegt. Diese Preise sind sehr gering. In den Szenarien für das Bundesumweltministerium war ein Einstiegspreise von 35 Euro pro Tonne, der bis zum Jahr 2030 auf 180 Euro pro Tonne steigen sollte, durchgerechnet worden.

Nach geballter Kritik am lächerlichen Einstiegspreis von 10 Euro pro Tonne (dies entspricht einer Verteuerung pro Liter Diesel oder Benzin um 3 Cent, was unter den täglichen Schwankungen an den Tankstellen liegt) schoben sich Union und SPD gegenseitig die Verantwortung dafür zu. Dem *Spiegel* zufolge hatten aber Vertreterinnen und Vertreter beider Seiten den Einstiegspreis auf 20 Euro pro Tonne heruntergehandelt, die abermalige Absenkung resultierte aus der Forderung, die Bepreisung schon im Jahr 2021 statt im Jahr 2022 beginnen zu lassen. Der wirkungslose Einstiegspreis führte dazu, dass er in die Nachverhandlungen mit dem Bundesrat einbezogen wurde, der das Klimapaket in den zustimmungspflichtigen Teilen in den Vermittlungsausschuss verwiesen hatte. Im Rahmen der Nachverhandlungen wurde Ende des Jahres 2019 beschlossen, den Einstiegspreis für das Jahr 2021 auf 25 Euro pro Tonne anzuheben und bis zum Jahr 2025 auf 55 Euro pro Tonne zu steigern.

Grundsätzlich lässt sich ein eher vorsichtiger Einstieg damit begründen, dass Einsparungen im Verkehrs- wie im Gebäude- und Wärmesektor langfristig herbeigeführt und die sozialen Folgewirkungen beachtet werden müssen. Viel entscheidender ist daher, ob der Preis kontinuierlich und hinreichend schnell auf ein Niveau angehoben wird, bei dem tatsächliche Lenkungswirkungen erreicht werden. Entsprechend schlägt das Umweltbundesamt vor, den CO_2-Preis in Etappen bis zum Jahr 2030 auf 205 Euro pro Tonne zu erhöhen (vgl. den Abschnitt 1.9.2 in diesem MEMORANDUM). Allen Beteiligten würde damit klar, dass sie sich auf Dauer auf steigende Preise einzustellen haben. Spätestens beim nächsten Fahrzeugkauf oder bei der nächsten Umbaumaßnahme an der Fassade oder der Heizung dürfte der Umstieg auf klimafreundlichere Alternativen tatsächlich ins Auge gefasst werden. Wichtig sind daher klare Signale, wohin die Reise gehen soll. Hier hilft das Klimapaket jedoch nur wenig weiter: Ab dem Jahr 2026 soll sich der Preis im Emissionshandel bestimmen, allerdings nicht sonderlich frei, da er nicht weniger als 55 Euro und nicht mehr als 65 Euro pro

Tonne betragen soll. Wie es danach weitergeht, ist alles andere als klar. Über den Preiskorridor nach dem Jahr 2027 soll in einigen Jahren neu entschieden werden.

Da das System mit einem Fixpreis startet, für später ein sehr enger Preiskorridor vereinbart wurde und zunächst gar keine fixe Obergrenze an verfügbaren Zertifikaten vorgesehen ist, kommt der Preismechanismus faktisch einer Steuerlösung wesentlich näher als einem Emissionshandel. Das ist aus ökonomischer Sicht grundsätzlich positiv. Denn reale Investitionen wie die Anschaffung eines neuen Autos oder einer Heizung, energetische Gebäudesanierungen und neue Verkehrsinfrastrukturen haben einen langen Zeithorizont und werden durch einen klar vorbestimmten Preispfad besser planbar als durch die unberechenbaren Preise eines stark schwankenden Emissionshandelssystems. Dennoch ist Investitionssicherheit auch bei einer Steuervariante weiter ein Problem, da die CO_2-Kostenkomponente nur ein Kostenblock unter vielen ist. Angebots- und Nachfrageschwankungen an den Weltenergiemärkten können Energiepreise weit stärker beeinflussen als der CO_2-Preisaufschlag. Noch weiter geht daher Stephan Schulmeister, der stattdessen einen staatlich festgelegten Mindestpreis für fossile Energieträger (Öl, Gas, Treibstoff, Kohle) fordert (Schulmeister 2019), weil dann auch deren starke Preisschwankungen am Weltmarkt eliminiert würden. Da dies jedoch politisch und praktisch kaum kurzfristig umgesetzt werden kann und viele weitere Fragen aufwirft, bleibt dies mehr eine theoretische Option. Angesichts der seit Anfang 2020 stark gefallenen und vermutlich auf längere Sicht niedrigen Öl- und Gaspreise stellt sich die Frage, ob nun die CO_2-Preissätze nicht noch einmal angehoben werden sollten, um das klare Signal zu setzen, dass klimaschädliches Verhalten nicht länger erwünscht ist.

Der unklare Preispfad nach dem Jahr 2027 ist aber nicht das einzige Problem des beschlossenen Bepreisungssystems. Aus administrativer Sicht ist die Einrichtung eines Emissionshandelssystems viel aufwendiger als eine Steuerlösung, zumal perspektivisch die Verschmelzung mit dem EU-ETS angedacht ist, was weitere Komplikationen mit sich bringt (Matthes 2019). Neben der Frage, ob sich in der EU hierfür überhaupt politische Mehrheiten finden lassen werden, benötigen die einzelnen Sektoren – Stromerzeugung, Industrie, Wärme, Verkehr – ganz unterschiedliche Preisniveaus, um eine Lenkungswirkung zu erzielen. Während im Stromsektor bereits bei CO_2-Preisen von 20 bis 50 Euro pro Tonne in signifikantem Ausmaß Kohlekraftwerke von Gaskraftwerken verdrängt werden, werden im Wärme- und Verkehrsbereich die meisten Maßnahmen erst ab Preisen von 80 Euro pro Tonne aufwärts wirtschaftlich. Bei solchen Preisen wäre wiederum die energieintensive Industrie (Stahl, Aluminium etc.) gegenüber ausländischen Konkurrenten kaum noch konkurrenzfähig. Insofern ist ein einheitlicher CO_2-Preis, wie ihn ein allumfassendes Emissionshandelssystem mit sich bringt, bis auf Weiteres gar nicht sinnvoll. Hinzu kommt, dass das von der Regierung beschlossene Fixpreis-Emissionshandelssystem zwar faktisch wie eine Steuer wirkt, aber rechtlich keine solche ist. Die damit zusammenhängenden rechtlichen Risiken könnten das System wieder zum Fall bringen (Klinski/Kleimeyer 2019). So oder so dürfte es nicht überraschen, wenn das für das Jahr 2026 anvisierte Emissionshandelssystem mit flexiblen Preisen gar nicht an den Start gehen wird, sondern in den nächsten Jahren durch eine Steuer ersetzt werden muss.

2.2 CO_2-Besteuerung in den Sektoren Wärme, Verkehr und Landwirtschaft

45 Prozent der deutschen CO_2-Emissionen bzw. 52 Prozent der deutschen Treibhausgasemissionen unterliegen nicht dem europäischen Emissionshandel (EU-ETS). Dazu gehören die Emissionen des Verkehrs (abgesehen vom ETS-pflichtigen innereuropäischen Flugverkehr), der Gebäudesektor, die Landwirtschaft sowie nicht ETS-pflichtige kleinere Stromerzeugungs- und Industrieanlagen. Anders als in den anderen Sektoren sind im Verkehrssektor die Emissionen seit dem Jahr 1990 nicht gesunken, sondern sogar gestiegen. Auch im Gebäudesektor und in der Landwirtschaft drohen die angestrebten Einsparziele verfehlt zu werden.

Im *Sektor Verkehr* setzt eine CO_2-Steuer Anreize für den Umstieg vom Pkw auf Bus und Bahn, auf geteilte Verkehrsmodelle wie Carsharing oder aufs (Elektro-)Fahrrad und die Verlagerung des Güterverkehrs vom Lkw auf die Schiene und die Binnenschifffahrt. Ebenso entstehen Anreize für den Kauf sparsamerer Fahrzeuge, für Elektromobilität sowie die Vermeidung überflüssiger Autofahrten. Im Flugverkehr ließe sich die CO$_2$-Steuer über eine Kerosinsteuer einführen (unter Anrechnung der im EU-ETS entrichteten Kosten für Emissionszertifikate).

Im Verkehr ist das Preissystem durch umweltschädliche Subventionen (Privilegierung des Luftverkehrs, ermäßigte Dieselsteuer, unterschiedliche Mehrwertsteuersätze für die verschiedenen Verkehrsträger etc.) und diverse Sonderregelungen stark verzerrt (vgl. dazu den Abschnitt 1.5.4, Unterabschnitt „Monetäre Privilegierung", auf den Seiten 96f. in diesem MEMORANDUM). Durch den Übergang zur Elektromobilität werden sich zudem früher oder später Finanzierungsfragen an den Staatshaushalt stellen, da die Einnahmen aus der Energiesteuer/Mineralölsteuer erodieren werden (der Umfang beträgt derzeit 40 Milliarden Euro). Eher früher als später stellt sich daher die Frage nach einer generellen Überarbeitung des Steuer- und Abgabensystems auf Energie. Das ändert nichts daran, dass eine CO$_2$-Steuer als explizite oder implizite Steuer sinnvoll ist. Sie kann überfällige Maßnahmen wie den Ausbau der Schiene und des öffentlichen Personennahverkehrs, eine höhere Lkw-Maut und das mittelfristige Verbot von Verbrennungsmotoren nicht ersetzen, wohl aber ergänzen.

Im *Wärmesektor* verursachen ineffiziente Heizungen und schlechte Dämmungen hohe Energieverluste. Der Großteil der Wärmeenergie wird derzeit durch Erdgas- oder Ölheizungen erzeugt. Hier muss ein Brennstoffwechsel zu erneuerbaren Energien erfolgen (Geo-, Umwelt- oder Solarthermie, Biogas, Holz etc.). Speziell in Städten wird auch der Ausbau von (Fern-)Wärmenetzen vorangetrieben werden müssen. Zentral sind ferner energetische Sanierungen, bei denen neben einer besseren Dämmung und Heiz- und Kühltechnik auch weitere Einsparpotenziale bei der Gebäudetechnik bis hin zur Beleuchtung in den Blick zu nehmen sind.

Strombetriebenen Wärmepumpen wird langfristig eine entscheidende Rolle zukommen. Sie werden derzeit aber durch die vergleichsweise hohe Steuer- und Abgabenbelastung von Strom gegenüber Gas-

und Ölheizungen benachteiligt, die deutlich geringer bzw. fast gar nicht besteuert werden. Sie kommen vor allem durch Effizienzstandards für Neubauten zum Einsatz. Hier kann der Hebel vergrößert werden, wenn die systematische Benachteiligung von Strom reduziert wird.

Da sich Gebäude in verschiedensten Zuständen und Nutzungsarten finden, gibt es viele Maßnahmen, die sich schon bei niedrigen und mittleren CO_2-Preisen rechnen. Wenn etwa eine Fassadensanierung fällig ist, werden die Kosten für Gerüstbauerinnen und Gerüstbauer sowie für Handwerkerinnen und Handwerker ohnehin anfallen. Die zusätzlichen Kosten für CO_2-Vermeidung in Form einer besseren Wärmedämmung wären dann verhältnismäßig gering.

Trotzdem bringen viele Maßnahmen, die bei einer ambitionierten Wärmewende nötig sind, hohe Vermeidungskosten mit sich und können durch eine CO_2-Bepreisung allein, die ja auch nicht aberwitzig ausfallen darf, nicht erwirkt werden. Wie im Verkehrssektor darf eine CO_2-Steuer auch im Gebäudesektor daher nur eine ergänzende Wirkung haben, während der Umbau durch Förderprogramme, erleichterte Abschreibungsmöglichkeiten und steigende Effizienzstandards für Neubau und Sanierung vorangetrieben und möglichst warmmietenneutral gestaltet werden sollte. Das dabei aufgeworfene Mieter-Vermieter-Dilemma rührt daher, dass Umbaumaßnahmen von Vermieterinnen und Vermietern gezahlt werden, die eingesparten Energiekosten aber den Mieterinnen und Mieter zugutekommen. Hieraus resultieren besondere Hemmnisse, die sich aber nicht allein auf die finanzielle Dimension der Kostenumlage reduzieren lassen (siehe dazu März 2018).

In Ballungsgebieten sind die Mieten in den vergangenen Jahren sehr stark gestiegen. Viele Vermieterinnen und Vermieter nutzen die Umlage für energetische Gebäudesanierungen, um Mieterinnen und Mieter aus ihren Wohnungen zu vertreiben und diese dann deutlich teurer weiterzuvermieten. Obwohl energetische Gebäudesanierungen aus dem genannten Grund in Verruf geraten sind, sind sie aus Klimaschutzgründen unentbehrlich; die Regelungen zur Kostenumlage sollten jedoch reformiert werden. Die exorbitanten Mietsteigerungen müssen darüber hinaus unter anderem durch einen Mietendeckel, ein kommunales Wohnbauprogramm und eine neue Wohnungsgemeinnützigkeit angegangen werden (vgl. dazu das Sondermemorandum „Gutes Wohnen für alle" der *Arbeitsgruppe Alternative Wirtschaftspolitik* vom 25.08.2019).

Im *Sektor Landwirtschaft* entstehen bei der Fleisch- und Milchherstellung gewaltige Mengen von klimawirksamem Methan und bei der Ausbringung von Dünger das noch viel klimaschädlichere Lachgas. Wie in Neuseeland diskutiert, könnten Verarbeiterinnen und Verarbeiter von Milch und Schlachtfleisch hierfür mit einer Steuer belangt werden. Auch die Produzentinnen und Produzenten bzw. Importeurinnen und Importeure von Kunstdünger könnten entsprechend besteuert werden (Matthes 2019). Die industrielle Landwirtschaft steht jedoch sehr grundsätzlich in der Kritik. Mit einer Umorientierung von Förderprämien und anderen Bestimmungen auf ökologische Landwirtschaft, mit Vorschriften für artgerechte Tierhaltung und einer Obergrenze für Viehbestände kann wesentlich mehr erreicht werden als mit einer Bepreisung von Lachgas- und Methanemissionen.

2.3 Die Sozialverträglichkeit der CO$_2$-Steuer – eine progressive Wirkung ist machbar

Kritikerinnen und Kritiker der CO$_2$-Steuer verweisen oft auf das Beispiel der französischen Gelbwestenbewegung, die sich Ende des Jahres 2018 vor dem Hintergrund hoher Spritpreise und einer bevorstehenden Steuererhöhung formierte. Die entsprechende Steuer auf Brenn- und Kraftstoffe war jedoch bereits im Jahr 2014 eingeführt und seitdem mehrfach angehoben worden. Erst nachdem der neugewählte Präsident Emmanuel Macron eine Reihe von umstrittenen Gesetzen, darunter die Abschaffung der Vermögensteuer, die Senkung der Unternehmensteuer sowie Reformen am Arbeitsmarkt und in der Sozialpolitik durchgedrückt hatte (und zudem der Ölpreis sprunghaft gestiegen war), gingen die Gelbwesten auf die Barrikaden. Insofern richteten sich die *gilets jaunes* mehrheitlich nicht gegen Klimaschutz, sondern gegen die Verteilungs- und die generelle Politik des amtierenden Präsidenten.

Während die von den Gelbwesten hervorgerufenen Proteste ein breites Medienecho hervorriefen, finden die relativ geräuschlos funktionierenden CO_2-Steuern in anderen europäischen Staaten kaum Beachtung. Insbesondere die skandinavischen Staaten erheben hohe CO_2-Steuern. Das ist wenig erstaunlich, denn die skandinavischen Wohlfahrtstaaten sorgen für sozialen Ausgleich, der die Akzeptanz für gemeinwohlorientierte Steuern erhöht. In der Schweiz wiederum ist es das Modell der Rückerstattung, das eine hohe Akzeptanz schafft. Dabei fließen zwei Drittel der Steuereinnahmen pro Kopf über die Krankenversicherung an die Bevölkerung und über die Sozialversicherung an die Unternehmen zurück. Das restliche Drittel geht in ein Gebäudeprogramm zur Förderung energetischer Sanierungen und erneuerbarer Energien.

Klar ist: Eine CO_2-Steuer ist eine Verbrauchsteuer, die viele Dinge des Alltagsbedarfs betrifft, und als solche zunächst eine regressive Wirkung hat. Klimaschutz, der primär über die Zahlungsfähigkeit durchgesetzt wird, befördert als Verarmungspolitik die soziale Spaltung weiter und wird deshalb scheitern. Wer mit Blick auf die enormen Schadenskosten mittelfristig auf hohe Preise für Treibhausgasemissionen dringt, muss daher die Einkommens- und Vermögensverteilung korrigieren und auf besondere Lebensumstände Rücksicht nehmen. Tatsächlich sahen alle Mitte des Jahres 2019 ernsthaft diskutierten CO_2-Bepreisungsmodelle eine Rückverteilung der erzielten Einnahmen sowie Ausgleichsmaßnahmen für besonders betroffene Personengruppen vor. Natürlich könnten sich auch dann noch Reiche und Superreiche einen verschwenderischen Lebensstil leisten. Dies darf dann aber nicht der Klimapolitik angelastet werden, sondern ist ein Ergebnis der aus dem Ruder gelaufenen Einkommens- und Vermögensverteilung.

Konkret gibt es sehr viele Vorschläge, wie Verbraucherinnen und Verbraucher im Gegenzug für die ökologisch motivierte CO_2-Bepreisung entlastet werden können. Das reicht von fixen Pro-Kopf-Zahlungen („Klima-Prämie") über Entlastungen bei der Stromsteuer und anderen Steuern, Abgaben oder Umlagen bis hin zur anteiligen Pro-Kopf-Rückerstattung der eingenommenen Gelder. Diverse Rechnungen für Rückerstattungsmodelle kamen einhellig zum Ergebnis, dass Geringverdienerinnen und Geringverdiener in allen diesen Modellen die Gewinnerinnen und Gewinner sind. Eine Nettobelastung erfolgt – abhängig vom konkreten Modell und von der verwendeten Datenbasis – gemäß den unterschiedlichen Abschätzungen erst ab dem fünften bis neunten Einkommensdezil (siehe dazu die Konzepte von CO$_2$ Abgabe e. V. 2019; Gechert et al. 2019; Bach et al. 2019; Zerzawy/Fiedler 2019; Sachverständigenrat 2019).

Die Rückverteilung der Einnahmen („Öko-Bonus") macht aus einer regressiv wirkenden Verbrauchsteuer, die ärmere Haushalte überproportional belastet, eine progressiv wirkende Maßnahme. Solange der Großteil des Aufkommens direkt zurückverteilt wird, werden ärmere Haushalte sogar umso besser gestellt, je höher der Abgabensatz ist. Denn je mehr Geld im Rückverteilungstopf landet, desto mehr Geld bekommen die Haushalte wieder zurück, und Haushalte mit geringem Einkommen sind vor allem beim Kraftstoffverbrauch wesentlich sparsamer als Haushalte von Gutverdienerinnen und Gutverdienern.

Allerdings sind innerhalb der Einkommensgruppen speziell Berufspendlerinnen und Berufspendler sowie Menschen, die in schlecht sanierten Altbauten mit Ölheizungen leben, spürbar stärker belastet. Auch diese Verteilungswirkungen müssen (und können) beim Design der Steuer bedacht werden, etwa indem die Pendlerpauschale in ein einkommensunabhängiges Mobilitätsgeld umgewandelt und der Heizkesseltausch mit einer Abwrackprämie belohnt wird, Fördergelder für Gebäudesanierungen bereitgestellt werden und das Wohngeld angepasst wird. Notfalls könnte auch ein Härtefallfonds einspringen. In der Grundsicherung müssten die zusätzlichen finanziellen Belastungen bei der Übernahme der Kosten der Unterkunft berücksichtigt werden. Solange der Öko-Bonus nicht auf die Grundsicherung angerechnet wird, wären diese Haushalte aber ohnehin klar besser gestellt. Dies zeigt: Die Feinsteuerung ist nicht trivial, kann aber sogar positive sozialpolitische Nebenwirkungen haben.

Wie sich die Verteilungsmuster bei stetig steigenden Preisen verändern, kann nicht exakt vorhergesehen werden. Auf lange Sicht ist aber allein entscheidend, ob generell der Wille für eine Umverteilungspolitik vorhanden ist oder nicht. Genug Steuerungsmöglichkeiten, um Klimaschutz sozialverträglich zu gestalten, sind in jedem Fall vorhanden.

2.4 Das Klimapaket der Bundesregierung wirkt dagegen regressiv

Wie man es nicht machen sollte, hat die Bundesregierung gezeigt. Während die diversen Gutachten bewiesen haben, dass eine CO_2-Steuer mit Rückverteilung eine progressive Verteilungswirkung besitzen kann, haben die im Klimapaket enthaltenen Maßnahmen eine regressive Wirkung. Das – und nicht die nun beschlossenen Preisniveaus – ist der eigentliche Skandal hinter der neuen CO_2-Bepreisung.

Dies resultiert vor allem aus der fehlenden Pro-Kopf-Zurückverteilung, aber auch aus der Erhöhung der Pendlerpauschale. Diese wird ab dem 21. Kilometer von 30 Cent pro Kilometer temporär zunächst auf 35 Cent, dann auf 38 Cent pro Kilometer angehoben. Davon profitieren speziell Besserverdienende, da diese tendenziell weiter pendeln und zusätzlich hohe Grenzsteuersätze zum Anschlag bringen können. Die ergänzende, auf Jahreseinkommen von bis zu 9.400 Euro begrenzte „Mobilitätsprämie" sorgt zwar dafür, dass auch Geringverdienende ab dem 21. Kilometer entlastet werden können. Dies betrifft jedoch nur einen sehr kleinen Personenkreis, und die Entlastung ist dann auch nur schwach.

Ein weiterer Designfehler ist es, energetische Gebäudesanierungen nicht über einkommensunabhängige und direkte Zuschüsse oder verbilligte Kredite zu fördern, sondern über die Einkommensteuer mit der Steuerschuld verrechnen zu lassen. So gehen all jene Wohneigentümerinnen und Wohneigentümer leer aus, die keine oder wenig Steuern zahlen, insbesondere viele Haushalte von Rentnerinnen und Rentnern.

Eine progressive Wirkung wird dagegen die aus der CO_2-Bepreisung finanzierte Senkung der EEG-Umlage haben, wobei Unternehmen stärker noch als Privathaushalte davon profitieren werden. Die Rückverteilung über die EEG-Umlage setzt allerdings im Gegensatz zur Pro-Kopf-Rückverteilung Anreize für einen höheren Stromverbrauch, zudem werden Eltern oder Alleinerziehende mit Kindern weniger stark entlastet.

Laut Knopf (2020) werden die Belastungen für das unterste Einkommensfünftel durch die von der Bundesregierung beschlossenen Begleitmaßnahmen zwar spürbar gesenkt. Im Jahr 2025 wird den Rechnungen zufolge aber das zweite Einkommensfünftel mit fast einem halben Prozent des Netto-Einkommens belastet, während in der oberen Einkommenshälfte die prozentuale Belastung wieder abnimmt. Im Ergebnis wird damit relativ gesehen die Mittelschicht am stärksten belastet, und die gutverdienenden Haushalte, die tendenziell nicht nur den größten ökologischen Fußabdruck haben, sondern sich Klimaschutz auch problemlos leisten könnten, werden ungerechtfertigt geschont.

Zu ganz ähnlichen Ergebnissen mit Blick auf das Klimapaket der Bundesregierung kommen Bach et al. (2020). Während die Gesamtbelastungen bei geringen und mittleren Einkommensbezieherinnen und -beziehern bei rund 0,5 Prozent des Haushaltsnettoeinkommens liegen, sinken sie ab dem achten Einkommensdezil der Haushalte und fallen im obersten Dezil auf unter 0,3 Prozent. Werden nur Pendlerhaushalte oder Haushalte mit Ölheizungen betrachtet, sind die regressiven Verteilungswirkungen noch deutlich ausgeprägter.

2.5 Geht es auch ohne CO$_2$-Steuer?

Es ist klar, dass die Preissteuerung von vielen Ökonominnen und Ökonomen überschätzt wird und Verbrauchsteuern regressiv wirken. Auch wenn die Verteilungswirkung durch einen Öko-Bonus korrigiert und durch ein Mobilitätsgeld, Härtefallregeln und andere Maßnahmen ausbalanciert werden kann, stellt sich die Frage: Wenn die Steuer lediglich flankierenden Charakter hat und Ge- und Verbote bzw. Förderprogramme sowie der Ausbau neuer Energieinfrastrukturen viel zentraler sind – ist sie dann nicht ganz entbehrlich?

Auch wenn Menschen ihre Handlungen nicht so exakt durchkalkulieren, wie es der klassische *homo oeconomicus* unterstellt, spielen Preise bei Kaufentscheidungen eine wichtige Rolle. Aus ökologischer

Sicht ist das Preissystem, das im Zentrum wirtschaftlicher Aktivitäten steht, systematisch verzerrt. Obwohl schon jetzt immense Schäden aus der Emission von Treibhausgasen zu verzeichnen sind, die in Zukunft weiter anwachsen werden, sind diese Schäden in den Sektoren Wärme, Verkehr und Landwirtschaft bisher nicht und in den Sektoren Strom und Industrie nur ansatzweise über das EU-ETS in den Preisen erfasst. Solange diese Schieflage nicht beseitigt ist, wird jedes klimafreundliche Produkt einem klimaschädlichen gegenüber unfair benachteiligt.

Eine grundsätzlich sinnvolle Maßnahme wie ein Verbot von Verbrennungsmotoren für Neufahrzeuge würde zwar alle Neuwagenkäuferinnen und -käufer danach abrupt zum Kauf teurerer Modelle zwingen. Zugleich würden ohne Verteuerung von Kraftstoffen vor diesem Zeitpunkt alle möglichen Investitionen in spritsparende Autos hinausgeschoben bzw. würde ein massenhafter Abverkauf von Diesel- und Benzin-Pkws kurz vor dem Verbotsdatum drohen – ähnlich wie bei der Glühbirne. Eine flankierende CO_2-Steuer wirkt dagegen graduell und stetig.

Es ist zudem unwahrscheinlich, dass eine Politik allein mit ordnungsrechtlichen Maßnahmen so vorausschauend sein wird, dass keine Lücken, Ungereimtheiten und Ungerechtigkeiten auftreten. Die Gefahr, dass Gesetzeslücken ausgenutzt oder Fehlanreize gesetzt werden, wird durch einen CO_2-Preis als Leitplanke zwar nicht gebannt, aber abgemildert.

Dazu kommt, dass niemand genau weiß, welche Technologie in zehn oder zwanzig Jahren welchen Beitrag zum Klimaschutz leisten kann. Die Politik kommt zwar nicht umhin, mit Infrastrukturentscheidungen, Förderinstrumenten und konkreten Vorgaben eine Richtung vorzugeben. Dies ist aber schwierig, weil sie alle möglichen Felder im Blick behalten muss und beim Versuch, das Tempo zu bestimmen, die Industrie, die viele Technologien letztlich bis zur Marktreife entwickeln muss, ihr gegenüber einen Informationsvorsprung besitzt. Die CO_2-Steuer als technologieoffenes Instrument greift jedoch unmittelbar und universell.

Soll die CO_2-Steuer Ungleichheiten nicht weiter vertiefen – oder wenn möglich sogar verringern –, braucht es einen sozialen Ausgleich.

Was die Belastung der Verbraucherinnen und Verbraucher betrifft, kann eine Parallele zum gesetzlichen Mindestlohn gezogen werden. Dieser ist auch nicht falsch, obwohl er Haarschnitte, Blumen zum Muttertag, Grillwürste zum Vatertag und andere Dinge des Alltagsbedarfs verteuert. Und er soll aus guten Gründen noch auf zwölf Euro angehoben werden, obwohl das etwa Rentnerinnen, Rentner und Studierende, also Personengruppen mit tendenziell wenig Geld in der Haushaltskasse, finanziell belasten würde. Man hört aus der gesellschaftlichen Linken auch keine Forderung nach einer Abschaffung der Tabaksteuer, obwohl diese eine regressive Verbrauchsteuer mit erheblichem Aufkommen ist (14 Milliarden Euro in 2018), weil Tabakkonsum erwiesenermaßen für aktiv und passiv Rauchende schädlich ist. Ähnlich wie bei der weithin akzeptierten Tabaksteuer, bei der nur noch über die Höhe gestritten wird, dürfte auch bei einer CO$_2$-Steuer nach einigen Jahren nur noch über die Höhe und die konkrete Ausgestaltung und nicht mehr über die Steuer an sich diskutiert werden. Und wenn eine CO$_2$-Steuer abgelehnt wird, weil sie hierzulande Produkte verteuert, dann müssten folgerichtig auch alle Kampagnen für einen fairen Handel mit dem globalen Süden eingestellt werden – was aus emanzipatorischer Sicht unvorstellbar wäre.

Die Diskussionen über die sozialen Folgen der CO$_2$-Bepreisung drehen sich fast ausschließlich um in Deutschland lebende Pendlerinnen und Pendler, mit Öl Heizende und generell Frustrierte. Die damit verbundenen Sorgen sind auch gerechtfertigt. Das Befremdliche dabei ist, dass die soziale Frage in der öffentlichen Diskussion allein auf die nationale Ebene beschränkt wird. Wie kaum ein anderes ist der Klimawandel aber ein globales Problem. Diejenigen, welche die Folgen der Erderhitzung ertragen müssen, werden zu 99 Prozent nicht in Deutschland wohnen, viele von ihnen werden weder Auto noch Heizung oder Klimaanlage besitzen, sondern in extremer Armut leben und in zunehmendem Maß mit Überschwemmungen, Dürren, Stürmen und anderen Bedrohungen ihrer Lebensgrundlagen konfrontiert werden. Bei der Frage, wie diesen Menschen geholfen werden kann, gibt es erschreckende Leerstellen – nicht jedoch bei der Frage, ob eine CO$_2$-Steuer hierzulande sozialverträglich ausgestaltet werden kann.

Literatur

Agora Verkehrswende/Agora Energiewende (2019): Klimaschutz auf Kurs bringen: Wie eine CO_2-Bepreisung sozial ausgewogen wirkt, Berlin.

Bach, Stefan et al. (2019): Für eine sozialverträgliche CO -Bepreisung. Deutsches Institut für Wirtschaftsforschung, Politikberatung kompakt Nr. 138, Studie im Auftrag des Bundesministeriums für Umwelt, Naturschutz und nukleare Sicherheit (BMU).

Bach, Stefan et al. (2020): Nachbesserungen beim Klimapaket richtig, aber immer noch unzureichend – CO_2-Preise stärker erhöhen und Klimaprämie einführen, Deutsches Institut für Wirtschaftsforschung, DIW aktuell Nr. 27, Berlin.

CO_2 Abgabe e.V. (2019): Energiesteuern klima- & sozialverträglich gestalten – Wirkungen und Verteilungseffekte des CO_2-Abgabekonzeptes auf Haushalte und Pendelnde. Studie in Zusammenarbeit mit dem Institut für Soziologie, Ludwig-Maximilians-Universität München.

Gechert, Sebastian et al. (2019): Wirtschaftliche Instrumente für eine klima- und sozialverträgliche CO_2-Bepreisung. LOS 2: Belastungsanalyse, vorläufige Fassung des Abschlussberichts, Institut für Makroökonomie und Konjunkturforschung, Studie im Auftrag des Bundesministeriums für Umwelt, Naturschutz und nukleare Sicherheit (BMU).

Klinski, Stefan/Keimeyer, Friedhelm (2019): Zur finanzverfassungsrechtlichen Zulässigkeit eines nationalen Zertifikatehandels für CO_2-Emissionen aus Kraft- und Heizstoffen, https://www.oeko.de/fileadmin/oekodoc/Verfassungsrecht_Emissionshandel_Gebaeude-Verkehr.pdf.

Knopf, Brigitte (2020): Das deutsche Klima-Finanzpaket, MCC Common Economics Blog, https://blog.mcc-berlin.net/post/article/das-deutsche-klima-finanzpaket-im-ueberblick.html.

März, Steven (2018): Private Kleinvermieter – Ein vergessener Akteur auf dem Weg zur Wärmewende?! Energiewirtschaftliche Tagesfragen, 68. Jahrgang, Heft 3, S. 17–21.

Matthes, Felix (2019): Ein Emissionshandelssystem für die nicht vom EU-ETS erfassten Bereiche: Praktische Umsetzungsthemen und zeitliche Erfordernisse, Studie erstellt im Auftrag von Agora Energiewende, Berlin.

Sachverständigenrat zur Begutachtung der gesamtwirtschaftlichen Entwicklung (2019): Aufbruch zu einer neuen Klimapolitik. Sondergutachten.

Schulmeister, Stephan (2019): CO$_2$-Emissionen müssen stetig teurer werden – durch Festlegung eines Preispfads für Erdöl, Kohle und Erdgas. Mit CO$_2$-Steuern und/oder dem Emissionshandel ist das Ziel nicht erreichbar, https://stephanschulmeister.wifo-pens.at/fileadmin/homepage_schulmeister/files/Klima_Preissignale_12_2019.PDF.

Zerzawy, Florian/Fiedler, Swantje (2019): Lenkungs- und Verteilungswirkungen einer klimaschutzorientierten Reform der Energiesteuern. Forschungsvorhaben „Künftige Finanzierung der Energieversorgung aus erneuerbaren Energien" im Auftrag des Bundesministeriums für Umwelt, Naturschutz und nukleare Sicherheit (BMU), Forum Ökologisch-Soziale Marktwirtschaft, https://foes.de/pdf/2019-07-FOES_CO2Preis_Hintergrundpapier_BMU.pdf.

3 Schuldenbremse: Investitionsbedarfe erfordern Alternative

Die Schuldenbremse dominiert aktuell in Deutschland das regierungsoffizielle Handeln. Allerdings ist die Senkung der staatlichen Schuldenquote von 82 auf etwa 60 Prozent des Bruttoinlandsprodukts kaum auf die seit dem Jahr 2011 für den Bund geltende Schuldenbremse zurückzuführen. Vielmehr zeigt die Analyse, dass die staatlichen Ausgaben – insbesondere durch die politisch gewollte Verschärfung in Form der sogenannten schwarzen Null – deutlich hinter den unter der Schuldenbremse möglichen Ausgaben zurückbleiben. Dies geht auch auf erhebliche Probleme bei der Umsetzung von Ausgabenprogrammen und öffentlichen Investitionen zurück.

Nach dem Ende ihrer Anpassungsphase sind auch die Bundesländer seit diesem Jahr der Schuldenbremse mit einem kompletten Verbot der Nettokreditaufnahme unterworfen. Nun wird sich immer deutlicher zeigen, dass die Schuldenbremse eine Investitionsbremse ist. Neue Spielräume im Rahmen der bestehenden Schuldenbremse könnten einerseits durch neue Regelungen zur konjunkturellen Steuerung im Ausführungsgesetz geschaffen werden, andererseits auch durch Extrahaushalte und einen neu zu schaffenden Investitionsfonds. Diese Vorschläge sind allerdings mit höheren Zinsen und weniger parlamentarischer Kontrolle verbunden; sie sind deshalb nur die zweitbeste Lösung. Besser wäre eine Neuregelung im Grundgesetz, für die auch ein konkreter Vorschlag entwickelt wird.

3.1 Was sind die fiskalpolitischen Herausforderungen in Deutschland?

Nach einem zehnjährigen kräftigen Aufschwung ist die deutsche Volkswirtschaft im Jahr 2019 ins Stottern geraten. Es scheint, dass der Aufschwung in diesem Jahr zwar weitergeht, aber in abgeschwächter

Form, verbunden mit vielen Unsicherheiten. Fiskalpolitisch könnte 2020 ein Jahr des Umbruchs werden: Die „schwarze Null" und auch die Schuldenbremse des Grundgesetzes stehen zur Debatte. Der Rückstau an öffentlichen Investitionen und ein großer, noch zu bewältigender Berg an Zukunftsinvestitionen prägen das Bild. Der Geldpolitik geht nach zehn Jahren Nullzinspolitik und nach der zweiten Phase des Anleihenankaufs die Schubkraft aus, sodass der Ruf nach einer aktiveren Fiskalpolitik lauter wird. Die Europäische Kommission und der Internationale Währungsfonds sind mit der deutschen fiskalpolitischen Zurückhaltung unzufriedener denn je. In Brüssel wird an der Überarbeitung der EU-Fiskalregeln gearbeitet.

3.2 Deutsche Staatsverschuldung – wie es zum Sinkflug nach 2010 kam

Im Zuge der Finanzkrise stiegen die Bruttoschulden des Gesamtstaates (Bund, Länder, Gemeinden, Sozialversicherungen, Extrahaushalte) von 64 auf 82 Prozent des BIP im Jahre 2010 (vgl. die Abbildung auf Seite 169). Seitdem sind sie wieder stark gesunken. Im Jahr 2019 wurde aktuellen Schätzwerten zufolge die seit dem Maastricht-Vertrag für alle Eurostaaten geltende Obergrenze von 60 Prozent des BIP unterschritten.

Das deutsche gesamtstaatliche Haushaltsdefizit stieg in der Finanzkrise bis zum Jahr 2010 auf 4,4 Prozent des BIP. Trotz des Überschreitens der Defizitgrenze von 3 Prozent des BIP nach dem Maastricht-Vertrag war dieses Defizit deutlich geringer als in den meisten OECD-Ländern außerhalb der Eurozone. Ab dem Jahr 2012 wurde aus dem Defizit dann aber ein Überschuss, der bis zum Jahr 2018 auf fast 2 Prozent des BIP anschwoll. Mehr als die Hälfte des Überschusses stammte aus den Sozialversicherungen. Beim Bund gab es seit 2014 keine Nettokreditaufnahme mehr. Dies wird irreführend „schwarze Null" genannt, obwohl seit inzwischen sechs Jahren sogar leichte Überschüsse verzeichnet werden. In der mittelfristigen Finanzplanung des Bundes ist eine fortgesetzte Nettokreditaufnahme von null bis 2023 vorgesehen.

Die „schwarze Null", die geradezu zum Symbol einer angeblich soliden Haushaltsführung mutiert ist, betrifft nicht nur den Bund. Seit 2014 wird sie in Summe bei den Ländern, seit 2015 auch bei den Gemeinden und schon länger bei den Sozialversicherungen realisiert. Im Jahr 2018 verteilte sich der gesamtstaatliche Finanzierungsüberschuss von 1,9 Prozent des BIP zu 0,5 Prozentpunkten auf die Sozialversicherungen, zu 0,6 Prozentpunkten auf den Bund und zu je 0,4 Prozentpunkten auf die Länder und die Gemeinden. 40 Prozent der Überschüsse im Zeitraum von 2014 bis 2018 wurden zur Schuldentilgung verwendet, aber das waren nur etwa 2,2 Prozentpunkte der im Zeitraum von 2010 bis 2018 insgesamt um fast 19 Punkte gesunkenen gesamtstaatlichen Schuldenquote (vgl. die folgende Abbildung).

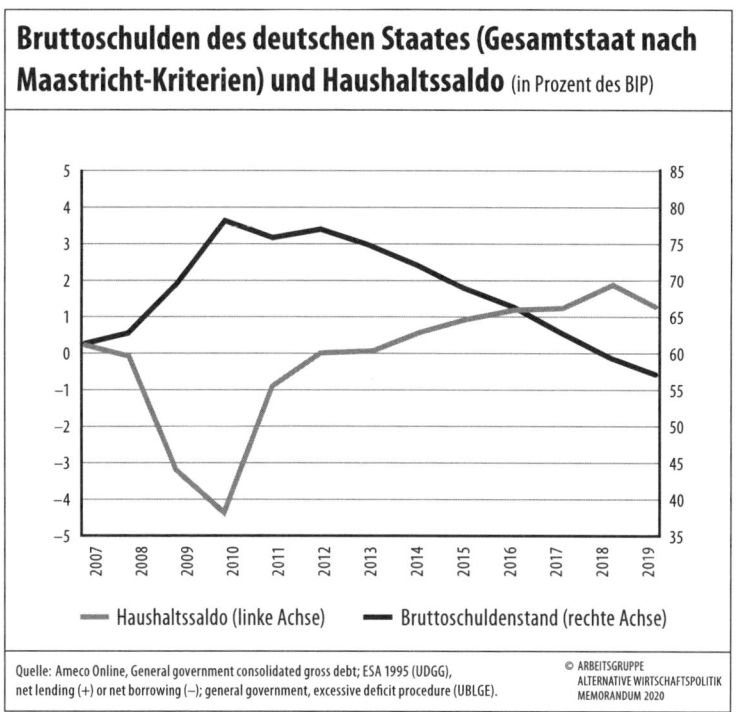

Bruttoschulden des deutschen Staates (Gesamtstaat nach Maastricht-Kriterien) und Haushaltssaldo (in Prozent des BIP)

Haushaltssaldo (linke Achse) Bruttoschuldenstand (rechte Achse)

Quelle: Ameco Online, General government consolidated gross debt; ESA 1995 (UDGG), net lending (+) or net borrowing (–); general government, excessive deficit procedure (UBLGE).

© ARBEITSGRUPPE ALTERNATIVE WIRTSCHAFTSPOLITIK MEMORANDUM 2020

Der Primärsaldo des Staates, also Staatsausgaben ohne Zinszahlungen auf Schulden minus Einnahmen, gilt als politisch durch die Haushaltspolitik beeinflussbar (genau genommen der konjunkturbereinigte, also der strukturelle Primärsaldo). Die Zinszahlungen dagegen sind nicht direkt von der aktuellen Politik beeinflussbar, da sie wesentlich von den Zinssätzen auf die Kredite/Anleihen bestimmt sind, die noch bis zum Ende der Laufzeit bedient werden müssen. Die Abbildung auf Seite 171 zeigt, dass nach der Finanzkrise, d. h. seit dem Jahr 2010, der Primärsaldo stark gestiegen ist.

Die Überschüsse im Staatshaushalt kamen zu einem erheblichen Teil durch die stark gesunkenen Zinszahlungen auf öffentliche Schulden infolge der anhaltenden Niedrigzinspolitik der Europäischen Zentralbank (EZB) zustande (MEMORANDUM 2018, S. 207f.). Wegen der langen Laufzeiten der in früheren Jahren oder Jahrzehnten emittierten Staatsanleihen dauert es viele Jahre, bis sich bei der Anschlussfinanzierung („rollover") die neuen Niedrigzinsen vollends durchsetzen. Da bei nahezu allen Staatsschulden am Ende der Laufzeit eine Anschlussfinanzierung durch Neuverschuldung erfolgt, sinkt die Zinslastquote im

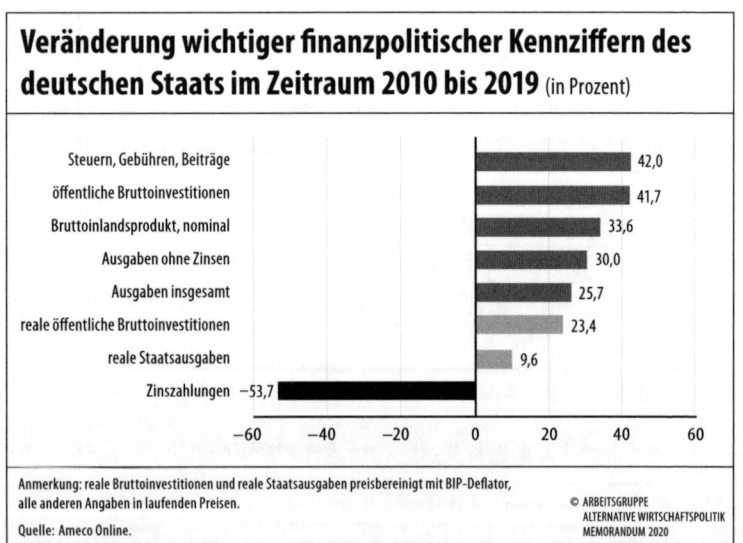

Veränderung wichtiger finanzpolitischer Kennziffern des deutschen Staats im Zeitraum 2010 bis 2019 (in Prozent)

Steuern, Gebühren, Beiträge	42,0
öffentliche Bruttoinvestitionen	41,7
Bruttoinlandsprodukt, nominal	33,6
Ausgaben ohne Zinsen	30,0
Ausgaben insgesamt	25,7
reale öffentliche Bruttoinvestitionen	23,4
reale Staatsausgaben	9,6
Zinszahlungen	−53,7

Anmerkung: reale Bruttoinvestitionen und reale Staatsausgaben preisbereinigt mit BIP-Deflator, alle anderen Angaben in laufenden Preisen.

Quelle: Ameco Online.

© ARBEITSGRUPPE ALTERNATIVE WIRTSCHAFTSPOLITIK MEMORANDUM 2020

Fall einer dramatischen Zinssenkung massiv. Faktisch bewirkt die EZB somit eine durchaus wirksame Entlastung der öffentlichen Haushalte. Der Zinssatz auf Staatsschulden („impliziter Zins") sank in Deutschland von 4,2 Prozent im Jahr 2008 auf 1,4 Prozent im Jahr 2019, die Zinslast im gleichen Zeitraum von 68 Milliarden Euro – der bislang höchsten Zinslast – auf 29 Milliarden Euro. Sie wird weiter sinken, weil Staatsanleihen derzeit mit einem Minuszins emittiert werden können. Fraßen die Zinsausgaben im Jahr 2010 noch 5,1 Prozent der Staatsausgaben auf, waren es 2019 nur noch 1,9 Prozent. Gleichzeitig stiegen die Staatseinnahmen noch viel stärker als die Ausgaben (vgl. die Abbildung auf Seite 170).

Die Abbildung auf dieser Seite erklärt in Verbindung mit der Formel im Kasten auf den Seiten 173f. die wesentlichen Gründe für das Sinken der Staatsschuldenquote. Die Veränderung des Schuldenstandes eines Landes hängt von drei Bestimmungsgrößen ab:

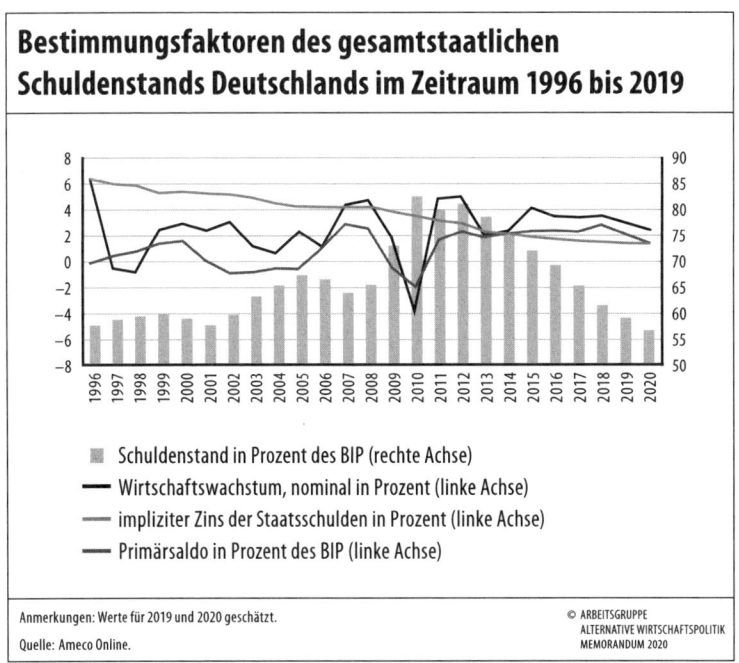

Bestimmungsfaktoren des gesamtstaatlichen Schuldenstands Deutschlands im Zeitraum 1996 bis 2019

▪ Schuldenstand in Prozent des BIP (rechte Achse)
— Wirtschaftswachstum, nominal in Prozent (linke Achse)
— impliziter Zins der Staatsschulden in Prozent (linke Achse)
— Primärsaldo in Prozent des BIP (linke Achse)

Anmerkungen: Werte für 2019 und 2020 geschätzt.
Quelle: Ameco Online.

© ARBEITSGRUPPE
ALTERNATIVE WIRTSCHAFTSPOLITIK
MEMORANDUM 2020

- von der Differenz aus dem durchschnittlichen Zinssatz auf Staatsschulden und der Wachstumsrate des nominalen BIP, gewichtet mit
  der Schuldenquote des Ausgangsjahres,
- vom Primärsaldo und
- von speziellen Ausgaben oder Einnahmen, die nicht in den Haushalt
  direkt eingehen – in den vergangenen Jahren vor allem die Übernahme von Risikoaktiva durch staatliche Bad Banks, aber auch
  Bankenrekapitalisierungen sowie Hilfskredite und Kapitalanteile
  der Eurorettungsschirme EFSF und ESM; im Jahr 2012 erreichten
  die entsprechenden schuldenstandswirksamen Belastungen ihren
  Höchstwert von 360 Milliarden Euro bzw. 13,1 Prozent des BIP
  und wurden bis Ende des Jahres 2017 auf 282 Milliarden Euro bzw.
  8,7 Prozent des BIP reduziert (vgl. Deutsche Bundesbank 2018).

Die Schuldenquote steigt umso stärker, je größer der Zins in der Differenz zum nominalen Wirtschaftswachstum und je niedriger der Primärsaldo ist. Ein erheblicher Teil des Schuldenanstiegs von 2009 und
2010 kam durch die dritte Bestimmungsgröße zustande, die direkt mit
den Kosten der Finanzkrise zusammenhängt. Da seit dem Jahr 2011
das Wachstum des BIP in Deutschland deutlich über dem Zins liegt und
zugleich der Primärsaldo deutlich positiv geworden ist (und zugleich
als Sonderfaktor die der staatlichen Schuldenquote zugeschlagenen
Verbindlichkeiten der staatlichen Bad Banks stark reduziert wurden),
sinkt die Schuldenquote in rasantem Tempo. Aus der Abbildung auf
Seite 171 lässt sich auch der starke Schuldenanstieg im Zeitraum von
2001 bis 2005 erklären: Damals war die deutsche Volkswirtschaft mit
17 Quartalen (realem) Nullwachstum konfrontiert, was nicht zuletzt
durch „Lohnzurückhaltung", massive Steuersenkungen und fiska-
lische Austerität verursacht wurde, wobei das Zinsniveau deutlich
über der nominalen Wachstumsrate lag.

Infolge antizyklischer Politik, aber auch wegen der Kosten der Krise,
waren die primären Staatsausgaben in der Krise in den Jahren 2007
bis 2010 deutlich gestiegen (vgl. die Abbildung auf Seite 173). Trotz
der ab dem Jahr 2011 für den Bund geltenden Schuldenbremse und
ihrer Verschärfung durch die „schwarze Null" sind die realen primären

Reale primäre Staatsausgaben, öffentliche Brutto-investitionen und Zinslast des deutschen Staats im Zeitraum 2000 bis 2019

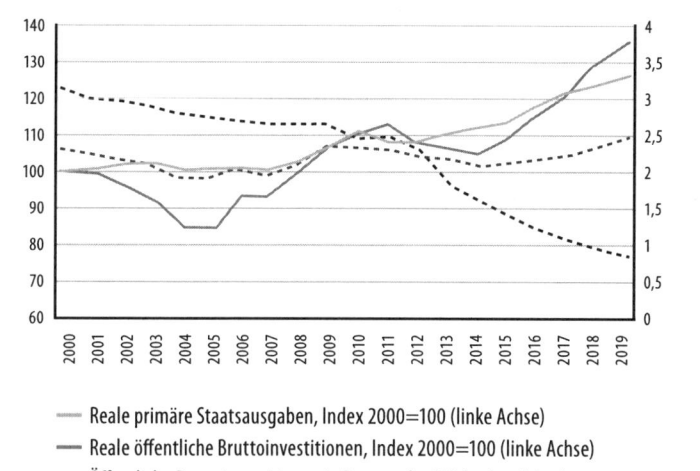

— Reale primäre Staatsausgaben, Index 2000=100 (linke Achse)
— Reale öffentliche Bruttoinvestitionen, Index 2000=100 (linke Achse)
--- Öffentliche Bruttoinvestitionen in Prozent des BIP (rechte Achse)
--- Zinslastquote in Prozent des BIP (rechte Achse)

Anmerkungen: Reale primäre Staatsausgaben: Staatsausgaben ohne Zinsen auf
Staatsschulden, preisbereinigt mit dem BIP-Deflator (ebenso reale Bruttoinvestitionen);
Zinslastquote: Zinsausgaben auf Staatsschulden in Prozent des BIP.

Quelle: Ameco Online.

© ARBEITSGRUPPE
ALTERNATIVE WIRTSCHAFTSPOLITIK
MEMORANDUM 2020

Bestimmungsgrößen des Schuldenstands

Die Bruttoschulden des Staates zum Zeitpunkt t, in Prozent des BIP, seien d_t. r sei der durchschnittliche Zinssatz auf Staatsschulden, g die nominale Wachstumsrate. Die Bruttoschulden würden bei Nullwachstum um rd_{t-1} anwachsen, sofern die Zinsen nicht durch Steuern, d. h. mit einem (in Prozent zum BIP angegebenen) Primärüberschuss p_t finanziert werden. Durch nominales

173

Wirtschaftswachstum wächst der Nenner der Schuldenquote. Je höher das Wachstum g, desto leichter können die Zinsen auf Staatsanleihen finanziert werden; daher kommt es auf den Term *(r-g)* an. Die Bildung von Sondervermögen, die nicht im Haushalt dargestellt werden, würde den Schuldenstand zusätzlich erhöhen (hier nicht enthalten). Da es hier um langfristige Beziehungen geht, werden auch konjunkturelle Faktoren nicht beachtet. Gemäß der Herleitung in Priewe (2020) gilt näherungsweise: $d_t - d_{t-1} = (r\text{-}g)d_{t-1} - p_t$.

Wir unterstellen, dass die Staatsanleihen bei Fälligkeit mithilfe neuer Anleihen in gleicher Höhe getilgt werden. Der Schuldenstand erhöht sich nicht, wenn bei $r > g$ der erste Term auf der rechten Seite exakt durch einen Primärsaldo > 0 ausgeglichen wird. Ist aber $r < g$, kann sich eine Volkswirtschaft ein permanentes Primärdefizit bei stabiler Schuldenquote leisten. Das heißt, die eigentlichen, also „primären" Staatsausgaben können ständig durch Defizite mitfinanziert werden. Die Gleichung und ihre Interpretation beruhen auf der Schuldenanalyse des keynesianischen US-Ökonomen Evsey Domar (1944).

Man kann die Schuldenanalyse auch vereinfachen, indem man eine konstante Schuldenquote d^* unterstellt, sodass die Schulden im gleichen Tempo wie das BIP wachsen. Dann gilt $b^* = gd^*$. b^* ist das gleichgewichtige Haushaltsdefizit (in Relation zum BIP), sofern $d = d^*$ ist. Daraus lässt sich ableiten, dass bei konstantem Wachstum von g^* und bei einem konstanten Budgetdefizit von b^* der Schuldenstand zu d^* konvergiert, selbst wenn d anfänglich größer oder kleiner als d^* ist: $b^*/g^* \to d^*$.

Konkret heißt das, dass bei 3 Prozent nominalem Wachstum (1,0 Prozent real, 2 Prozent Inflation) und 1,8 Prozent Haushaltsdefizit der Schuldenstand zu 60 Prozent tendiert: 1,8/3,0 = 0,6. Bei Wachstum von 3,5 Prozent tendiert der Schuldenstand zu 51 Prozent.

Staatsausgaben nach 2010 noch weiter gestiegen, allerdings mit jahresdurchschnittlich 1,4 Prozent (2012–2019) etwas langsamer als das reale BIP (1,6 Prozent). Erhebliche Spielräume verschaffte die vom Jahr 2000 bis zum Jahr 2019 um 2,3 Prozentpunkte gesunkene Zinslast. Die öffentlichen Bruttoinvestitionen (nominal) relativ zum BIP sanken in den frühen 2000er-Jahren auf 1,9 Prozent, stiegen dann aber wieder auf 2,5 Prozent des BIP. Ab 2014 zogen auch die realen öffentlichen Bruttoinvestitionen kräftig an.

Aus Sicht der Verfechterinnen und Verfechter von „schwarzer Null" und Schuldenbremse lassen sich nach 2010 keine Bremsspuren bei den Investitionen erkennen. Die relativ gute Entwicklung war allerdings der Binnenkonjunktur, steigenden Exportüberschüssen bis 2017 und der geringeren Zinslast, also der EZB, geschuldet. Verschwiegen wird außerdem, dass sich ein riesiger Stau an öffentlichen Investitionen aufgebaut hat, der politisch von den großen Koalitionen auf Bundesebene nicht einmal ansatzweise angegangen wurde.

Auf gesamtstaatlicher Ebene sind auch in den Jahren 2019 und 2020 noch Haushaltsüberschüsse vorhanden. Dazu trägt auch bei, dass vorhandene Investitionsfonds wie auch Gelder aus anderen Haushaltstiteln nicht abgerufen werden, sowohl beim Bund als auch bei den Ländern. Die Schätzungen belaufen sich für dieses Jahr auf 20 bis 30 Milliarden Euro (Handelsblatt vom 07.01.2020). Gründe sind vor allem unzulängliche Planungskapazitäten, zu langwierige Genehmigungsprozesse, ein Fachkräftemangel, ein Mangel an Ko-Finanzierungsmitteln in Gemeinden und eine allgemeine Unsicherheit in Bezug auf die längerfristige Entwicklung. Aktuell sind es nicht nur die „schwarze Null" oder die Schuldenbremse, welche die – sehr bescheiden geplanten – Investitionstätigkeiten verlangsamt. Auch unzureichende Kapazitäten in der kleinteiligen Struktur der Bauwirtschaft mit vielen Handwerksbetrieben, Versäumnisse bei der Ausbildung, fehlende Arbeitserlaubnisse bei Migrantinnen und Migranten und anderes mehr tragen zu Angebotsproblemen bei. Den Fokus allein auf öffentliche Investitionsmittel zu richten, hilft nicht weiter – es geht auch um Personal und Fachkräfte im öffentlichen Dienst, deren Entlohnung attraktiver sein muss, und um Bürokratieabbau im Planungs- und Entscheidungsprozess. Aktuell befeuern die hohen Überschüsse den Ruf nach Steuersenkungen – besonders bei Unternehmenssteuern.

In dieser Sichtweise, wie sie die Bundesregierung und die sie tragenden Parteien vertreten, baut die Kritik an der „schwarzen Null" und der Schuldenbremse nur auf Scheinproblemen auf. Das gesamte Bild sieht allerdings vollständig anders aus, wenn man die Überschüsse und nicht ausgenutzten Haushaltsmittel mit den Bedarfen an öffentlichen Ausgaben und dem konfrontiert, was ökonomisch möglich und machbar wäre.

3.3 Zur Kritik von „schwarzer Null" und deutscher Schuldenbremse

Die *Arbeitsgruppe Alternative Wirtschaftspolitik* hat seit 2008 in jedem Jahresmemorandum die negativen volkswirtschaftlichen Wirkungen der Schuldenbremse sowie der europäischen Fiskalregeln aufgezeigt und deren Abschaffung gefordert, zuletzt ausführlich im MEMORANDUM 2018 im Kapitel „Schuldenbremse: Investitionsoffensive statt ‚schwarzer Null'". Im Folgenden sollen viele der dort vorgebrachten Argumente noch einmal wiederholt und an einigen Stellen ergänzt werden (vgl. auch Hickel 2019).

3.3.1 Das Labyrinth der Begriffe und des Rechts

Die Bundeszentrale für politische Bildung definiert eine „schwarze Null" – unter Bezug auf den „Duden Wirtschaft A bis Z" – wie folgt: „Bezeichnung für einen ausgeglichenen öffentlichen Haushalt, bei dem die Ausgaben die Einnahmen nicht übersteigen und kein Anstieg der öffentlichen Schulden, [...] also keine Neuverschuldung, notwendig ist." Diese Definition schließt ein „schwarzes Plus" nicht aus. Bei einem Wachstum des BIP würde sich die Schuldenquote unter einer „schwarzen Null" fortwährend in Richtung null vermindern. Der Koalitionsvertrag von CDU/CSU und SPD von 2018 (Zeile 3029) bekennt sich zum „ausgeglichenen Haushalt" für die laufende Legislaturperiode, ohne den Begriff der „schwarzen Null" zu verwenden. Allerdings wird zugleich die Schuldenbremse befürwortet, was im Widerspruch zur „schwarzen Null" und auch zum „ausgeglichenen Haushalt" steht, da die Schuldenbremse auf Bundesebene eine geringe Neuverschuldung zulässt.

Die Konzeption eines jährlich ausgeglichenen Staatshaushalts gilt in der Wirtschaftswissenschaft fast unisono als unseriös. Zumindest zyklische Defizite, also eine konjunkturelle Komponente in Form automatischer Stabilisatoren, werden allgemein akzeptiert. Auch der deutsche Sachverständigenrat zur Begutachtung der gesamtwirtschaftlichen Entwicklung, die sogenannten Wirtschaftsweisen, hat sich einhellig von der „schwarzen Null" distanziert (SVR 2019).

Die grundgesetzliche Schuldenbremse sieht keine „schwarze Null" vor, sondern fordert einen ausgeglichenen *strukturellen*, also konjunkturbereinigten Haushaltssaldo. Dieser gilt gemäß Grundgesetz beim Bund als realisiert, wenn das strukturelle Defizit nicht größer als 0,35 Prozent des BIP ist. Die Länder dürfen dagegen kein strukturelles Haushaltsdefizit aufweisen. Das Konzept eines permanent ausgeglichenen Haushalts wirkt prozyklisch in einer Rezession und ebenfalls prozyklisch im Aufschwung und in der Hochkonjunktur, würde also konjunkturelle Ausschläge vergrößern. Am Ende des Haushaltsjahres würde wahrscheinlich gar kein ausgeglichener Haushalt erreicht werden, weil der Haushaltssaldo nicht genau vorhersehbar und punktgenau erreichbar ist. Abweichungen von den Vorhersagen sind unterjährig erheblich.

Die *Schuldenbremse* des Grundgesetzes nach den Artikeln 109 und 115, die im Jahr 2009 durch die Föderalismuskommission II ausgearbeitet und von Bundestag und Bundesrat unter Bundesfinanzminister Peer Steinbrück beschlossen (und unter seinem Vorgänger Hans Eichel vorbereitet) wurde, orientiert sich am Prinzip des zyklisch ausgeglichenen Budgets. Messlatte für die zyklische Komponente ist die *Produktionslücke* (Outputlücke), die mit dem von der EU-Kommission angewendeten ökonometrischen Verfahren ermittelt wird (vgl. BMF 2015). Eine negative Produktionslücke – das erwartete BIP liegt dann unter dem Potenzial-Output – lässt automatische Stabilisatoren zu, nicht aber diskretionäre (fallweise) Ausgaben- oder Einnahmenprogramme. Bei einer positiven Outputlücke sollte restriktiv gegengesteuert werden, sodass sich Defizite und Überschüsse ausgleichen („zyklischer Haushaltsausgleich"). Ist der langfristige Wachstumstrend größer als null, würde die Schuldenquote der Bundesländer langfristig gegen null konvergieren. Die gesamtstaatliche Schuldenquote würde bei einem anhaltenden strukturellen Defizit von 0,35 Prozent des BIP zu einem sehr niedrigen Wert konvergieren, in Abhängigkeit von Zinsen und Wirtschaftswachstum realistischerweise zu einem Wert von etwa 12 bis 33 Prozent des BIP (siehe den Kasten auf den Seiten 173f.). Eine Begründung für eine so niedrige Schuldenquote, die im unteren Wert noch unter dem von Anfang der 1950er-Jahre liegt, wurde nirgendwo gegeben.

Die konjunkturelle Komponente der Schuldenbremse bezieht sich nicht nur auf *erwartete* Budgetsalden im Haushaltsplan, sondern auch auf den *Haushaltsvollzug* nach der Verabschiedung des Haushaltsplans. Zu diesem Zweck wurde ein „Kontrollkonto" eingerichtet, das rechnerisch über die faktischen konjunkturellen Salden Buch führt, denn Soll- und Ist-Zahlen können abweichen. Konjunkturbedingte Kreditaufnahmen müssen rasch mithilfe von Überschüssen konsolidiert werden. Wie und wann rechnerische Überschüsse abgebaut werden, bleibt im Ausführungsgesetz zum Artikel 115 (sogenanntes Artikel-115-Gesetz) jedoch unklar.

Für die Begrenzung der Kreditaufnahme des Staates gibt es auch auf europäischer Ebene etliche rechtlich verbindliche Regelungen. Dazu gehört der europäische Stabilitäts- und Wachstumspakt (SWP), der auf den Europäischen Verträgen aufbaut. Eine weitere wichtige Vereinbarung ist der Fiskalvertrag. Dieser völkerrechtliche Vertrag wurde von allen derzeitigen EU-Mitgliedsstaaten ratifiziert (Kroatien und Tschechien traten erst nachträglich in den Jahren 2018 bzw. 2019 bei, das vor kurzem aus der EU ausgetretene Großbritannien gar nicht). Die Verschuldungsregeln des dritten Teils des Fiskalvertrags – der sogenannte Fiskalpakt – binden gleichwohl nur 22 EU-Staaten: sämtliche Eurostaaten sowie Dänemark, Rumänien und Bulgarien.

Diese Systeme weisen unterschiedliche, zum Teil sehr komplexe Regelungen auf. So sehen die Europäischen Verträge (Artikel 126 AEUV und das ergänzende Protokoll Nr. 12) und der Stabilitäts- und Wachstumspakt Grenzwerte von 3 Prozent des nationalen BIP für das Haushaltsdefizit und von 60 Prozent des BIP für den Schuldenstand vor. Abweichungen von den Defizitbeschränkungen sind nur bei Naturkatastrophen oder schweren Krisen zulässig und müssen – gemäß Schuldenbremse, nicht aber gemäß SWP und Fiskalvertrag – mithilfe von Tilgungsplänen rasch wieder konsolidiert werden. Charakteristisch für die Schuldenbremse des Grundgesetzes ist es, dass Defizite und Überschüsse *absolut* zu konsolidieren sind, also nicht im Sinne einer konstanten Schuldenquote.

Für die im Grundgesetz festgeschriebenen Werte des strukturellen, also dauerhaft zulässigen Defizits beim Bund von 0,35 Prozent des BIP und von null bei den Ländern gibt es keine ökonomisch stichhaltigen Begründungen. Es sind symbolische Werte, die für *„gesunde Staatsfinanzen"* stehen sollen. Sie sind niedriger als in den Regeln des europäischen Fiskalvertrags vorgesehen. Dort gilt für Länder mit einem Schuldenstand von 60 Prozent des BIP oder knapp darunter ein maximales strukturelles Defizit des Gesamtstaats von 0,5 Prozent des BIP als Grenze, für Länder „deutlich" unter 60 Prozent des BIP beträgt die Grenze 1,0 Prozent des BIP, während Länder mit einem Schuldenstand über 60 Prozent des BIP einen strukturellen Haushaltssaldo von null oder Überschüsse aufweisen müssen, um sich der 60-Prozent-Grenze in längstens 20 Jahren zu nähern (vgl. Priewe 2020).

Auf das Jahr 2019 bezogen heißt dies, dass der Bund laut Schuldenbremse 12 Milliarden Euro Spielraum für ein strukturelles Defizit hatte (laut Fiskalvertrag 17 Milliarden Euro) – aber Deutschland verzeichnete nach der Berechnungsmethode der EU-Kommission einen gesamtstaatlichen Überschuss von 1,1 Prozent (ein Überschuss existiert bereits, wie erwähnt, seit 2012). Im Jahr 2019 konnte also ein Wertschöpfungspotenzial von 1,4 Prozent des BIP, etwa 50 Milliarden Euro, nicht genutzt werden, das im Rahmen der Vorschriften für die Schuldenbremse hätte genutzt werden können. So gesehen hat nicht die Schuldenbremse das Wachstum der Staatsausgaben gebremst, sondern die Spielräume, welche die Schuldenbremse bzw. die europäischen Fiskalregeln bislang ermöglichten, wurden – politisch gewollt – nicht genutzt oder konnten aus anderen Gründen nicht genutzt werden.

Wegen des engen Korsetts für das erlaubte strukturelle Defizit erscheint die deutsche Schuldenbremse strenger als die Vorgaben des EU-Stabilitätspaktes (SWP) und des Fiskalvertrags. Aber dieser Eindruck täuscht etwas. Die Schuldenbremse bezieht sich auf den Kernhaushalt des Bundes sowie auf dessen Extrahaushalte und neue Sondervermögen. Bei den Bundesländern sind es die Kernhaushalte und die Extrahaushalte der Länder, wobei die Länder bestimmen können, welche Extrahaushalte unter die Schuldenbremse fallen sollen. Die Gemeinden fallen dagegen nicht unter die Schuldenbremse, ebenso wenig die Sozialversicherungen. Der SWP und der Fiskalvertrag beziehen sich indessen auf den Gesamtstaat, also Bund, Länder, Gemeinden, Sozialversicherungen, Kernhaushalte und einen Teil der Extrahaushalte. Da um die Kernhaushalte der Gebietskörperschaften in allen EU-Mitgliedsländern eine Menge staatliche und halbstaatliche Fonds, Betriebe und Unternehmen existieren, musste eine einheitliche Abgrenzung des Staatssektors aufgrund der Daten der Volkswirtschaftlichen Gesamtrechnung erfolgen. Diese scheinbar technisch-statistische Abgrenzung hat allerdings große wirtschaftspolitische Bedeutung (Schmidt u. a. 2017).

Unter *Extrahaushalten* versteht die EU-Kommission in Verbindung mit den statistischen Ämtern Folgendes: Fonds, Einrichtungen und sonstige Betriebe gehören zum Staatssektor und fallen damit unter die Regelungen des SWP, wenn sie vom Staat kontrolliert werden und sogenannte Nichtmarktproduzenten sind. Letzteres bedeutet, vereinfacht gesagt, dass sie ihre Umsätze überwiegend, also zu mehr als 50 Prozent, mit dem Staat machen müssen bzw. ihre Kosten überwiegend vom Staat gedeckt werden (Eurostat 2019). Unselbstständige Betriebe sind automatisch Teil des Kernhaushalts. Haben Betriebe aber eine eigene Rechtsform, etwa als Körperschaft des öffentlichen Rechts, können sie – mit Einverständnis der jeweiligen Gebietskörperschaft – durchaus außerhalb der Schuldenbremse Kredite aufnehmen. So ist die Deutsche Bahn im Eigentum des Bundes, fällt aber als Marktproduzent nicht unter die Schuldenbremse. Die Länder haben in dieser Hinsicht etwas mehr Spielraum als der Bund, da sie durch eigene Gesetzgebung in gewissen Grenzen bestimmen können, welche Extrahaushalte nicht unter die Schuldenbremse fallen (vgl. Hierschel u. a. 2019). In Nordrhein-Westfalen können beispielsweise die Universitäten Kredite aufnehmen, in Berlin derzeit nicht. Dieser Spielraum ist keine Umgehung der Schuldenbremse, sondern ein Resultat des grundgesetzlich verankerten Finanzföderalismus. Wichtig ist noch zu erwähnen, dass Finanztransaktionen zum Kauf oder Verkauf von Vermögenswerten, z. B. Grundstücken oder Unternehmen, nicht unter die Schuldenbremse fallen. Für manche Beobachterinnen und Beobachter ist die Schuldenbremse sowohl beim Bund als auch bei den Ländern daher weich und keine echte Bremse, weil sie sowohl Umgehungen als auch Gestaltungsoptionen zulässt.

Der eigentliche Lackmustest der Schuldenbremse steht bei den Bundesländern an, die seit diesem Jahr die Schuldenbremse einhalten müssen. Länder und Gemeinden tätigen über 60 Prozent der öffentlichen Investitionen, haben aber kaum Steuerhoheit und stehen nun im Kernhaushalt und bei jenen Extrahaushalten, die nicht abgetrennt werden können oder sollen, vor harten Budgetrestriktionen. Ein großer Teil der Gemeinden hat zwar rechtlichen Handlungsspielraum, kann diesen aber wegen zu hoher Altschulden oder anderer Finanzierungsengpässe nicht nutzen.

3.3.2 Viermal Kritik der Schuldenbremse

Die im Jahr 2009 ins Grundgesetz aufgenommene Schuldenbremse ist aus den folgenden vier Hauptgründen aus Sicht der *Arbeitsgruppe Alternative Wirtschaftspolitik* eine Fehlkonstruktion und sollte in wesentlichen Punkten reformiert oder abgeschafft werden. Sie war Vorläuferin des europäischen Fiskalvertrags von 2011, der Schuldenbremsen in den Verfassungen (oder ähnlich „ranghohen" nationalen Gesetzen) der Vertragsstaaten forderte. Sie ist ebenso wie die Agenda 2010 einer der schweren ordnungspolitischen Fehler der Wirtschaftspolitik von Bund und Ländern in der bundesdeutschen Wirtschaftsgeschichte nach 1945. Im Folgenden konzentrieren wir uns auf die deutsche Schuldenbremse und gehen auf den europäischen Stabilitäts- und Wachstumspakt und den Fiskalvertrag nur am Rande ein (mehr dazu siehe MEMORANDUM 2017, S. 91ff. und 104ff. und MEMORANDUM 2018, S. 193–214). Zur Verteidigung und Kritik der Schuldenbremse siehe auch die Mehrheits- und Minderheitsvoten im aktuellen Jahresgutachten des Sachverständigenrats (SVR 2019, S. 238–306). Obwohl auch im Bundesfinanzministerium Überlegungen angestellt werden, die Schuldenbremse aufzuweichen, dürfte sich auf absehbare Zeit an der offiziellen Haltung der Bundesregierung nichts ändern (Handelsblatt vom 02.03.2020).

1. Messprobleme bei konjunkturellen und strukturellen Haushaltssalden

Das Verfahren zur Konjunkturbereinigung beruht auf der Berechnung des Potenzial-Outputs. Da dieser nicht empirisch gemessen werden kann, wird er mit einer Methode errechnet, die davon ausgeht, dass sich im Konjunkturverlauf konjunkturelle Defizite und Überschüsse ausgleichen, sodass länger anhaltende Unterauslastung durch eine bloße rechnerische Annahme ausgeschlossen wird. Die Messungen zeigen keine stabilen Werte, vielmehr ändern sich die Potenzialschätzungen ständig, sogar innerhalb eines Jahres, und damit auch die Werte für Potenziallücken und strukturelle Haushaltssalden. Je schwerer eine Krise ist und je länger sie anhält, desto stärker vermindern sich die errechneten konjunkturellen Defizite, und die strukturellen Salden steigen.

Dies führt dazu, dass in einer schwachen Konjunkturphase zu wenig antizyklisch gegengesteuert und ein Aufschwung zu früh abgebremst wird, um vermeintlich strukturelle Defizite zu konsolidieren (vgl. Klär 2014, Heimberger u. a. 2019, Tooze 2019 und viele andere). Die vorherrschende Sichtweise, dass in „guten Zeiten" prozyklisch Defizite toleriert werden, also zu wenig „gespart" wird, gilt nur dann, wenn strukturelle und konjunkturelle Haushaltssalden genau getrennt und der Potenzialoutput präzise berechnet werden kann. Die Messprobleme sind seit langem – insbesondere bei der EU-Kommission – bekannt, aber es werden keine Schlussfolgerungen daraus gezogen (vgl. ME-MORANDUM 2017, S. 91ff.).

Das Problem wird dadurch verstärkt, dass in Rezessionen allein auf automatische Stabilisatoren gesetzt wird, jedoch zusätzliche konjunkturpolitische (sogenannte diskretionäre) Maßnahmen wie kreditfinanzierte Ausgabenprogramme oder temporäre Steuererleichterungen im Normalfall als strukturelle Defizite, nicht als konjunkturelle klassifiziert werden. Derartige Maßnahmen sollen allenfalls bei schweren Krisen eingesetzt werden, aber dann würden sie in der Regel zu spät kommen, da sie nicht präventiv ergriffen werden dürfen.

Ein weiteres Problem besteht darin, dass der normalerweise unterstellte Zusammenhang von positiver Outputlücke und Inflation seit 2016 nicht mehr existiert. Die Grundlogik ist, dass in „schlechten Zeiten" die gesamtwirtschaftliche Nachfrage durch Haushaltsdefizite gestärkt wird, und in „guten Zeiten" Überschüsse erwirtschaftet werden. Wären dies Zeiten mit zu hoher Inflation, dann wäre in der Tat eine restriktive Haushaltspolitik angesagt. Ist aber selbst in guten konjunkturellen Zeiten die Inflation zu niedrig (gemessen an der Zielinflationsrate der EZB von ca. 2 Prozent) und tendiert sie auch nicht zur Zielinflation, dann würde der Aufschwung, also reales Wachstum und Beschäftigung gebremst werden. Dann würde die geforderte kontraktive Fiskalpolitik die Differenz zwischen Zins und Wachstumsrate erhöhen, wodurch die Verschuldung stiege (siehe den Kasten auf den Seiten 173f.). Das wäre kontraproduktive Austerität.

Die Schuldenbremse setzt auf *absoluten* Defizitausgleich durch Überschüsse in guten Zeiten, sodass im Trend über den Konjunkturzyklus hinweg die Schuldenquote sinkt. Dies wird häufig mit einem „Sicherheitsabstand" zum Grenzwert für den Schuldenstand von 60 Prozent des BIP in den EU-Verträgen begründet oder mit zukünftigen impliziten Defiziten infolge zukünftiger demografischer Alterung. Der Grenzwert von 60 Prozent des BIP ist aber in Maastricht willkürlich gesetzt worden. Bis heute gibt es keine triftige ökonomische Begründung, und schon gar keine Begründung gibt es für die implizit aus der Schuldenbremse resultierenden Grenzwerte von 40 oder 20 Prozent des BIP oder gar annähernd null Prozent bei den Bundesländern (Priewe 2020).

2. Prohibitive Wirkung auf öffentliche Investitionen

Nach traditionellen finanzpolitischen Konzeptionen ist es sinnvoll, öffentliche Investitionen unabhängig von der konjunkturellen Situation per Kredit und nicht mit Steuern zu finanzieren. Dafür wären also strukturelle Defizite legitim. Da die Neuverschuldung des Bundes auf 0,35 Prozent des BIP begrenzt ist, müssen für darüber hinausgehende Investitionen zuvor Rücklagen angespart werden. Dadurch wirkt die Schuldenbremse als Investitionsbremse. Selbst der konservative Sachverständigenrat hatte in einem Gutachten von 2007 eine Investitionskomponente von 1 bis 1,5 Prozent des BIP vorgeschlagen („goldene Regel"). Er schrieb damals: „Daraus [aus der Sorge um die Staatsfinanzen, d. Verf.] jedoch die Forderung eines generellen Verschuldungsverbots abzuleiten, wäre ökonomisch ähnlich unsinnig, wie Privatleuten oder Unternehmen die Kreditaufnahme zu verbieten" (SVR 2007, S. 1).

Häufig werden nicht die Brutto-, sondern die öffentlichen Nettoinvestitionen als Maßstab für strukturelle Defizite angesehen, weil Ersatzinvestitionen durch Abschreibungen, also Steuern zu finanzieren seien. Allerdings sind Abschreibungen und somit Nettoinvestitionen nicht eindeutig zu ermitteln, da diese von der schwer abschätzbaren tatsächlichen Lebensdauer von öffentlichen Infrastrukturen abhängen. Die ökonomische Logik der „goldenen Regel", gleich ob Brutto- oder Nettoinvestitionen, liegt darin, dass auch zukünftige Nutzerinnen und Nutzer öffentlicher Sachinvestitionen an deren Finanzierung beteiligt werden sollen. Würden nur die derzeitigen Steuerzahlerinnen und -zahler zur Kasse gebeten, dann würden zu wenig Zukunftsinvestitionen getätigt. Häufig wird ein „neuer Investitionsbegriff" gefordert, der über den der Volkswirtschaftlichen Gesamtrechnung hinausgeht und auch Humankapital oder innovationsorientierte Ausgaben umfasst, die das Produktionspotenzial steigern. Dies würde auch laufende Ausgaben einbeziehen und jene Investitionen ausschließen, die nicht innovationsaktivierend wirken, etwa Wohnungen. Der Sinn der „goldenen Regel" liegt aber in der *intertemporalen Verteilung* der Finanzierungslasten, nicht zwingend bei Innovationen, also *allokativen Wirkungen*. Letztere können auch durch eine entsprechende Restrukturierung der laufenden, steuerfinanzierten Ausgaben oder Steuererhöhungen erzielt werden.

3. Starre Schuldengrenzen ignorieren Änderungen der Zins-Wachstum-Relation

Das schwer änderbare Grundgesetz sollte keine starren Grenzen für die Kreditaufnahme eines Landes festschreiben, welche die ökonomischen Kernprobleme von Staatsschulden, aber auch ihre produktiven Möglichkeiten ausklammern. Worin liegen eigentlich die Gefahren von Staatsverschuldung? Probleme können im Prinzip aus zwei Gründen entstehen: erstens, wenn Haushaltsdefizite so hoch sind, dass sie eine Nachfrageinflation mit Zweitrundeneffekten bei Löhnen und anderen Preisen erzeugen, die am Ende auch zu höheren Realzinsen führt und Wirtschaftswachstum abwürgt. Das ist aber ein Problem hoher Haushaltsdefizite, nicht hoher Schuldenstände. Zweitens würden Probleme entstehen, wenn der Staat die Zinsen auf seine Schulden nicht bedienen kann oder die Gläubiger dies vermuten, was zu einer sich selbst erfüllenden Vorhersage führen würde. Dann wäre das „Überrollen" von Staatsanleihen bei Fälligkeit, also ihre Tilgung durch Emission neuer Anleihen, schwerer oder gar nicht mehr möglich, geschweige denn eine zusätzliche Kreditaufnahme (vgl. die Probleme Griechenlands). Eine Staatsschuldenkrise würde zu einer Banken- und Finanzkrise führen.

Was ist dann eine „optimale" Staatsverschuldung? Die ökonomische Forschung hat es nicht vermocht, ein optimales Niveau der Schuldenquote zu definieren. Wichtig ist daher, dass die Schuldenquote auf einem akzeptablen Niveau stabilisiert wird, das der Regierung einen bezahlbaren Schuldendienst gestattet und den Anlegerinnen und Anlegern ein (mündel-)sicheres Vermögen („safe assets") garantiert. Denn das ist das Markenzeichen von Staatsschulden, im Gegensatz zu anderen Formen des Geldvermögens. In allen OECD-Staaten, die sich in eigener Währung verschulden, war dies seit dem Ende des Zweiten Weltkriegs auch der Fall, jedenfalls bezogen auf die Schulden der zentralen staatlichen Ebene. Nie gab es Situationen der Illiquidität (oder gar „Insolvenz") staatlicher Schuldner – mit Ausnahme Griechenlands in der letzten Finanzkrise, als keine nationale Zentralbank als „Kreditgeber der letzten Instanz" zur Verfügung stand und die EZB diese Rolle nicht ausfüllen wollte bzw. durfte. Aber dies war ein Problem der fehlerhaften Konstruktion der Währungsunion, die von der *Arbeits-*

gruppe Alternative Wirtschaftspolitik in früheren Memoranden immer wieder kritisiert worden ist. Die Bundesregierung stellt sich gerne als Stabilitätsanker der Gemeinschaftswährung dar, weil sie die Musterschülerin der niedrigen Staatsschulden sein will. Die Schuldenbremse suggeriert, dass die Staatsverschuldung so niedrig wie möglich sein sollte und dies gut für Deutschland und zugleich für den Euroraum ist. Dies ist aufgrund der bereits genannten und noch folgenden Gründe ein schwerer Irrtum.

In Wirklichkeit hängt die Veränderung des Schuldenstands eines Landes, wie zuvor erläutert, entscheidend von der Differenz des Zinssatzes für die öffentliche Kreditaufnahme und der Wachstumsrate des nominalen BIP ab (vgl. den Kasten auf den Seiten 173f.). Liegt die Wachstumsrate über dem Zins, können bei konstantem Schuldenstand permanent Primärdefizite in bestimmter, klar begrenzter Höhe gefahren werden, ohne dass der Schuldenstand steigt. Aktuell beträgt der implizite Zins auf deutsche Staatsschulden etwa 1,4 Prozent (Tendenz weiter fallend), während der längerfristige nominale Wachstumstrend bei – vorsichtig geschätzt – etwa 3 Prozent liegen könnte (1,0 Prozent reales Wachstum, 2 Prozent Zielinflation). Damit könnten, bei einer konstanten Schuldenquote von 60 Prozent des BIP, permanent ein Primärdefizit von 0,96 Prozent des BIP sowie ein zugehöriges strukturelles Defizit von 1,8 Prozent des BIP für den Gesamtstaat eingefahren werden (vgl. den Kasten). In Rezessionen müsste allerdings ein konjunktureller Spielraum von etwa 3 Prozentpunkten existieren, aber das wären nur temporäre Defizite.

Das Zinsänderungsrisiko, häufig bemüht, um vor erneut steigender Staatsverschuldung zu warnen, ist extrem gering, wenn man bedenkt, dass die Bundesregierung im Herbst 2019 eine 30jährige Staatsanleihe mit Nullzins am Anleihenmarkt platzieren konnte. Wer solche Finanzierungsoptionen für Investitionen ausschlägt und stattdessen Steuererhöhungen oder Ausgabensenkungen fordert, kann oder will nicht rechnen. Weil Zinsen und Wachstumstrends sich längerfristig ändern können, wäre es gut, im Grundgesetz keine festen Zahlenwerte für Defizite oder Schuldengrenzen in Stein zu meißeln. In der Vergangenheit war in Deutschland im Trend der implizite Zins auf Staatsschulden um einen Prozentpunkt höher als das nominale Wirtschaftswachstum, sodass eine konstante Schuldenquote einen geringen, aber permanenten Primärüberschuss erforderte. Die Evidenz dafür, dass das Verhältnis von Zins und Wachstum sich für längere Zeit gedreht hat, also das nominale Wachstum über dem Zins liegt, ist sehr stark. Dies impliziert keineswegs, dass die Niedrigzinspolitik der EZB so bleibt, wie sie gegenwärtig ist. Selbst steigende Leitzinsen der EZB würden aber nur sehr langsam den impliziten Zins auf Staatsschulden erhöhen, entsprechend der Laufzeit der alten Staatsanleihen.

4. Der Abbau hoher Leistungsbilanzüberschüsse erfordert eine aktive Finanzpolitik mit höheren Haushaltsdefiziten

Die Schuldenbremse sieht die Staatsverschuldung isoliert von der Verschuldung der Volkswirtschaft, also der Verschuldung der inländischen privaten Haushalte, Banken und nichtfinanziellen Unternehmen sowie der Verschuldung des Auslands gegenüber dem Inland. Strebt Deutschland bzw. die Eurozone einen ausgeglichenen Leistungsbilanzsaldo gegenüber dem Ausland an, weil das Ausland mit Blick auf die Finanzstabilität das Gleiche beabsichtigt, dann muss der Saldo aus Einnahmen und Ausgaben der Privatwirtschaft (private Haushalte sowie finanzielle und nichtfinanzielle Unternehmen) im Inland dem Haushaltssaldo des Staates entsprechen. Denn per definitionem gilt: Der Leistungsbilanzsaldo ist die Summe aus dem Finanzierungssaldo der Privatwirtschaft und dem Haushaltssaldo des Staates. Im Jahr 2019 lag der deutsche Leistungsbilanzsaldo bei etwa 7,0 Prozent des BIP, der Haushaltsüberschuss betrug 1,2 Prozent des BIP, und der Überschuss des privaten Sektors betrug folgerichtig 5,8 Prozent des BIP. Das heißt, der viel kritisierte Leistungsbilanzüberschuss von etwa 7,0 Prozent des BIP wurde zu 17 Prozent vom Haushaltsüberschuss des Gesamtstaates genährt (2018 waren es noch 27 Prozent).

Deutschland ist Weltmeister beim Leistungsbilanzüberschuss – kein anderes Land hat in absoluten Zahlen gerechnet einen höheren Überschuss, auch kein ölproduzierendes. Leistungsbilanzüberschüsse drücken aus, dass ein Land im laufenden Jahr insgesamt mehr spart, als es ausgibt, also von der Nachfrage anderer Länder lebt bzw. weniger

Nachfrage als andere Länder schafft (relativ zum BIP). Umgekehrt im Ausland, d. h. sowohl in den anderen EU-Mitgliedsländern als auch im Rest der Welt außerhalb der EU: Hier kumuliert die Verschuldung. So entstehen internationale Ungleichgewichte, die „Handelskriege" und „Währungskriege" heraufbeschwören können. Weil in der Eurozone inzwischen fast alle Mitgliedsländer Leistungsbilanzüberschüsse haben, hat die Eurozone als Ganze einen Leistungsbilanzüberschuss von 3,3 Prozent des Eurozonen-BIP (2019). Dieser wird zum größten Teil von Deutschland und den Niederlanden erzeugt. Deutschland ist damit kein Stabilitätsanker in Europa oder in der Weltwirtschaft, wie oft behauptet, sondern trägt zu Ungleichgewichten, zu einer zu niedrigen Inflation, niedrigen Zinsen und der Aufrechterhaltung der Niedrigzinspolitik der EZB bei.

Hätte Deutschland ein strukturelles, also trendmäßiges Haushaltsdefizit von 1,8 Prozent bei einem Schuldenstand von 60 Prozent (statt 1,2 Prozent Haushaltsüberschuss im Jahr 2019), dann läge der Leistungsbilanzsaldo bei nur noch etwa 4,0 Prozent statt bei 7,0 Prozent im Jahr 2019, wenn alle andere Faktoren, die auf die Leistungsbilanz einwirken, konstant blieben. Das wäre schon ein enormer Fortschritt, eine Trendumkehr in der Außenwirtschaftspolitik, die der Kritik des IWF, der OECD und der EU-Kommission endlich Rechnung trüge.

Zwischenfazit

Die Schuldenbremse des Grundgesetzes hat eine raffiniert eingebaute kontraktive Bremswirkung auf Wachstum und Beschäftigung. Sie wirkt prozyklisch in Rezessionen, bremst öffentliche Investitionen, senkt den Schuldenstand langfristig auf ein zu niedriges Niveau und trägt zum zu hohen Leistungsbilanzüberschuss bei. Dass dies bislang nicht so deutlich sichtbar wurde, seitdem die Schuldenbremse ab dem Jahr 2011 für den Bund und erst seit diesem Jahr für die Länder wirksam ist, lag an der von der EZB betriebenen Niedrigzinspolitik und der damit verbundenen relativ guten Konjunktur. Zudem lag es an der Externalisierung der restriktiven Wirkung auf den Rest der Welt durch die Leistungsbilanzüberschüsse. Für die dringend benötigten öffentlichen Investitionen wirkt die Schuldenbremse wie ein Quasi-

Kreditverbot, insbesondere für die Länder und die von ihnen abhängigen Gemeinden.

Hinzu kommt: Die Schuldenbremse in Kombination mit den europäischen Fiskalregeln ist eine massive Einschränkung künftiger Handlungsoptionen, weil sie das Budgetrecht des Bundestags und der Länder- sowie Kommunalparlamente massiv einschränkt. Ein starres, in sich nicht konsistentes Regelwerk mit detaillierten quantitativen Vorschriften soll wie ein Autopilot einen wesentlichen Bereich der Wirtschaftspolitik steuern, nämlich Kernbereiche der staatlichen Finanzpolitik. Das Regelwerk des Autopiloten ist nahezu in Stein gemeißelt, denn es bedarf einer Zweidrittelmehrheit in Bundestag und Bundesrat, um die Schuldenbremse zu ändern. Ähnlich schwierig ist es, die Detailvorgaben der europäischen Fiskalregeln zu ändern, da dies die Einstimmigkeit der beteiligten Nationen erfordert sowie Änderungen im nationalen Recht.

Ein politisch-psychologischer Grund für die konstitutionelle Schuldenbremse war, dass der Schuldenstand in der Bundesrepublik scheinbar kontinuierlich seit den 1950er-Jahren angestiegen ist. Die wesentliche Ursache hierfür ist, dass es viele Phasen gab, in denen die Zinsen höher waren als das Wirtschaftswachstum (Rezessionen, schwache Aufschwünge), aber auch Phasen starker Investitionsschübe (Ende der 1960er-/Anfang der 1970er-Jahre, deutsche Vereinigung) sowie große Steuerentlastungen (1998–2003), die nicht gegenfinanziert waren. Bis zur Finanzkrise blieb die Gesamtverschuldung moderat (ca. 65 Prozent des BIP), ohne die vier – finanzpolitisch durch die damalige rot-grüne Bundesregierung mitverursachten – Stagnationsjahre 2001 bis 2005 wäre sie noch wesentlich niedriger ausgefallen (vgl. Troost 2013). Es gibt keinen Grund, mit einer radikalen Kurswende zur niedrigen Verschuldung der 1950er-Jahre zurückzukehren (siehe dazu auch die Kritik von Peter Bofinger an der Schuldenbreme, Minderheitsvotum in SVR 2007, S.157–172).

3.4 Alternativen

3.4.1 Pragmatische Handlungsoptionen

Ohne Änderungen des Grundgesetzes und des europäischen Primärrechts (Vertrag über die Arbeitsweise der Europäischen Union) bzw. des europäischen Fiskalvertrags gibt es zwei Ebenen für Handlungsoptionen. Die eine betrifft Handlungsmöglichkeiten für Konjunkturpolitik im Fall einer Rezession oder einer rezessionsähnlichen, stagnativen Phase. Die andere Ebene betrifft die längerfristige Finanzierung öffentlicher Investitionen unabhängig vom Konjunkturzyklus, um den Nachhol- und den Zukunftsbedarf an staatlicher Infrastruktur zu decken – also den Einbau einer substanziellen „goldenen Regel" für Investitionen in die Schuldenbremse (vgl. hierzu Truger 2016, MEMORANDUM 2016, S. 164).

Konjunkturpolitik des Bundes
Die *erste* Handlungsoption besteht darin, temporäre diskretionäre Ausgaben- und Einnahmenpolitik seitens des Bundes zuzulassen, also über die Nutzung automatischer Stabilisatoren hinauszugehen. Entscheidend ist hier das richtige Timing, um eine antizyklische Wirkung zu erzielen. Dies kann sich auf befristete Steuererleichterungen (etwa Sonderabschreibungen), die Entschuldung überschuldeter Kommunen oder befristete Transfers für konsumtive Ziele beziehen. Die Devise des IWF angesichts der akuten Finanzkrise mit wegbrechender Binnennachfrage in den Jahren 2007 bis 2009 war *„timely, targeted, temporary"* (rechtzeitig, gezielt, befristet) (IMF 2008, Kap. 6). Dann können der Verlust von Wertschöpfung und ansteigende Arbeitslosigkeit bei einer negativen Produktionslücke besser kompensiert werden. Ferner kann der Bund mit seinen (derzeitigen) Überschüssen Länder und Kommunen unterstützen, die rezessionsbedingt öffentliche Investitionen kürzen müssen, weil die meisten Ausgaben gesetzlich vorgegeben sind. Das Bundesgesetz zur Schuldenbremse, das sogenannte Artikel-115-Gesetz, kann so geändert werden, dass diese Ausgaben des Bundes nicht als strukturelle Defizite klassifiziert werden, sondern als konjunkturelle.

Zweitens kann das Konjunkturbereinigungsverfahren durch eine Rechtsverordnung des Bundesfinanzministeriums geändert werden. Das Verfahren soll laut Ausführungsgesetz zur Schuldenbremse dem wissenschaftlichen Forschungsstand entsprechen. Eine Änderung ist längst überfällig. Eine Ausgabenregel ist der Messung von konjunkturellen Defiziten und Überschüssen vorzuziehen. Dabei würde ein mittelfristiger Pfad für die primären Staatsausgaben festgelegt, der dem erwarteten Trend des nominalen BIP bei gegebener Steuerquote entspricht. Nicht inflationäre Abweichungen nach oben in Phasen guter Konjunktur sollten nicht durch eine restriktive Ausgaben- oder Einnahmenpolitik abgebremst werden. Die Ausgabenregel wäre aber gebunden an das vorgegebene maximale strukturelle Defizit von 0,35 Prozent des BIP, das ohne Grundgesetzänderung nicht umgangen werden kann.

Die Ausnahmeregel des Artikels 115 Grundgesetz, dass in „außergewöhnlichen Notsituationen, die sich der Kontrolle des Staates entziehen und die staatliche Finanzlage erheblich beeinträchtigen", die Kreditobergrenzen durch Mehrheitsbeschluss des Bundestags angehoben werden können, könnte *drittens* im Ausführungsgesetz neu interpretiert werden. Damit derartige Notsituationen möglichst von vornherein vermieden werden, sollte präventiv die Einflussnahme des Staates gesichert werden, auch um Handlungs- und Wirkungsverzögerungen zu vermeiden. Es ist nicht sinnvoll, eine wahrscheinlich eintretende konjunkturelle Notsituation erst zu bekämpfen, wenn sie eingetreten und sehr schwerwiegend geworden ist. Auch längere Stagnationsperioden – wie die 17 Quartale Nullwachstum von 2001 bis 2005, deren Wertschöpfungsverlust einer schweren Wirtschaftskrise mit hoher Arbeitslosigkeit gleichkam – sollten mit der Ausnahmeregel des Artikels 115 fiskalpolitisch bekämpfbar werden.

Die Bundesländer sind frei, ihr Konjunkturbereinigungsverfahren selbst zu wählen. Auch sie sollten sich in Übereinstimmung mit dem Bund für eine Ausgabenregel entscheiden.

Längerfristige Handlungsoptionen

Für den notwendigen sozial-ökologischen Umbau der Gesellschaft fordert die *Arbeitsgruppe Alternative Wirtschaftspolitik* seit längerem ein großvolumiges, langfristig ausgerichtetes Investitions- und Ausgaben-programm. Ausgangspunkt für ein solches Programm des Bundes und der Bundesländer sind die Defizite bei der Deckung der gesellschaftlichen Bedarfe. Sie konzentrieren sich auf begründete Investitionen in eine auch qualitativ bessere Bildung, die Verringerung des Energie- und Ressourcenverbrauchs, eine verlässliche Daseinsvorsorge und insgesamt in eine bessere Versorgung mit öffentlichen Dienstleistungen. Gefordert sind dabei aber nicht nur Investitionen. Für eine notwendige Revitalisierung des Sozialstaates muss deutlich mehr Personal in den verschiedenen öffentlichen Aufgabenfeldern vorgehalten werden, damit die gesetzlich normierten Leistungs- und Qualitätsziele in der Praxis erfüllt werden. Die fortlaufenden Ausgaben für den Personal- und Ausgabenausbau müssen allerdings nicht über Kredit, sondern über zusätzliche Steuereinnahmen finanziert werden.

Inzwischen werden von vielen Institutionen – allerdings in der Regel kleiner dimensionierte – Ausgabenprogramme gefordert. Nach verschiedenen Schätzungen liegt der Investitionsbedarf von Bund, Ländern und Gemeinden insgesamt in der Größenordnung von 457 Milliarden Euro in den kommenden zehn Jahren (Bardt u. a. 2019). Dies entspricht für das Jahr 2019 etwa 46 Milliarden Euro bzw. 1,3 Prozent des BIP oder 2,9 Prozent der Gesamtausgaben des Staates – oder 25 Prozent der Einnahmen aus der Umsatzsteuer. Damit wird schon deutlich, dass diese Ausgaben realistisch nicht allein durch Steuererhöhungen oder Ausgabenumschichtungen gestemmt werden können. Wie schon erwähnt erlaubt das maximale strukturelle Defizit des Bundes von 0,35 Prozent des BIP nur eine Neuverschuldung von höchstens 12 Milliarden Euro. Da die erforderlichen Ausgaben auch zukünftigen Generationen zugutekommen, wäre jedoch eine – zumindest teilweise – Kreditfinanzierung unabhängig von der Konjunkturlage im Sinne der Generationengerechtigkeit sinnvoll. Kreditfinanzierung von Investitionen erlaubt neben der Glättung der Steuersätze über einen längeren Zeitraum auch die gerechte intertemporale Verteilung der Finanzierungslasten auf zukünftige Nutzergenerationen.

Damit hängen folgende Handlungsoptionen zusammen:

Eine weitergehende Variante der Interpretation von Artikel 115 des Grundgesetzes wäre es, wenn die Vorgaben des maximalen strukturellen Defizits von 0,35 Prozent beim Bund bzw. von 0 Prozent des BIP bei den Ländern im Ausführungsgesetz als „strukturelles Primärdefizit" interpretiert würden. Dies entspricht der Logik der Europäischen Kommission bei der Festlegung des mittelfristigen Haushaltsziels („Medium Term Budgetary Objective", MTO). Obwohl sich das den Mitgliedsländern von der EU-Kommission vorgeschriebene MTO, formal gesehen, auf den strukturellen Haushaltssaldo bezieht, geht es im Kern um den Teil des Haushaltssaldos, der tatsächlich von den Mitgliedsländern beeinflussbar ist. Die Zinsen auf Staatsschulden gehören also nicht dazu, sodass die Zinslast des Staates ausgeklammert werden müsste (ebenso wie die konjunkturelle Komponente). Derzeit beträgt die gesamtstaatliche Zinslastquote in Deutschland etwa 0,85 Prozent des BIP (2019). Das zulässige gesamtstaatliche strukturelle Defizit, also der strukturelle Primärsaldo, läge dann bei 1,2 Prozent des BIP (0,35 Prozent plus 0,85 Prozent). Auf Bund und Bundesländer aufgeteilt läge dann die Obergrenze des strukturellen Defizits grob geschätzt bei 0,75 Prozent beim Bund und bei 0,45 Prozent bei den Ländern. Das würde schon erheblich mehr Handlungsspielraum für Investitionen schaffen (im Jahr 2019 wären dies 41 Milliarden Euro gewesen). Man könnte die Nutzung dieser Option unter den Vorbehalt stellen, dass das Inflationsziel der EZB nicht überschritten wird.

Alternativ könnten der Bund und/oder die Länder einen oder mehrere Investitionsfonds als Extrahaushalte gründen, möglichst in der Rechtsform einer Person des öffentlichen Rechts mit der Möglichkeit zur Kreditaufnahme. Solange es sich um zweckbezogene Unternehmen in staatlichem Eigentum handelt, die Sachinvestitionen tätigen und diese dem Bund bzw. den Ländern gegen ein Nutzungsentgelt, das die Finanzierungskosten abdeckt, zur Verfügung stellen, ist dies nach vorherrschender deutscher Rechtsprechung außerhalb der Schuldenbremse zulässig (Hüther 2019, Bardt u. a. 2019). Dies gilt auch dann, wenn die Einnahmen zur Finanzierung des Schuldendienstes von Bund und Ländern über die Nutzungsentgelte zufließen. Zwar ist die Kreditfinanzierung dieser Investitionen ökonomisch sinnvoll, da den Finanzierungskosten produktive Infrastruktur gegenübersteht. Sie widerspricht allerdings den Regeln des europäischen Fiskalvertrags und des SWP, weil dort diese Extrahaushalte zum Staatssektor gezählt werden. Wenn das nach Fiskalvertrag erlaubte gesamtstaatliche strukturelle Defizit aber auf 1 Prozent des BIP steigt, sobald die Staatsschulden in Deutschland „deutlich" unter 60 Prozent liegen, was in wenigen Jahren vermutlich eintritt, könnte die Verletzung des Fiskalvertrags jedoch als geringfügig eingeschätzt werden.

Öffentliche Investitionen in großem Umfang durch öffentliche Unternehmen durchzuführen und zu finanzieren, wäre eine der Schuldenbremse geschuldete Notlösung, denn die Lösung hat Nachteile und birgt Risiken. Zunächst müsste sichergestellt werden, dass die Investitionsgesellschaften genauso günstige Kreditkonditionen erhalten wie der Kernhaushalt. Ferner müsste – wie es im Kernhaushalt normalerweise der Fall ist – die Tilgung durch Anschlusskredite erfolgen können. Schließlich ist die Kontrolle der Unternehmen durch das Parlament und die Exekutive schwieriger als bei direkter Verschuldung. Darüber hinaus müsste berücksichtigt werden, dass die Bedarfe der Länder infolge ihrer höchst unterschiedlichen Strukturprobleme unterschiedlich sind. Die Länder dürfen daher nicht über einen Kamm geschoren werden. Ein Einheitsfonds für Bund und Länder, über den der Bund letztlich bestimmt, wäre für die Länder nicht akzeptabel und mit dem Finanzföderalismus nur schwer vereinbar. Insgesamt würden mit der Konstruktion diverser Investitionsfonds erhebliche institutionelle und rechtliche Fragen auftauchen. Der Haushaltsgrundsatz der Einheit und Vollständigkeit des Haushaltsplans würde vermutlich beeinträchtigt. Dennoch scheinen Gewerkschaften sowie Arbeitgeberinnen und Arbeitgeber diesen Weg zu bevorzugen, ebenso die neueren Parteiprogramme von SPD und Bündnis 90/Die Grünen.

3.4.2 Änderung der Schuldenbremse

Die *Arbeitsgruppe Alternative Wirtschaftspolitik* unterbreitet an dieser Stelle zwei alternative Vorschläge. Der erste lässt die Konstruktion der Schuldenbremse weitgehend unverändert, ändert aber die Obergrenze für das strukturelle Defizit. Der zweite Vorschlag geht weiter und favorisiert einen wesentlich flexibleren Ansatz.

Reform der Schuldenbremse

Die Schuldenbremse sollte sich demnach auf den gesamtstaatlichen Haushaltssaldo der Kernhaushalte beziehen, also nicht nur auf Bund und Länder, sondern auch auf Gemeinden und Sozialversicherungen. Für das gesamtstaatliche strukturelle Defizit gilt bei diesem Vorschlag die Obergrenze von 1,5 Prozent des BIP, bei hohem Leistungsbilanzüberschuss von 2,0 Prozent. Dabei sollten die Überschüsse der Sozialversicherungen zur Hälfte an Bund und Länder verliehen werden; benötigen die Sozialversicherungen die Liquidität aus den Überschüssen aufgrund ihrer eigenen Verpflichtungen, müssten Bund und Länder sie durch Kreditaufnahme am Kapitalmarkt zeitnah zurückzahlen. Dies folgt einer Regelung in den USA – dort sind die Sozialversicherungen verpflichtet, ihre Überschüsse dem Bundesstaat zu leihen. Bund sowie Ländern und Gemeinden sollte ein strukturelles Defizit bis zu jeweils 0,75 bis 1,0 Prozent des BIP erlaubt werden, also insgesamt bis zu 1,5 oder 2,0 Prozent des BIP. 1,5 Prozent des BIP entspricht in etwa dem Vorschlag des Sachverständigenrates von 2007 für eine „goldene Regel" für Investitionen (SVR 2007); diese Defizite könnten an investive und innovative Ausgaben gebunden sein, die im Ausführungsgesetz genauer zu definieren sind. Um den sehr hohen Leistungsbilanzsaldo zu senken (ein Grenzwert müsste definiert werden), sollte der Bund seine Obergrenze für den strukturellen Saldo um weitere 0,5 Prozent auf 1,25 bis 1,5 Prozent des BIP erhöhen, sodass Bund, Länder und Gemeinden eine Obergrenze für das strukturelle Defizit von 2,0 bis 2,5 Prozent des BIP hätten, solange der Leistungsbilanzüberschuss exzessiv hoch ist (das gesamtstaatliche strukturelle Defizit unter Einschluss der Sozialversicherungen wäre je nach deren Überschuss geringer).

Eine starre Schuldenobergrenze sollte in diesem Vorschlag nicht festgelegt werden. Stattdessen könnte ein Korridor für die Schuldenquote mit einer Untergrenze von 50 Prozent und einer Obergrenze von 70 Prozent des BIP eingeführt werden. Wenn wir annehmen, dass das strukturelle gesamtstaatliche Defizit bei 1,5 bis 2,0 Prozent liegt, würde der Schuldenstand bei 3 Prozent nominalem Wachstum zu 50 Prozent bzw. zu 67 Prozent des BIP konvergieren, im Durchschnitt also nahe 60 Prozent liegen. Der Leistungsbilanzsaldo würde – unter ansonsten unveränderten Annahmen – auf etwa 4 Prozent des BIP schrumpfen und damit unter der Alarmlinie der Regeln des EU-Verfahrens bei makroökonomischen Ungleichgewichten liegen (MIP), wenn man symmetrische Werte von -4 und +4 Prozent des BIP für Defizit- und Überschussländer einführt (derzeit werden Überschussländer mit +6 Prozent gegenüber Defizitländern mit -4 Prozent asymmetrisch begünstigt).

Der *konjunkturelle* Haushaltssaldo sollte eine Bandbreite von +/-3 Prozentpunkten des BIP haben. Im Fall einer Rezession käme dann zum maximalen strukturellen Defizit von 1,5 bis 2,0 Prozent des BIP der konjunkturelle Saldo hinzu, sodass das maximale Haushaltsdefizit bei 5 Prozent statt wie bisher bei 3 Prozent des BIP läge. Auch nach geltendem europäischen Recht läge das maximale Defizit bei Ländern mit Schulden „deutlich" unter 60 Prozent des BIP bei 4 Prozent des BIP, wenn man eine konjunkturelle Flexibilität von 3 Prozent des BIP zulässt. Es sollte hinzugefügt werden, dass die Defizitgrenzen nur dann ausgeschöpft werden dürfen, wenn sie nicht im Widerspruch zum Inflationsziel der Geldpolitik stehen. Inflationäre sowie deflationäre Fiskalpolitik sollten ausgeschlossen werden.

Eine derartige Schuldenbremse wird dem Bedarf an einer substanziellen Investitionskomponente gerecht, sie mindert exzessive Leistungsbilanzungleichgewichte und ist antizyklisch ausgerichtet. Allerdings steht sie nicht völlig im Einklang mit den derzeitigen Vorgaben des EU-Fiskalpakts und den Vorgaben in Protokoll 12 des EU-Vertrages, der das konjunkturelle Defizit auf 3 Prozent des BIP begrenzt, von schweren Krisen abgesehen, und die Obergrenze für den Schuldenstand auf 60 Prozent des BIP fixiert. Die Unterschiede sind gleichwohl nicht fundamental, und die Fiskalregeln der EU bedürfen ohnehin der Revision. Realistisch ist vielmehr davon auszugehen, dass die EU-Kommission sowie die Mehrheit des Rats und des EU-Parlaments höhere Defizite Deutschlands, die das Wachstum stärken, die Inflation in die Nähe zur Zielinflation bringen und zur Reduktion des Leistungsbilanzüberschusses beitragen, mit Beifall begrüßen würden.

Ersetzung der Schuldenbremse

Die Schuldenbremse des Grundgesetzes wird in dieser weiteren Variante durch einen Artikel des Grundgesetzes – nennen wir ihn *„Regeln für staatliche Haushaltsführung und Staatsverschuldung"* – ersetzt. Hierbei werden keine quantitativen Grenzwerte von Defiziten und Schulden im Grundgesetz genannt. Sie gehören nicht in eine Verfassung. Stattdessen wird den Haushalten von Bund und Ländern für die konjunkturelle Normallage die Möglichkeit zu begrenzten strukturellen Defiziten eingeräumt, die für investive und innovative Staatausgaben zu nutzen sind und auch dem außenwirtschaftlichen Gleichgewicht sowie der Preisniveaustabilität im Sinne der Ziele der EZB verpflichtet sind. Konjunkturelle Defizite und Überschüsse sind notwendig, insoweit dadurch Rezessionen und schwache Wachstumsphasen bzw. inflationäre Überhitzung und drohende Deflation vermieden werden. Defizite und Überschüsse müssen sich aber nicht exakt über den Konjunkturzyklus hinweg ausgleichen.

Zu diesem Zweck werden Bund und Länder verpflichtet, jährliche und mehrjährige (bezogen auf die Legislaturperiode) fiskalpolitische Eckwerte festzulegen, die Ausgaben-, Einnahmen- und Verschuldungspfade enthalten. Diese Eckwerte sind von den zuständigen Parlamenten zu verabschieden. Alles Weitere regelt ein Ausführungsgesetz zum Grundgesetzartikel, das mit einfacher Mehrheit geändert werden kann (wie derzeit auch). Im Ausführungsgesetz werden Ziele und Vorgaben quantifiziert, ähnlich wie unter dem Punkt „Reform der Schuldenbremse" vorgeschlagen. Hinzu kommt, dass die quantitativen Vorgaben für die fiskalischen Eckwerte das wechselnde monetäre Umfeld, also die Zinsen auf Staatsschulden und die mittelfristigen Wachstumsaussichten, integrieren müssen. Natürlich müssen die Regeln mit den Regeln der EU kompatibel sein; diese sind aber änderbar, sowohl im Primär- als auch im Sekundärrecht (Verträge, Richtlinien und Verordnungen).

Dieser Reformvorschlag gibt dem Budgetrecht der Haushalte Vorrang und vermeidet starre und schwer änderbare konstitutionelle Vorgaben, die ökonomischer Logik entbehren, aber dafür juristisch eindeutig sind. Sie entsprechen eher der angloamerikanischen Tradition einer flexiblen, aber sehr aktiven Fiskalpolitik. Analog zum Congressional

Budget Office (CBO), einer Behörde des US-Kongresses, die dem Office of Management and Budget des Präsidenten gegenübersteht, könnte eine Einrichtung von Bundestag und Bundesrat geschaffen werden, die bei Aufstellung und Vollzug der Fiskalpolitik die Legislative professionell berät. Dieser Vorschlag führt nicht zurück zu den alten Artikeln 109 und 115 des Grundgesetzes vor der Verabschiedung der Schuldenbremse im Jahr 2009, sondern fordert zwingend ein Ausführungsgesetz, in dem Angaben zur konjunkturellen und strukturellen bzw. investiven Komponente enthalten sind. Der alte Artikel 109 beließ es bei einer Kann-Regelung, und die damaligen Gesetzgeber hatten es versäumt, ein Ausführungsgesetz zu beschließen. Nach einer Bestandsaufnahme des IWF (IMF 2017) hat kein einziges entwickeltes OECD-Land außerhalb der EU eine mit der deutschen Schuldenbremse vergleichbare konstitutionelle „Schuldenbremse". Die Schweizer Schuldenbremse ist in der Verfassung in nur neun Zeilen geregelt (im deutschen Grundgesetz in 49 Zeilen). In der Schweizer Verfassung steht weder etwas über eine Schuldenstandsgrenze, noch taucht eine Zahl zum Defizit auf. Alle Details werden im Ausführungsgesetz geregelt.

Die zuletzt vorgeschlagene Änderung ist die weitgehendste und aus Sicht *der Arbeitsgruppe Alternative Wirtschaftspolitik* die beste.

Für die bei der gegebenen politischen Kräfteverteilung am ehesten realisierbare Lösung empfiehlt sich ein Mix aus Investitionsfonds von Bund und Ländern, Steuererhöhungen und der Neuinterpretation der geltenden Schuldenbremse durch ein reformiertes Ausführungsgesetz. Aber diese Lösungen sind alles andere als ein Königsweg.

Eine Änderung der deutschen Schuldenbremse hätte Signalwirkung für die Eurozone (vgl. Truger 2019). Die EU-Fiskalregeln sollten in ähnliche Richtung reformiert werden wie hier vorgeschlagen. Dabei ist es sinnvoll, die quantitativen Obergrenzen von 3 Prozent des BIP beim Haushaltsdefizit und von 60 Prozent des BIP für den Schuldenstand zu ändern (Protokoll 12 zum Vertrag über die Arbeitsweise der Union). Das Protokoll kann im vereinfachten Verfahren durch einstimmigen Beschluss des Europäischen Rats geändert werden. Dies hätte zwingend eine Änderung des EU-Fiskalvertrags und des SWP zur Folge. Der Schlüssel zur Änderung der europäischen Fiskalregeln liegt in Berlin.

Im Anschluss könnten viele Details des SWP besser und klarer geregelt werden.

Literatur

Bardt, Hubertus/Dullien, Sebastian/Hüther, Michael/Rietzler, Katja (2019): Für eine solide Finanzpolitik: Investitionen ermöglichen! IMK Report 152, Düsseldorf.

BMF (2015): Kompendium zur Schuldenbremse des Bundes, https://www.bundesfinanzministerium.de/Content/DE/Standardartikel/Themen/Oeffentliche_Finanzen/Schuldenbremse/kompendium-zur-schuldenbremse-des-bundes.pdf?__blob=publicationFile&v=9.

Deutsche Bundesbank (2018): Die Maastricht-Schulden: methodische Grundlagen sowie die Ermittlung und Entwicklung in Deutschland, Monatsbericht April 2018.

Domar, Evsey D. (1993): On Deficits and Debt, in: American Journal of Economics and Sociology, Nr. 52 (4), S. 475–478.

Eurostat (2019): Manual on Government Deficits and Debt. 2019 edition, Luxemburg.

Heimberger, Philipp/Huber, Jakob/Kapeller, Jakob (2019): The power of economic models: the case of the EU's fiscal regulation framework, in: Socio-Economic Review, Vol. 0, No. 0, S. 1–30.

Hickel, Rudolf (2019): Die Schwarze Null, in: Marquardt, Ralf-M./Pulte, Peter (Hg.): Mythos Soziale Marktwirtschaft: Arbeit, Soziales und Kapital, Köln, S. 141–157, https://www.alternative-wirtschaftspolitik.de/de/article/10656326.die-schwarze-null-die-unf%C3%A4higkeit-makro%C3%B6konomisch-zu-denken-und-zu-handeln.html.

Hierschel, Dierk u. a. (2019): Berliner Schuldenbremse darf nicht zur Investitionsbremse werden! Rosa-Luxemburg-Stiftung, https://www.rosalux.de/publikation/id/40845/berliner-schuldenbremse-darf-nicht-zur-investitionsbremse-werden/.

Hüther, Michael (2019): 10 Jahre Schuldenbremse – ein Konzept mit Zukunft? IW-Policy-Paper 3/2019, Köln.

IMF (2008): Fiscal Policy as a Counter-cyclical Tool, in: World Economic Outlook, Financial Stress, Downturns, and Recoveries, October 2008, Kapitel 5, https://www.imf.org/en/Publications/WEO/Issues/2016/12/31/Financial-Stress-Downturns-and-Recoveries.

IMF (2017): Fiscal Rules Dataset 1985–2015, https://www.imf.org/external/datamapper/fiscalrules/map/map.htm.

Klär, Erik (2014): Die Eurokrise im Spiegel der Potenzialschätzungen. Lehren für eine alternative Wirtschaftspolitik? Friedrich-Ebert-Stiftung, WisoDiskurs, https://library.fes.de/pdf-files/wiso/10710.pdf.

Priewe, Jan (2020): Why 60 and 3 percent? European debt and deficit rules – critique and alternatives, Institut für Makroökonomie und Konjunkturforschung (IMK), IMK Study No. 66.

SVR (Sachverständigenrat zur Begutachtung der gesamtwirtschaftlichen Entwicklung) (2007): Staatsverschuldung wirksam begrenzen. Expertise für den Bundesminister für Wirtschaft und Technologie, Wiesbaden.

SVR (Sachverständigenrat zur Begutachtung der gesamtwirtschaftlichen Entwicklung) (2019): Jahresgutachten 2019/20, Wiesbaden.

Schmidt, Pascal u. a. (2017): Die Abgrenzung des Staatssektors in den Volkswirtschaftlichen Gesamtrechnungen, Wirtschaft und Statistik (WISTA), Heft 1, S. 35–48.

Tooze, Adam (2019): Output gap nonsense, Social Europe, https://www.socialeurope.eu/output-gap-nonsense.

Troost, Axel (2013): Hintergrund: Staatsverschuldung in Deutschland, https://www.axel-troost.de/de/article/7024.hintergrund-staatsverschuldung-in-deutschland-2-aktualisierte-fassung.html.

Truger, Achim (2015): Eine expansive Finanzpolitik in Europa ist möglich – zur Not auch im bestehenden institutionellen Rahmen, in: Junkernheinrich, Martin/Korioth, Stefan/Lenk, Thomas/Scheller, Henrik/Woisin, Matthias (Hg.): Jahrbuch für öffentliche Finanzen 2015, Berlin, S. 286–297.

Truger, Achim (2016): The golden rule of public investment – a necessary and sufficient reform of the EU fiscal framework? IMK Working Paper 168-2016, Hans-Böckler-Stiftung, Düsseldorf.

Truger, Achim (2019): Deutsche Schuldenbremse: kein gutes Vorbild für Europa, Wirtschaftsdienst. Nr. 5, S. 5ff.

4 Leistungsfähiges Gemeinwesen: Beschäftigungslücken schließen

Nach Jahren des Personalabbaus und entstaatlichender Politik werden in wichtigen öffentlichen und gemeinwohlorientierten Dienstleistungsfeldern die gewandelten Anforderungen nur mangelhaft erfüllt. Ausgehend von Bedarfsanalysen und internationalen Beschäftigungsvergleichen kann in den Bereichen Kinderbetreuung, Bildung sowie der Kranken- und Altenpflege ein ungedeckter Beschäftigungsbedarf von jeweils mehreren hunderttausend Vollzeitstellen begründet werden. Auch bei kulturellen Dienstleistungen bestehen ungedeckte Bedarfe von 100.000 Beschäftigten aufwärts. Wie es anders geht, haben die skandinavischen Staaten unter Beweis gestellt. Für die kommenden zehn Jahre fordert die Arbeitsgruppe Alternative Wirtschaftspolitik einen Beschäftigungsaufbau von einer bis zwei Millionen öffentlich Beschäftigten in den genannten Bereichen.

4.1 Einleitung

Die *Arbeitsgruppe Alternative Wirtschaftspolitik* hat sich in den vergangenen Jahren intensiv den Defiziten in unterschiedlichen sozialen Dienstleistungsfeldern gewidmet. Ein häufig wiederkehrendes Thema waren die Zustände in der Krankenhaus- wie auch in der Langzeit-/Altenpflege (vgl. MEMORANDEN 2012, 2014, 2018 und 2019). Vielfach thematisiert wurden auch Finanzierungsdefizite im Bildungsbereich (vgl. MEMORANDEN 2012, 2013 und 2018). Das MEMORANDUM 2017 beleuchtete den im internationalen Vergleich schwach ausgestatteten öffentlichen Dienst in Deutschland. Ähnlich wie das MEMORANDUM 2009, das sich sozialen Dienstleistungen in öffentlicher Verantwortung widmete, soll in diesem MEMORANDUM eine aktuelle Bestandsaufnahme der wichtigsten öffentlichen und gemeinwohlorientierten Dienstleistungsfelder vorgenommen werden, die schon jetzt massiv unterbesetzt sind und in Zukunft weiter stark wachsen werden. Dies betrifft den gesamten Bereich der Care- und Pflegeleistungen von der frühkindlichen Bildung, Betreuung und Erziehung sowie der Krankenhauspflege bis hin zur Pflege, Betreuung und Alltagsassistenz meist älterer Menschen mit Unterstützungsbedarf. Zusätzlich werden Bedarfe im Bildungswesen und das Potenzial kultureller Dienstleistungen aufgezeigt.

Im Zentrum steht dabei eine quantitative Schätzung des Beschäftigungspotenzials. Dieses wird einerseits anhand einschlägiger Studien beziffert, die ausgehend von der konkreten Situation in Deutschland Ausbaupotenziale benennen. Zum anderen werden Personaldichten in Ländern mit guter Versorgung mit der deutschen verglichen. Die skandinavischen Länder sind hierfür prädestiniert, denn dort wurde der Beweis erbracht, dass im Rahmen einer *mixed economy* – einer stark auf den Export ausgerichteten kapitalistischen Privatwirtschaft kombiniert mit einem starken Wohlfahrtsstaat, der auf umfänglichen öffentlichen Diensten mit ergänzender Non-Profit-Beschäftigung gründet – erhebliche Potenziale an gemeinwohlorientierter Beschäftigung gehoben werden können, ohne dass damit ein wirtschaftlicher Niedergang verbunden wäre.

Das skandinavische Wohlfahrtsmodell, zuletzt ausführlich im MEMORANDUM 2006 beschrieben, wurde während der vergangenen 25 Jahre zum Teil deutlich geschliffen. Die These, dass der skandinavische Wohlfahrtsstaat deshalb der Vergangenheit angehört, ist dennoch falsch. Die nachfolgenden Daten stützen die Einschätzung, dass das Modell den neoliberalen Angriffen bislang im Kern standgehalten hat.

Anders als in Skandinavien, aber auch der staatszentrierten DDR, waren soziale Dienste in Westdeutschland traditionell wenig entwickelt. Statt den Schwerpunkt bei einer verlässlichen sozialen Infrastruktur zu setzen, wurden lieber Transferleistungen verteilt. Im Kern ist das immer noch so. Im Vordergrund steht der Ruf nach der Verantwortung der Familie, der Eltern und der Nachbarschaft. Der konservative Wohlfahrtstaat steht aber seit Jahren massiv unter Druck. Die mit einem geänderten Rollenverständnis gestiegene Zahl der erwerbstätigen, wenn auch oft in Teilzeit beschäftigten Frauen hat den Bedarf nach Betreuungsleistungen ebenso erhöht wie die deutlich gestiegene Zahl alleinstehender, pflegebedürftiger Menschen. Die Bedeutung von sozialen und gesundheitlichen Diensten ist entsprechend gewachsen.

Der Ausbau der untersuchten Dienstleistungen rechtfertigt sich einerseits aus sich selbst, d. h. indem er soziale Teilhabe und Lebensqualität sowie die persönliche Entfaltung verbessert. Es sprechen aber auch gesamtwirtschaftliche Gründe dafür. Zum einen dient der Personalaufbau dem Ziel der Vollbeschäftigung. Trotz gesunkener Arbeitslosigkeit gibt es nach wie vor in erheblichem Umfang offene und verdeckte Arbeitslosigkeit und ungewollte Teilzeit (vgl. MEMORANDUM 2018). Diese Unterbeschäftigung kann – in einem gewissen Umfang und entsprechende Qualifizierungsmaßnahmen vorausgesetzt – durch die neu zu schaffenden Arbeitsplätze abgebaut werden. Zum anderen würde der massive Ausbau gemeinwohlorientierter Dienste die Binnenwirtschaft stärken und wäre ein zentraler Hebel dafür, die von der *Arbeitsgruppe Alternative Wirtschaftspolitik* seit langem kritisierten deutschen Leistungsbilanzüberschüsse zu mindern. Darüber hinaus würden Ersatzarbeitsplätze für in umwelt- und klimaschädlichen Bereichen wegfallende Arbeitsplätze geschaffen, wobei im MEMORANDUM 2019 festgestellt wurde, dass die Nettobeschäftigungseffekte einer ambitionierten Energiewendepolitik ohnehin positiv sein dürften. Die Überbeanspruchung von natürlichen Ressourcen reicht aber weit über die Klimaproblematik hinaus, und die kommenden Jahrzehnte werden eine starke Verschiebung von materiellen zu immateriellen Gütern mit sich bringen müssen.

4.2 Beschäftigung im öffentlichen Dienst

Seit Anfang der 1990er-Jahre fand im öffentlichen Dienst ein massiver Personalabbau statt, der von einer systematischen Entstaatlichungspolitik geprägt war. Die Zahl der Beschäftigten sank von 6,7 Millionen im Jahr 1991 auf rund 4,5 Millionen im Jahr 2008. Ungefähr die Hälfte des Personalabbaus gründete in der Privatisierung großer

Bundesunternehmen (vor allem der Deutschen Post) sowie kommunaler Unternehmen inklusive der Ausgliederung von Aufgabengebieten. Seit 2009 wurde absolut gesehen wieder Personal aufgebaut, auf rund 4,8 Millionen Beschäftigte im Jahr 2018. Im Wesentlichen resultiert dies aus dem Ausbau der kommunalen Kinderbetreuung und der Einstellung zusätzlicher Pflegekräfte in öffentlichen, häufig kommunalen Krankenhäusern. Auch an den Hochschulen und in geringerem Ausmaß bei der Polizei, bei der Justiz und an den Schulen, also den wichtigsten Aufgabenfeldern der Länder, stieg die Beschäftigung, nachdem diese Bereiche zuvor an den Rand der Leistungsfähigkeit gedrückt worden waren. Von einer generellen Renaissance des Staates als Arbeitgeber kann gleichwohl keine Rede sein. Dem Zuwachs stehen viele kleinere Bereiche wie das kommunale Bäderwesen oder die Lebensmittelüberwachung gegenüber, wo sich die Malaise weiter verschlimmert hat, ohne dass davon groß Kenntnis genommen wird.

Während Deutschland im öffentlichen Dienst aktuell (Stand: 2018) 58 Personen und bei öffentlichen Arbeitgeberinnen und Arbeitgebern insgesamt 73,6 (Vollzeit und Teilzeit) auf 1.000 Einwohnerinnen und Einwohner beschäftigt, liegen die entsprechenden Dichteziffern in allen fünf nordisch-skandinavischen Staaten mehr als doppelt so hoch (in Dänemark zum Beispiel beträgt die Dichteziffer im öffentlichen Dienst 143 und im öffentlichen Sektor insgesamt 152,8). In Norwegen hat rund ein Drittel der Beschäftigten eine öffentliche Arbeitgeberin oder einen öffentlichen Arbeitgeber, in Dänemark und Schweden liegt der Anteil bei rund 30 Prozent und in Finnland bei rund 28 Prozent. Demgegenüber standen öffentliche Arbeitgeberinnen und Arbeitgeber in Deutschland im Jahr 2018 nur für einen Beschäftigungsanteil von 15 Prozent (öffentlicher Dienst: 11,8 Prozent). Auch im Vergleich mit anderen europäischen Staaten hat Deutschland einen kleinen öffentlichen Sektor. Bei den Ausgaben für Personal im öffentlichen Dienst relativ zum BIP liegt Deutschland in der Europäischen Union vor Irland an vorletzter Stelle.

Während in den skandinavischen Staaten über 80 Prozent der Beschäftigten im Gesundheits- und Sozialwesen eine öffentliche Arbeitgeberin oder einen öffentlichen Arbeitgeber haben, liegt die Quote in

Deutschland mit geschätzt unter 30 Prozent deutlich darunter. Dies liegt an der großen Bedeutung freigemeinnütziger, insbesondere kirchlicher Träger. In der ambulanten Gesundheitsversorgung ist zudem die privat-freiberufliche Tätigkeit weit verbreitet, und es kam in den vergangenen Jahren zu einer Komplettvermarktlichung der Langfristpflege. Vermarktlichung und Privatisierung spielen auch bei Krankenhäusern und in der Kinder- und Jugendhilfe eine große Rolle. Jugendämter steuern häufig nur noch den Einsatz privater Dienstleister, statt Leistungen selbst zu erbringen.

Ein hoher Anteil öffentlich Beschäftigter ist zentral dafür, dass in den jeweiligen Feldern gute Arbeitsbedingungen herrschen. Zum einen kann der öffentliche Sektor viel direkter politisch gesteuert werden. Zum anderen ist eine kritische Masse an Beschäftigung im öffentlichen Sektor für gewerkschaftliche Organisation und damit für das Erkämpfen guter Arbeitsbedingungen unentbehrlich. Dies belegen die miserablen Arbeitsbedingungen in der Altenpflege, wo der Anteil von Beschäftigten bei öffentlichen Arbeitgeberinnen und Arbeitgebern auf knapp fünf Prozent geschrumpft ist.

Der Deutsche Beamtenbund bezifferte Anfang des Jahres den Personalbedarf im öffentlichen Dienst auf fast 300.000 Stellen. In den Kommunalverwaltungen (allgemeine Verwaltung, Ausländerbehörden, Bauämter, Jugendämter, Ordnungsämter, Sozialämter/soziale Arbeit, Feuerwehren, Kitas) fehlen ihm zufolge 138.300 Stellen (wobei den Vorjahresschätzungen zufolge der Löwenanteil davon auf Erzieherinnen und Erzieher entfallen dürfte). In der Kranken- und Altenpflege seien 40.000 Beschäftigte mehr nötig, in den Schulen 32.000 Beschäftigte. 25.000 Stellen kämen jeweils bei der Bundes- sowie der Landespolizei dazu, 21.000 in der Steuerverwaltung, 5.600 beim Zoll, 5.500 im öffentlichen Gesundheitsdienst, 3.000 in der Justiz sowie 1.500 bei der Arbeitsagentur bzw. in Jobcentern.

Die aus Sicht der *Arbeitsgruppe Alternative Wirtschaftspolitik* volumenmäßig größten Bedarfsfelder – Kinderbetreuung, Schulen und Hochschulen, Pflege – sollen nachfolgend genauer untersucht werden. Es ist klar, dass auch in Jugend-, Bau-, Ordnungs-, Bürger- und Sozialämtern, in Ausländerbehörden, in der Lebensmittelüberwachung, im öffentlichen Gesundheitsdienst, bei Feuerwehren und in der Justiz – um nur einige Beispiele zu nennen – deutlich mehr Personal benötigt wird, als derzeit vorhanden ist. Annähernd alle Bereiche des öffentlichen Dienstes sind von Personalmangel geprägt, ohne dass die einzelnen Bedarfe an dieser Stelle genau beziffert werden können.

4.3 Bedarfsfeld Ausbau der Kinderbetreuung

Der Ausbau der Kinderbetreuung ist, nicht zuletzt aufgrund des seit 2013 bestehenden Rechtsanspruchs darauf, in den vergangenen Jahren quantitativ gut vorangekommen. Allerdings gibt es regionale Unterschiede, und er hinkt hinter dem steigenden Bedarf hinterher. Auch bei der Qualität hapert es vielfach.

Im Ländermonitor der Bertelsmann Stiftung werden seit 2008 die Daten der amtlichen Kinder- und Jugendhilfestatistik ausgewertet. Um die Personallücke zu bestimmen, orientiert sich die Stiftung an fachlichen Standards, die in einer reinen Krippengruppe von Kindern im Alter unter drei Jahren eine Fachkraft pro drei Kindern empfehlen (Bertelsmann Stiftung 2017). In einer klassischen Kindergartengruppe, in der Kinder ab drei Jahren bis zum Schuleintritt betreut werden, wird eine Personalrelation von 1:7,5 empfohlen. Die Arbeitszeit des Leitungspersonals ist dabei noch nicht berücksichtigt.

Im Bundesdurchschnitt kommen bei den 24.517 Krippengruppen im Mittel 4,7 Kitakinder auf eine Fachkraft, bei den 15.843 Gruppen mit Kindern von 0 bis 4 Jahren sind es 5,1, und bei den 49.379 Kindergartengruppen sind es 9,6. Die Bertelsmann Stiftung errechnet, dass im Jahr 2017 rund 130.000 zusätzliche rechnerische Vollzeitkräfte nötig gewesen wären, um die fachlichen Empfehlungen zu erreichen. Speziell die östlichen Bundesländer, insbesondere Sachsen, benötigten einen erheblichen Personalaufbau zur Erreichung guter Personalschlüssel. Gegenüber dem Westen sind im Osten jedoch relativ gesehen deutlich mehr Kitaplätze vorhanden. Tabelle 4.1 illustriert das deutlich größere Betreuungsangebot im Osten (Betreuungsplätze pro 100 Kinder, vgl. Spalte 8) bei gleichzeitig schlechteren Personalquoten (pädagogisches

Tabelle 4.1: Beschäftigte und Betreuungsplätze in Krippen, Kindergärten und Horten für Kinder bis unter 14 Jahre nach Bundesländern

Bundesland (Rangfolge laut Spalte Nr. 5)	1 Genehmigte Plätze	2 Beschäftigte insgesamt	4 Beschäftigte auf 100 Plätze	3 Pädagogisches Personal	5 Pädagogisches Personal auf 100 Plätze	6 Pädagogisches Personal auf 1.000 Einw.	7 Kinder (0 bis einschließlich 13 Jahre)	8 Betreuungsplätze pro 100 Kinder
				in Vollzeitäquivalenten				
Nordrhein-Westfalen	602.764	132.435	22,0	87.907	14,6	4,9	2.281.577	26,4
Bremen	27.059	5.903	21,8	3.822	14,1	5,6	84.973	31,8
Berlin	173.923	35.272	20,3	24.429	14,0	6,8	475.277	36,6
Baden-Württemberg	496.154	105.296	21,2	69.094	13,9	6,3	1.424.509	34,8
Saarland	37.635	7.836	20,8	5.044	13,4	5,1	110.821	34,0
Rheinland-Pfalz	178.254	38.724	21,7	23.493	13,2	5,8	501.644	35,5
Schleswig-Holstein	116.057	24.078	20,7	14.960	12,9	5,2	356.456	32,6
Niedersachsen	331.306	65.719	19,8	41.498	12,5	5,2	1.004.216	33,0
Thüringen	102.488	17.683	17,3	12.857	12,5	6,0	253.081	40,5
Hessen	294.990	59.706	20,2	36.431	12,3	5,8	803.457	36,7
Hamburg	91.890	18.195	19,8	11.344	12,3	6,2	241.408	38,1
Bayern	621.583	113.955	18,3	72.515	11,7	5,6	1.638.146	37,9
Mecklenburg-Vorpommern	114.671	14.812	12,9	10.125	8,8	6,3	190.413	60,2
Sachsen-Anhalt	165.859	20.741	12,5	14.675	8,8	6,6	251.659	65,9
Brandenburg	198.335	24.394	12,3	16.562	8,4	6,6	303.914	65,3
Sachsen	346.597	39.360	11,4	27.061	7,8	6,6	502.980	68,9
Deutschland	3.899.565	724.109	18,6	471.817	12,1	5,7	10.424.531	37,4

Quellen: Statistische Ämter des Bundes und der Länder, GENESIS-Datenbank: Einrichtungen nach Alter der Kinder, genehmigten Plätze, tätigen Personen – regionale Ebenen mit Stand vom März 2018 (Spalten Nr. 1 bis 6) sowie Bevölkerung nach Bundesländern und Altersjahren zum Stichtag 31.12.2017 (Spalte Nr. 7), eigene Berechnungen.

Personal auf 100 Plätze, vgl. Spalte 5). In dieser Übersicht sind neben Kitas auch Hortplätze für Kinder unter 14 Jahren enthalten.

Zu höheren Personalbedarfen als die Bertelsmann Stiftung kommt die Prognos AG (2018), nach der bis 2025 zusätzlich 231.000 Erzieherinnen und Erzieher benötigt würden (in Voll- und Teilzeit, was zum Teil den höheren Betrag erklärt). Dieser Mehrbedarf verteilt sich auf 62.000 Stellen, um die Personalschlüssel zu verbessern, 111.000 Stellen, um nicht erfüllte Elternwünsche nach Betreuungsplätzen zu befriedigen, und 59.000 Stellen, um der demografischen Entwicklung gerecht zu werden. Den Schätzungen wurden eine Stabilisierung der Geburtenrate bei 1,5 und eine weiter wachsende Nachfrage nach formaler Kinderbetreuung mit Anstieg der U3-Betreuungsquote auf 45 Prozent bis zum Jahr 2026 zugrunde gelegt.

Zu einem Mehrbedarf von 290.000 Vollzeitstellen kommen Schätzungen für die Max-Traeger-Stiftung der Gewerkschaft Erziehung und Wissenschaft (GEW). Neben besseren Betreuungsquoten und mehr Kita-Plätzen wurden hierbei auch Fachkräfte für behinderte Kinder und für Sprachförderung, zusätzliche Leitungskräfte sowie ein Personalpuffer für Vertretungen für krankheitsbedingte und sonstige Ausfälle berücksichtigt (siehe Tabelle 4.2).

Kita-Beschäftigte im Skandinavien-Spiegel

Im europäischen Vergleich hat sich Deutschland zuletzt stark verbessert, vor allem bei der Betreuung von Kindern bis drei Jahren. Trotzdem fallen laut EU-SILC-Erhebung die Betreuungsquoten und die Betreuungszeiten in den skandinavischen Ländern mit Ausnahme Finnlands, wo die Zahlen in etwa vergleichbar sind, immer noch deutlich höher aus als in Deutschland. Da die skandinavischen Länder auch die fachlich empfohlenen Personalschlüssel überwiegend realisieren, liefern sie Anhaltspunkte für das Beschäftigungspotenzial. Laut den amtlichen nationalen Statistiken müsste das Personal in Deutschland fast verdoppelt werden, um die Dichteziffern von Dänemark zu erreichen, für die Dichteziffern von Island und Norwegen sogar noch mehr als das. Allerdings stellen in den skandinavischen Ländern junge Menschen einen deutlich höheren Anteil an der Gesamtbevölkerung. Wenn nur

Tabelle 4.2: Personalbedarfe im Kitabereich nach Schätzungen für die GEW

Bedarf	Zusätzliche Vollzeit-stellen
Mehr Betreuungsplätze für unter dreijährige Kinder	59.652
Ausbau der Ganztagsbetreuung	38.934
Betreuungsquote von 1 zu 2 für unter einjährige Kinder	18.089
Betreuungsquote von 1 zu 4 für unter dreijährige Kinder	17.792
Betreuungsquote von 1 zu 8 für ältere Kita-Kinder	24.927
Zusätzliches Personal für behinderte Kinder	43.356
Sprachförderung	17.342
Zusätzliche Leitungskräfte	7.016
Personalpuffer für Vertretungen	64.783
Summe	291.891

Quelle: Jaich (2017).

die Bevölkerung bis zehn Jahren zur Berechnung der Dichteziffern herangezogen wird, fällt der rechnerische Mehrbedarf an Kita-Personal erheblich geringer aus. Verglichen mit Dänemark errechnet sich aber immer noch ein Mehrbedarf von 330.000 Beschäftigten, verglichen mit Island und Norwegen einer von 450.000 bzw. 400.000 Vollzeitäquivalenten allein beim pädagogischen Personal. Wenn zusätzlich zum pädagogischen Personal auch die Stellen in der Verwaltung, der Verpflegung und beim Reinigungspersonal berücksichtigt werden, fällt der Mehrbedarf noch deutlich höher aus.

4.4 Bedarfsfeld „Erziehung und Unterricht"

In Deutschland klammerten sich die Kultusministerien der Bundesländer lange an die Illusion von der „demografischen Rendite", die ihnen von der „Initiative Neue Soziale Marktwirtschaft" und anderen neoliberalen Lobbyistinnen und Lobbyisten vorgerechnet worden war. Demnach werde aufgrund sinkender Schülerzahlen kein zusätzliches Personal benötigt. Im Vertrauen darauf wurden viel zu wenig Lehrkräfte ausgebildet. Als dann die Schülerzahlen wieder stiegen, gab es einen personellen Notstand, der nur notdürftig mittels der Rekrutierung von Quereinsteigerinnen und Quereinsteigern gestopft werden konnte.

Die Zahl der Kinder unter fünf Jahren war im Zeitraum von 1995 bis 2012 stetig von 4,2 Millionen auf 3,4 Millionen zurückgegangen, steigt seither aber wieder an (2018: 3,9 Millionen). Infolge des Mangels an Lehrkräften können anspruchsvolle pädagogische Konzepte häufig nicht umgesetzt werden. Vielfach kommt es zu Unterrichtsausfall. In besonderer Weise leiden darunter Kinder aus sozial benachteiligten Milieus. Sie benötigen pädagogisch anspruchsvolle Ganztagsschulangebote. Der bisherige Ausbau der Ganztagsschulen leistet dies nicht, durch Personalmangel findet dort nachmittags häufig kaum mehr als eine Beaufsichtigung statt. Folgerichtig ist ausweislich der jüngsten PISA-Studie (OECD 2019) verglichen mit der letzten Studie sowohl der Anteil von Schülerinnen und Schülern gewachsen, die nur unterste Kompetenzwerte erreichen, als auch die Abhängigkeit des Bildungserfolgs von der sozioökonomischen Herkunft.

Auch an den Hochschulen liegt die Lehre vielfach im Argen, weil die Personalausstattung mit den stark gestiegenen Studierendenzahlen nicht Schritt hält. Selbst „Exzellenzuniversitäten" halten Mindeststandards der Lehre nicht ein. In den 2000er-Jahren lagen die Studierendenzahlen relativ konstant bei rund zwei Millionen, sie sind in der vergangenen Dekade aber auf fast 2,9 Millionen angestiegen. Das Hochschulpersonal wurde quantitativ nur unzureichend aufgestockt, außerdem verschlechterten sich die Arbeitsbedingungen, insbesondere durch den vermehrten Einsatz von Lehrbeauftragten und befristeten Verträgen auf reduzierter Stundenbasis. Insofern ist eine generelle Hochschulreform, speziell des akademischen Mittelbaus, seit langem überfällig, sie scheitert aber auch an den föderalen Strukturen.

Kaum im Fokus der Öffentlichkeit steht der Weiterbildungssektor, aus dem sich die öffentliche Hand zusehends zurückgezogen hat. Da tariflich vergütete Festanstellungen immer mehr zugunsten von Honorarbeschäftigungen abgebaut wurden, breiten sich Niedrigeinkommen hier in ähnlicher Weise aus wie bei den Postdiensten nach der Privatisierung der Bundespost. Im Ergebnis ist der Weiterbildungssektor heute in einem desolaten Zustand mit zerfurchten Strukturen und zunehmend prekären Arbeitsverhältnissen.

Die bereits zitierte GEW-Bildungsfinanzierungsstudie beziffert den zusätzlichen jährlichen öffentlichen Finanzbedarf für Bildung und Erziehung einschließlich des Kitawesens auf 54 Milliarden Euro (Jaich 2017). Die dazugehörigen Personalbedarfe sind in der Studie zwar zumeist nicht explizit ausgewiesen, lassen sich aber aus den Datentabellen direkt ableiten oder abschätzen (siehe Tabelle 4.3 auf Seite 214).

An den allgemeinbildenden Schulen liegt der personelle Mehrbedarf bei 356.000 Vollzeitstellen. Zukünftig sollen dabei mindestens 60 Prozent der Kinder in Ganztagsschulen betreut, die im internationalen Vergleich überdurchschnittlichen Pflichtstunden für Lehrerinnen und Lehrer auf 25 reduziert, zusätzliche Sozialpädagoginnen und Sozialpädagogen sowie Schulpsychologinnen und Schulpsychologen eingestellt sowie das Verhältnis von Lehrkräften und Schülerinnen und Schülern auf den OECD-Durchschnitt angehoben werden. Hinzu kommt Personal für die Inklusion sowie ein fünfprozentiger Personalpuffer für Vertretungen. Auf ähnliche Weise sollen an den beruflichen Schulen weitere 66.000 Vollzeitstellen entstehen.

An den Hochschulen sollen 68.000 Stellen dadurch geschaffen werden, dass zukünftig eine wissenschaftliche (bzw. künstlerische) Personalstelle auf 13 Studierende entfällt.

In der Weiterbildung soll zukünftig je 100.000 Erwachsenen eine kommunale Beratungsstelle mit durchschnittlich fünf Beschäftigten zur Verfügung stehen, die kommunalen Ausgaben für Erwachsenenbildung sind in der Konsequenz deutlich anzuheben. Auch bei der Bundesagentur für Arbeit sollte Weiterbildung ein stärkeres Gewicht erhalten, so bei der Förderung von Weiterbildungsmaßnahmen für Erwerbslose. Grob geschätzt ergäbe sich ein Bedarf von 53.000 zusätzlichen Stellen.

Insgesamt würden damit im Bereich Bildung und Erziehung rund

Tabelle 4.3: Personalbedarfe im Bereich Bildung und Erziehung (ohne Kitas) nach Schätzungen für die GEW

	Zusätzliche Vollzeitstellen
Allgemeinbildende Schulen	
Ausbau Ganztagsschulen	60.000 *
Weniger Pflichtstunden für Lehrkräfte	39.934
Zusätzliche SchulsozialpädagogInnen	50.010
Zusätzliche SchulpsychologInnen	332
Besseres Betreuungsverhältnis im Primarbereich	15.940
Besseres Betreuungsverhältnis im Sekundarbereich	67.428
Personalpuffer für Vertretungen	37.778
Inklusion	65.000 *
Teilsumme allgemeinbildende Schulen	*336.422*
Berufliche Bildung	
Zusätzliche Schulplätze	8.000 *
Verringerung der Klassenstärke auf maximal 18	22.846
Weniger Pflichtstunden für Lehrkräfte	2.546
Zusätzliche SozialpädagogInnen	14.980
Zusätzliche SchulpsychologInnen	499
Personalpuffer für Vertretungen	5.871
Inklusion	12.329
Teilsumme berufliche Bildung	*67.071*
Hochschulen	
Betreuungsquote von 1 zu 13	65.034
Zusätzliches Verwaltungspersonal	3.253
Teilsumme Hochschulen	*68.287*
Weiterbildung	
Ausweitung der Erwachsenenbildung	5.000 *
Aufbau von Beratungsstrukturen	3.403
Weiterbildung von Erwerbslosen	45.000 *
Teilsumme Weiterbildung	*53.403*
Insgesamt (Schulen, Hochschulen, Weiterbildung)	**525.183**

* Eigene Schätzung anhand der in der Studie gemachten Angaben. — Quelle: Jaich (2017).

525.000 Vollzeitstellen neu geschaffen, zusammen mit den im letzten Abschnitt geforderten Kita-Beschäftigten wären es rund 815.000 Stellen.

Da bei den Ganztagsschulen nicht ersichtlich ist, wie sich die festgestellten Mehrkosten von 3,7 Milliarden Euro auf Sachkosten und auf Personalkosten für Lehrerinnen und Lehrer sowie für Erzieherinnen und Erzieher aufteilen, werden hier grob 60.000 Stellen veranschlagt. Ersatzweise kann eine vom Bildungsforscher Klaus Klemm erstellte Studie herangezogen werden (Bertelsmann Stiftung 2017): Wenn eine Ganztagsbetreuung bei steigenden Schülerzahlen bis zum Jahr 2025 für 80 Prozent der Schülerinnen und Schüler und bis 2030 für sämtliche Schülerinnen und Schüler erreicht werden soll, würden 47.600 zusätzliche Pädagoginnen und Pädagogen bis 2025 sowie 72.600 Pädagoginnen und Pädagogen bis 2030 benötigt, wenn zugleich die zusätzliche Betreuungszeit zur Hälfte für schulische Angebote genutzt würde. Wenn die Mehrzeit vollständig ausgenutzt würde, stiegen die Mehrbedarfe bis 2025 auf 134.000 zusätzliche Kräfte und bis 2030 auf 183.800. Zwei Drittel der Bedarfe entfielen jeweils auf Lehrkräfte, ein Drittel entfiele auf sonstige Pädagoginnen und Pädagogen.

Der Wirtschaftszweig Erziehung und Unterricht im internationalen Vergleich

Bei Bildungsvergleichen (PISA, IGLU, Indikatoren zur Bildungsbeteiligung, öffentliche Ausgaben etc.) schneiden neben den skandinavischen Ländern auch Staaten wie Belgien, Slowenien und die Schweiz verhältnismäßig gut ab. Der Vergleich der amtlichen Beschäftigungsdaten gestaltet sich aufgrund unterschiedlicher Zuordnungen schwierig (so werden in manchen nationalen Statistiken Kita-Beschäftigte dem Sozialwesen zugeordnet, in anderem dem Bildungsbereich). Zudem muss auch die Demografie berücksichtigt werden. So stellen Menschen bis 20 Jahre in Deutschland einen Anteil von 19,5 Prozent an der Bevölkerung, während es in den skandinavischen Ländern 24,0 Prozent sind, was einen deutlich höheren Bedarf an Bildungs- und Erziehungsdienstleistungen begründet. Aus diesem Grund wird eine Alterskorrektur vorgenommen, welche die Beschäftigtenzahlen in Relation zur Bevöl-

Tabelle 4.4: Beschäftigte im Wirtschaftszweig „Erziehung und Unterricht" im europäischen Vergleich: Erwerbstätige im Alter von 15 bis 64 Jahren insgesamt, Vergleich der Dichteziffern, Vergleich der Dichteziffern auf 1.000 Einwohnerinnen und Einwohner und fiktive deutsche Mehrbeschäftigung bei Zugrundelegung der Dichteziffern der Vergleichsländer

	2009	2018						
	Erwerbstätige	Erwerbstätige	Bevölkerung		Dichteziffer		Mehrbeschäftigung bei adapierter Dichteziffer	
			Gesamt	bis 20 Jahre	ohne Alterskorrektur	mit Alterskorrektur	ohne Alterskorrektur	mit Alterskorrektur
Deutschland	2.341.200	2.744.900	82.792.351	16.170.490	33,2	169,7	0	0
Finnland	162.800	181.300	5.513.130	1.248.142	32,9	145,3	-22.263	-396.041
Norwegen	199.400	213.600	5.295.619	1.327.858	40,3	160,9	594.548	-143.706
Belgien	392.300	448.200	11.398.589	2.694.983	39,3	166,3	510.550	-55.602
Dänemark	215.500	248.200	5.781.190	1.381.135	42,9	179,7	809.569	161.055
Schweiz	335.500	329.300	8.484.130	1.793.941	38,8	183,6	468.573	223.393
Slowenien	72.100	83.100	2.066.880	423.138	40,2	196,4	583.810	430.820
Schweden	471.100	567.800	10.120.242	2.448.448	56,1	231,9	1.900.196	1.005.069
Island	19.000	23.200	348.450	94.080	66,6	246,6	2.767.462	1.242.721

Quellen: Eurostat, Beschäftigung nach Geschlecht, Alter und Wirtschaftszweigen (ab 2008, NACE Rev. 2) [lfsa_egan2], letzte Aktualisierung am 23.05.2019; Eurostat, Bevölkerung am 1. Januar nach Alter und Geschlecht [demo_pjan], letzte Aktualisierung am 06.06.2019; eigene Berechnungen.

kerung im Alter bis 20 Jahre setzt (und nicht zur Gesamtbevölkerung, siehe Tabelle 4.4 auf Seite 216).

In allen Staaten außer der Schweiz sind die Beschäftigtenzahlen in den vergangenen Jahren deutlich gestiegen. Bezogen auf die Gesamtbevölkerung weisen alle Vergleichsstaaten außer Finnland eine höhere oder deutlich höhere Beschäftigungsdichte auf. Wird nur auf die Bevölkerung bis 20 Jahre abgestellt, so weisen neben Finnland auch Norwegen und Belgien schlechtere Dichteziffern auf als Deutschland, und die Abstände zu den anderen Vergleichsstaaten schrumpfen erheblich. Insgesamt würde die Beschäftigtenzahl in Deutschland je nach Vergleichsland von einer Ist-Beschäftigung von 2,75 Millionen auf 2,35 Millionen Erwerbstätige sinken bzw. auf 4,0 Millionen steigen.

4.5 Bedarfsfeld „Gesundheits- und Sozialwesen"

Je nach statistischer Abgrenzung differieren die Beschäftigtenzahlen im Gesundheits- und im Sozialwesen. Laut VGR unterteilt sich der Wirtschaftszweig in die beiden großen Bereiche „Gesundheitswesen" und „Heime und Sozialwesen". In allen Bereichen ist eine sehr dynamische Beschäftigungsentwicklung zu registrieren, bei Heimen und Sozialwesen noch stärker als beim Gesundheitswesen. Laut der Zählweise von Eurostat entfielen 2018 auf das Gesundheitswesen 2,96 Millionen Erwerbstätige, auf das Heimwesen 1,27 Millionen und auf das Sozialwesen 1,08 Millionen, was sich insgesamt auf 5,31 Millionen summiert.

Der enorme Rückstand, den Deutschland Mitte der 1990er-Jahre gegenüber den skandinavischen Ländern aufwies, ist deutlich kleiner geworden, die Lücke ist aber immer noch beachtlich (siehe Tabelle 4.5 auf Seite 218). Mit der Beschäftigungsdichte von Dänemark hätte es im Jahr 2018 in Deutschland fast zwei Millionen Erwerbstätige mehr gegeben. Mit der Dichteziffer von Finnland gäbe es 830.000 Erwerbstätige mehr, etwas mehr als in Schweden mit 680.000 Erwerbstätigen. Um die norwegische Dichteziffer zu erreichen, müssten hierzulande im Gesundheits- und Sozialwesen sogar fast drei Millionen Erwerbstätige

Tabelle 4.5: Erwerbstätige im Alter von 15 bis 64 Jahren im Wirtschafts-
zweig„Gesundheit und Sozialwesen" im europäischen Vergleich und fiktive deutsche Mehrbeschäftigung bei Zugrundelegung der Dichteziffern
auf 1.000 Einwohnerinnen und Einwohner der Vergleichsländer

	Erwerbstätige		Dichteziffer		Fiktive Mehrbeschäftigung	
	2008	2018	2008	2018	2008	2018
Deutschland	4.310.800	5.308.100	52,4	64,1	0	0
Schweden	701.600	732.100	76,4	72,3	1.970.900	681.100
Finnland	378.700	408.800	71,4	74,2	1.563.400	831.000
Schweiz	469.400	635.400	61,8	74,9	771.600	892.400
Niederlande	1.277.000	1.290.700	77,8	75,1	2.089.100	911.500
Dänemark	497.400	509.200	90,8	88,1	3.157.600	1.984.100
Norwegen	452.700	527.700	95,6	99,6	3.546.200	2.942.000

Quellen: Eurostat, Bevölkerung nach Geschlecht, Alter und Wirtschaftszweigen (ab 2008, NACE Rev. 2) [lfsa_egan2], letzte Aktualisierung am
23.05.2019; eigene Berechnungen.

mehr arbeiten. Dies erklärt sich zu einem Gutteil über die exzellente
Personalausstattung bei der Krankenhaus- wie auch bei der Altenpflege.

Wichtigster Grund für die Beschäftigungszunahme ist die mit der
gestiegenen Lebenserwartung drastisch gewachsene Zahl alter und
hochaltriger Menschen mit Pflege-, Betreuungs- und Assistenzbedarf.
Ende 1999 gab es in Deutschland zwei Millionen Pflegebedürftige,
Ende 2018 waren es 3,92 Millionen (Bundesgesundheitsministerium
2019) – fast eine Verdoppelung.

Die Personalbedarfe in der Pflege sollen für die Krankenhaus- und
die Altenpflege gesondert genauer betrachtet werden.

4.6 Bedarfsfeld Krankenhauspflege

Wie in Kapitel 5 dieses MEMORANDUM dargelegt wird, hat Deutschland eines der teuersten Gesundheitssysteme der Welt. Die skandinavischen Staaten erzielen jedoch in internationalen Vergleichsstudien mit ihrem öffentlichen Gesundheitsdienst bessere Ergebnisse als Deutschland. Ebenso die Schweiz und die Niederlande mit selbstverwalteten Sozialversicherungssystemen, wobei Deutschland im internationalen Vergleich in den vergangenen Jahren weiter zurückgefallen ist.

Unter den genannten Ländern bieten die Schweiz, Norwegen und Dänemark die beste Gesamt-Personalausstattung. Deutschland weist insgesamt keine gute Personalausstattung auf. Sie ist vergleichbar mit den Niederlanden, wo allerdings die ambulante Versorgung ein viel stärkeres Gewicht hat und die gute Verzahnung mit der stationären Versorgung sehr gute Ergebnisse liefert.

Tabelle 4.6 auf Seite 220 stellt dar, um wie viele rechnerische Vollzeitkräfte die Personalstärke im deutschen Krankenhauswesen höher ausfiele, wenn die Dichteziffer des jeweiligen Vergleichslands zugrunde gelegt wird. Im Jahr 2017 gab es in Deutschland fast eine Million Vollzeit-Krankenhausbeschäftigte. Mit der Dichteziffer von Dänemark hätte es rund 520.000 Vollzeit-Klinikbeschäftigte mehr gegeben, darunter 68.000 Ärztinnen und Ärzte sowie 277.000 Pflegekräfte (inkl. Assistenzkräfte). In den vergangenen Jahren hat Deutschland etwas aufgeholt, der Abstand ist aber immer noch enorm. Zu beachten ist dabei, dass in anderen Staaten (z.B. Island) akademisiertes Pflegepersonal Aufgaben übernimmt, die hierzulande Ärztinnen und Ärzten vorbehalten sind.

Deutlich geringer fällt der personelle Mehrbedarf aus, wenn auf deutsche Studien abgestellt wird. Nach Simon (2018) liegt der Mehrbedarf im Krankenhausbereich je nach zugrunde gelegter Leistungsentwicklung bei 100.000 bzw. 140.000 Vollzeitpflegekräften. Dem wären Mehrbedarfe bei Ärztinnen und Ärzten sowie bei den verschiedenen Funktionsbereichen eines Krankenhauses hinzuzurechnen.

Die seit 2018 von der Bundesregierung ergriffenen Maßnahmen

Tabelle 4.6: Personallücke in deutschen Krankenhäusern bei Zugrundelegung der Dichteziffern von Ländern mit besserer Personalausstattung
im Jahr 2017

	Vollzeitäquivalente pro 100.000 Einwohnerinnen und Einwohner			Mehrbeschäftigung unter der Dichteziffer des Vergleichslandes		
	Ins-gesamt	Ärztinnen und Ärzte	Pflege-personal	Ins-gesamt	Ärztinnen und Ärzte	Pflege-personal
Deutschland	1.213	206	466	0	0	0
Island	1.501	199	606	237.192	-5.108	115.712
Österreich	1.598	259	681	317.411	44.215	177.380
Dänemark	1.848	288	802	523.526	68.097	277.380
Schweiz	1.958	260	804	614.184	45.189	279.303
Norwegen	1.914	257	964	578.122	42.655	411.486

Anmerkung: Unter Pflegepersonal sind neben den Fachkräften auch
Assistenzkräfte erfasst. — Quellen: Eurostat, Krankenhauspersonal [hlth_
rs_prshp1], letzte Aktualisierung am 26.08.2019; eigene Berechnungen.

bringen für die Krankenhauspflege einiges an Verbesserungen. So sollen
Tarifsteigerungen öffentlich refinanziert und die Pflegepersonalkosten-
vergütungen aus den DRG-Pauschalen herausgenommen und auf ein
Pflegebudget umgestellt werden. Damit erhalten Krankenhäuser einen
deutlichen Wettbewerbsvorteil gegenüber Pflegeheimen. Schon jetzt
liegen die Entgelte des Krankenpflegepersonals um bis zu 25 Prozent
über dem des Altenpflegepersonals. Damit deutet sich eine Sogwirkung
aus der Alten- in die Krankenhauspflege an, die den Notstand in der
Heimpflege weiter vergrößern dürfte.

4.7 Bedarfsfeld Altenpflege (ambulante und stationäre Pflegedienste)

Die Realität ist in der professionellen Altenpflege noch stärker von
personellem Notstand geprägt als in der Krankenhauspflege. Nicht

nur liegen die Personalschlüssel weit unter dem Bedarf; offene Stellen können aufgrund des leergefegten Arbeitsmarktes auch kaum besetzt werden. Die von der Bundesregierung zum Start der 19. Legislaturperiode im Jahr 2018 ergriffenen Notmaßnahmen sind nicht mehr als der berühmte Tropfen auf den heißen Stein. Auch auf Landesebene werden die Gestaltungsmöglichkeiten nicht ergriffen, obwohl die Kompetenzen im Heimbereich im Rahmen der Föderalismusreform vom Bund auf die Länder übertragen worden sind.

Ein Fachbeitrag im letzten Pflege-Report der AOK bestätigt, dass in der Dekade von 2007 bis 2017 insgesamt gesehen keine Personalverbesserung realisiert wurde (Schwinger u. a. 2019). Vor allem findet schleichend ein Prozess der Dequalifizierung und Entprofessionalisierung statt.

Die AOK-Autorinnen und -Autoren errechnen in ihrem Basismodell, dass die Zahl der Pflegebedürftigen von 3,3 Millionen im Jahr 2017 auf 3,9 Millionen im Jahr 2030 weiter ansteigen und 2050 den Wert von 5,1 Millionen erreichen wird. Entsprechend wird der Personalbedarf (Pflegefachkräfte, Pflegeassistenzkräfte und Betreuungspersonal) bis zum Jahr 2030 um 131.000 auf rund 750.000 Pflegekräfte und bis zum Jahr 2050 um 379.000 auf 966.000 Kräfte steigen. Sollte sich die Pflegeprävalenz, d. h. die Wahrscheinlichkeit, in einem bestimmten Alter pflegebedürftig zu werden, zukünftig so weiterentwickeln wie in der Vergangenheit, entstünde bis zum Jahr 2030 ein zusätzlicher Personalbedarf von 30.000 Vollzeitäquivalenten, und bis zum Jahr 2050 müsste es rund 1,1 Millionen Vollzeitpflegekräfte geben. Wenn zusätzlich der Personalschlüssel bundesweit auf den Mittelwert der oberen Hälfte der Bundesländer angeglichen würde – er reicht von 40,5 Vollzeit-Pflegekräften auf 100 Heimbewohnerinnen und Heimbewohnern in Bayern bis zu einer Quote von 34,7 in Mecklenburg-Vorpommern –, würde sich der Mehrbedarf bis zum Jahr 2030 um weitere 60.000 Vollzeitkräfte erhöhen.

Sollte die Personalnot weiter wachsen, wären aufgeweichte Pflegestandards die logische Konsequenz. Noch bildet bei den Pflegeheimen die 50-Prozent-Fachkraftquote eine rote Linie gegen die drohende Dequalifizierung. Stünde der pflegerische Bedarf im Mittelpunkt, wäre in der Alten- wie in der Krankenpflege gleichermaßen eine Personalbemessung zwingend, die Sollwerte vorgibt. Davon ist man in Deutschland allerdings weit entfernt. Die rechnerischen Mehrbedarfe fielen dann weit höher aus als im AOK-Pflegereport projektiert. Eine Einschätzung dazu liefert der Skandinavien-Vergleich. Laut Gesundheitspersonalrechnung waren im Jahr 2017 in Deutschland in den ambulanten und stationären Pflegediensten 786.000 rechnerische Vollzeitkräfte beschäftigt. Mit den Dichteziffern, die skandinavische Länder auf 1.000 Einwohnerinnen und Einwohner im Alter ab 65 Jahren realisieren, gäbe es allein bei den Pflege- und Betreuungskräften gut eine halbe Million Vollzeitkräfte mehr. Wird auch das nicht pflegerische Personal (Verwaltung, Küche, Reinigung usw.) einbezogen, würde sich das Personal in der Altenpflege mehr als verdoppeln (vgl. Heintze 2015 und die dort angegebenen Quellen).

4.8 Bedarfsfeld kulturelle Dienstleistungen

Kulturelle Dienstleistungen, zu denen wichtige Bereiche des öffentlichen Bedarfs wie Bibliotheken, Museen und Theater gehören, fallen in den heterogenen Wirtschaftszweig „Kunst, Unterhaltung und Erholung", der auch Sport, Freizeitaktivitäten und das Glücksspiel umfasst. Die beschäftigungspolitische Bedeutung dieses Sektors wurde in der Vergangenheit gerne beschworen. Was an freiberuflicher Tätigkeit im Kreativsektor neu entstand, fand sein Gegenstück allerdings in der Schließung von Theatern und Konzerthäusern. In allen skandinavischen Ländern sind dagegen die Erwerbstätigenzahlen gestiegen und liegen relativ zur Bevölkerung deutlich über dem deutschen Niveau. Auch die meisten europäischen Staaten mit ähnlicher wirtschaftlicher Stärke weisen eine höhere Beschäftigung aus (siehe Tabelle 4.7 auf Seite 223). Auf deutsche Verhältnisse hochgerechnet würden deren Dichteziffern mehrere hunderttausend zusätzliche Erwerbstätige bedeuten.

Erhellend für die Bedeutung von Systemunterschieden ist zum einen die Rolle der Kommunen, zum anderen das öffentliche Bibliotheks-

Tabelle 4.7: Erwerbstätige im Alter von 15 bis 64 Jahren im Wirtschaftszweig „Kunst, Unterhaltung und Erholung" im europäischen Vergleich
und fiktive deutsche Mehrbeschäftigung bei Zugrundelegung der Ver-
gleichsländer-Dichteziffern

	2008	2018		
	Erwerbstätige		Dichteziffer pro 1.000 Einwohnerinnen und Einwohner	Mehrbeschäftigung unter der Dichteziffer von
Deutschland	515.800	524.400	6,3	0
Österreich	68.700	66.500	7,5	100.000
Schweiz	44.000	73.000	8,6	188.000
Niederlande	172.000	163.600	9,5	264.000
Slowenien	18.400	20.000	9,7	277.000
Norwegen	37.100	57.700	10,9	378.000
Dänemark	55.900	64.700	11,2	402.200
Finnland	50.500	61.700	11,2	402.200
Schweden	103.600	126.600	12,5	511.300

Quellen: Eurostat, Bevölkerung nach Geschlecht, Alte und Wirtschaftszweigen [lfsa_egan2], letzte Aktualisierung am 23.05.2019; eigene Berechnungen.

wesen. Anders als die angelsächsischen Staaten versteht sich Deutschland als Kulturstaat, gibt für Kultur jedoch relativ wenig aus. Viele
Kulturschaffende gehören entweder zur freien Szene, die abhängig von
öffentlichen Geldern ist und nur sehr geringe Einkommen erzielt, oder
sie arbeiten zwar an öffentlichen Einrichtungen, ohne jedoch über eine
Festanstellung zu verfügen. In Skandinavien haben die Beschäftigten
in öffentlichen Theatern, Museen etc. dagegen meist eine zumindest
temporäre Festanstellung. Während Deutschland bei Theatern und Mu-

seen in der ersten Liga spielt, weist das öffentliche Bibliothekswesen nur einen bescheidenen Entwicklungsstand auf. In allen nordisch-skandinavischen Ländern handelt es sich beim öffentlichen Bibliothekswesen um eine kommunale Pflichtaufgabe, in Deutschland hingegen nur um eine freiwillige Selbstverwaltungsaufgabe. Entsprechend besitzen zwar alle Großstädte professionell geführte Stadtbibliotheken, aber in vielen Klein- und Mittelstädten wird auf Ehrenamtliche statt auf Fachkräfte zurückgegriffen. Mit seiner ausgebremsten Professionalisierung schneidet das deutsche Bibliothekswesen im internationalen Vergleich nicht gut ab (vgl. Heintze 2013, S. 425ff.). Während im Jahr 2018 in Deutschland 1,4 Vollzeitkräfte pro 10.000 Einwohnerinnen und Einwohnern im Bibliothekswesen beschäftigt waren, waren es in Finnland 7,2. Kämen in Deutschland die in Finnland bestehenden Regelungen zur Anwendung, gäbe es im öffentlichen Bibliothekswesen in Vollzeitäquivalenten fünfmal so viel Personal. In absoluten Zahlen entspräche dies einem Personalzuwachs um 45.000 Vollzeitstellen (bzw. 70.000 Voll- und Teilzeitbeschäftigten).

Kein Wunder, dass die skandinavischen Staaten auch bei der Weiterentwicklung der öffentlichen Bibliotheken Vorreiter sind. Statt reine Ausleihstationen zu sein, erhalten sie immer mehr den Charakter von öffentlichen Begegnungsstätten, an denen vielfältige Angebote unterbreitet werden (von 3D-Druckern und Repair-Cafés über Spielräume bis zum Zugang zu Bürgerdiensten etc.). Inzwischen ist der Trend zur Neuerfindung öffentlicher Bibliotheken auch in Deutschland angekommen, er beschränkt sich allerdings weitestgehend noch auf Großstädte wie Köln oder Leipzig.

4.9 Ausbauziel: eine bis zwei Millionen öffentlich Beschäftigte bis 2030

Die hier vorgenommene Auswertung von Studien und amtlichen Statistiken offenbart ein Potenzial von weit über einer bis fast vier Millionen zusätzlich Beschäftigten. Allein in der Kinderbetreuung – von den Krippen bis zu den Horten – sind an pädagogischem Personal gut

400.000 zusätzliche rechnerische Vollzeitkräfte erforderlich, wenn zur Bedarfsabdeckung auch noch die Durchsetzung der fachlich empfohlenen Personalschlüssel hinzutritt. Einschließlich Verwaltung, Verpflegung, Reinigung, Supervision usw. fällt die Beschäftigungslücke noch deutlich größer aus.

Im Bildungsbereich herrscht Personalmangel von den Schulen über die Hochschulen bis zur Weiterbildung. Mit Blick auf konkrete Bedarfe – wie pädagogischen Ansprüchen genügende Ganztagsschulen, bessere Betreuungsverhältnisse, mehr Schulsozialarbeit und Inklusion – kann ein Potenzial von mehreren hunderttausend Vollzeitstellen festgestellt werden.

Auch im Bereich Gesundheit und Sozialwesen gibt es einen erheblichen ungedeckten Personalbedarf, vor allem in der Krankenhaus- und der Altenpflege. In der Krankenhauspflege beläuft er sich auf mindestens 100.000 rechnerische Vollzeitkräfte; in der Altenpflege ist er perspektivisch noch wesentlich höher. Würde bezogen auf die heute Pflegebedürftigen bei konstanter Versorgung durch pflegende Angehörige die Personalausstattung so gestärkt, dass fachliche Standards nicht nur auf dem Papier stehen, wären mehrere hunderttausend Kräfte zusätzlich nötig, mit steigender Tendenz.

Auch im Bereich der kulturellen Dienste gibt es einen nicht unerheblichen Bedarf. Dieser bewegt sich mit Blick auf Skandinavien im Bereich von 100.000 Stellen aufwärts. Eine große Rolle käme professionell geführten und ausgebauten öffentlichen Bibliotheken zu.

Wie Tabelle 4.8 auf Seite 226 zeigt, bewegt sich das Beschäftigungspotenzial in den Bereichen Erziehung und Unterricht, Gesundheit und Soziales sowie Kunst, Unterhaltung und Erholung von 1,2 Millionen Stellen an fiktiver Mehrbeschäftigung verglichen mit Finnland über gut drei Millionen Stellen bei schwedischen oder dänischen Verhältnissen bis hin zu fast vier Millionen Stellen bei einem norwegischem Versorgungsniveau. Damit lässt sich für die nächste Dekade in den genannten Dienstleistungsfeldern ein Ausbauziel von einer bis zwei Millionen öffentlich Beschäftigten gut begründen.

Wenn es theoretisch ein solches Potenzial gibt, dann muss dies praktisch-politisch auch erschlossen werden. Die hier untersuchten

Tabelle 4.8: Fiktive Beschäftigungslücke bzw. Mehrbeschäftigung in den Sektoren Erziehung und Unterricht, Gesundheits- und Sozialwesen sowie Kunst, Unterhaltung und Erholung im deutsch-skandinavischen Vergleich

	Erwerbstätige im Alter von 15 bis 64 Jahren (Dichteziffer pro 1.000 Einwohnerinnen und Einwohnern)				Fiktive Mehrbeschäftigung bei Dichteziffer von
	Erziehung und Unterricht (P)	Gesundheits- und Sozialwesen (Q)	Kunst, Unterhaltung und Erholung (R)	Wirtschaftszweige P, Q und R zusammen	
Deutschland	2.744.900 (33,2)	5.308.100 (64,1)	524.400 (6,3)	8.577.400 (103,6)	0
Finnland	181.300 (32,9)	408.800 (74,2)	61.700 (11,2)	651.800 (118,2)	1.211.000
Schweden	567.800 (56,1)	732.100 (72,3)	126.600 (12,5)	1.426.500 (141,0)	3.093.000
Dänemark	249.000 (43,1)	507.500 (87,8)	63.400 (11,0)	819.900 (141,8)	3.164.000
Norwegen	213.600 (40,3)	527.700 (99,6)	57.700 (10,9)	799.000 (150,9)	3.914.000

Quelle: Eurostat, Beschäftigung nach Geschlecht, Alter und Wirtschaftszweigen, [lfsa_egan2], letzte Aktualisierung am 02.12.2019; eigene Berechnungen.

Bereiche hängen in ihrer Entwicklung in hohem Maße von der öffentlichen Refinanzierung ab, insbesondere wenn „gute Arbeit" angestrebt wird. In Skandinavien haben die Beschäftigten zudem ganz überwiegend eine öffentliche Arbeitgeberin oder einen öffentlichen Arbeitgeber. Daraus folgt, dass ohne eine Anhebung der Staatsausgabenquote auf das Niveau von Mitte der 1990er-Jahre nicht einmal ansatzweise mit der Ausschöpfung des dargestellten Potenzials gerechnet werden kann. Aktuell (Stand: 2018) liegt die Staatsausgabenquote Deutschlands bei 44,6 Prozent des BIP. Im Jahr 1996 belief sie sich noch auf 49,4 Prozent des BIP. Das skandinavische Mittel beträgt rund 51 Prozent des BIP.

Erschwerend kommt hinzu, dass in den kommenden Jahren die geburtenstarken Jahrgänge in den Ruhestand treten und der öffentliche Dienst durch Personalabbau und Einstellungsstopps eine überproportional überalterte Belegschaft aufweist. In Westdeutschland sind über 50 Prozent der Beschäftigten 45 Jahre oder älter, in Ostdeutschland sogar über 60 Prozent. Wiederum die Hälfte hiervon ist 55 Jahre oder älter (PwC 2017). Um die genannten Ausbauziele zu erreichen und nicht auch noch hinter den Status quo zurückzufallen, müssen sich die öffentlichen Arbeitgeberinnen und Arbeitgeber umso intensiver um die Gewinnung von Fachkräften kümmern. Wenn schon jetzt offene oder frei werdende Stellen angeblich schwer zu besetzen sind, so ist der von der *Arbeitsgruppe Alternative Wirtschaftspolitik* intendierte Ausbau nur mit großen Anstrengungen und ganz anderer Prioritätensetzung erreichbar. Wer nachhaltige Erfolge erreichen will, braucht jedenfalls mehr als kurzfristigen Aktionismus wie im Kita-Bereich, wo der Bund neue Gelder nur befristet zur Verfügung stellt – was die Kommunen veranlasst, auch nur befristete Stellen zu schaffen.

Literatur

Bertelsmann Stiftung (Hg.) (2017): Gute Ganztagsschule für alle. Kosten für den Ausbau eines qualitätsvollen Ganztagsschulsystems in Deutschland bis 2030, Gütersloh.

Bundesgesundheitsministerium (2019): Zahlen und Fakten zur Pflegeversicherung, Stand: August 2019, https://www.bundesgesund-heitsministerium.de/fileadmin/Dateien/3_Downloads/Statistiken/Pflegeversicherung/Zahlen_und_Fakten/Zahlen_und_Fakten_der_SPV_2019.pdf.

Heintze, Cornelia (2013): Die Straße des Erfolgs. Rahmenbedingungen, Umfang und Finanzierung kommunaler Dienste im deutsch-skandinavischen Vergleich, Marburg.

Heintze, Cornelia (2015): Auf der Highroad – der skandinavische Weg zu einem zeitgemäßen Pflegesystem: ein Vergleich zwischen fünf nordischen Ländern und Deutschland. Expertise im Auftrag der Friedrich-Ebert-Stiftung, 2. aktualisierte und überarbeitete Auflage, http://library.fes.de/pdf-files/wiso/11337.pdf.

Heintze, Cornelia (2017): Öffentlicher Dienst – Quo vadis?, https://www.alternative-wirtschaftspolitik.de/de/article/490.cornelia-heintze.html.

Jaich, Roman (2017): Bildung. Weiter denken! Bildungsfinanzierung der öffentlichen Hand – Stand und Herausforderungen. Gutachten im Auftrag der Max-Traeger-Stiftung, Überarbeitung vom April 2017.

OECD (2019): PISA 2018 Ergebnisse. Was Schülerinnen und Schüler wissen und können, Bd. 1, https://read.oecd-ilibrary.org/education/pisa-2018-ergebnisse-band-i_1da50379-de.

Prognos AG (Hg.) (2018): Zukunftsszenarien – Fachkräfte in der Frühen Bildung gewinnen und binden, https://www.bmfsfj.de/blob/131412/a0c3b93fcd6de48eedeb349a3c5d6532/prognos-studie-2018-data.pdf.

PwC (2017): Fachkräftemangel im öffentlichen Dienst. Prognose und Handlungsstrategien bis 2030, https://www.pwc.de/de/offentliche-unternehmen/pwc-fachkraeftemangel-im-oeffentlichen-dienst.pdf.

Schwinger, Antje/Klauber, Jürgen/Tsiasioti, Chrysanthi (2019): Pflegepersonal heute und morgen, in: Jacobs, Klaus u.a. (Hg.): Pflege-Report 2019. Mehr Personal in der Langzeitpflege – aber woher?, Berlin (auch zitiert als AOK-Pflege-Report).

Simon, Michael (2018): Von der Unterbesetzung in der Krankenhauspflege zur bedarfsgerechten Personalausstattung, HBS-Working-Paper Forschungsförderung, Nr. 096, Oktober 2018.

5 Gesundheitsversorgung: Fehlentwicklungen stoppen

Das Gesundheitssystem ist der größte Wirtschaftszweig in Deutschland. Es sorgt für erhebliche, zukünftig weiter wachsende Beschäftigung, leistet aber deutlich weniger für die Versorgung der Bevölkerung, als es den Systemen etlicher anderer Länder gelingt, zum Teil mit geringeren Ausgaben. Die Behauptung, Deutschland habe das „weltbeste Gesundheitssystem", gehört daher in den Bereich der Mythen. Die Grundprobleme des deutschen Gesundheitssystems liegen in den fragmentierten, unterschiedlichen Prinzipien folgenden Strukturen, deren Steuerung seit dem im Jahr 1993 vollzogenen Paradigmenwechsel gleichermaßen einer Markt- und Wettbewerbslogik wie einer Logik der korporatistischen Selbstverwaltung folgt. Mit dieser Mixtur wurden bestehende Probleme potenziert statt abgebaut, was sich in der Zunahme von Fehlversorgungen, im Pflegenotstand und in diversen anderen Missständen zeigt. Die Politik reagiert im Dauerreparaturmodus mit unsystematischen Teileingriffen. Die Arbeitsgruppe Alternative Wirtschaftspolitik tritt demgegenüber dafür ein, das Gesundheitssystem als Teil der öffentlichen Daseinsvorsorge in Richtung integrierter Strukturen zu transformieren und die Kommerzialisierung zurückzudrehen. Angelpunkt einer solchen Transformation könnte die auf öffentlicher Planung basierende Neugestaltung der Krankenhauslandschaft sein. Der außergewöhnlich hohe Grad an korporatistischer Steuerung sollte zugunsten einer gestärkten öffentlichen Verantwortung abgebaut werden.

Eine ausführlichere Version dieses Textes unter dem Titel „Gesundheitsversorgung auf falschem Pfad" von Cornelia Heintze lässt sich ab Ende Juni 2020 auf der Internetseite der Arbeitsgruppe Alternative Wirtschaftspolitik abrufen unter: www.alternative-wirtschaftspolitik.de/de/article/10656339.

5.1 Einleitung: Wertschöpfung und Beschäftigung in der Gesundheits- und Pflegebranche

Die Gesundheits- und Pflegewirtschaft ist Deutschlands größte Wirtschaftsbranche. Um ihre volkswirtschaftliche Bedeutung zu erfassen, werden im Rahmen der Gesundheitswirtschaftlichen Gesamtrechnung (GGR) die Bereiche des Gesundheitswesens im engeren Sinne wie Krankenhäuser sowie Pflege- und Rettungsdienste mit den in der amtlichen Wirtschaftsstatistik erfassten Marktbereichen wie der Pharmaindustrie und der Medizintechnik zusammengeführt. Diesem noch relativ neuen Satellitenverfahren zufolge hat sich der Anteil der Gesundheits- und Pflegebranche an der gesamten Bruttowertschöpfung von 10,7 Prozent im Jahr 2006 auf 11,9 Prozent im Jahr 2017 erhöht (BMWi 2018, S. 31, Abb. 14, und S. 40, Abb. 18). Einschließlich induzierter Wertschöpfungen, die etwa durch die Konsumnachfrage der Beschäftigten im Gesundheitswesen hervorgerufen werden, war der Gesundheitsbranche nach der Darstellung des Bundeswirtschaftsministeriums im Jahr 2017 eine Bruttowertschöpfung von 618 Milliarden Euro (19,7 Prozent des BIP) zuzurechnen.

Die hohe volkswirtschaftliche Bedeutung zeigt sich auch in der anhaltenden Beschäftigungsdynamik. Von den 44,3 Millionen Erwerbstätigen im Jahr 2017 entfielen 7,3 Millionen Erwerbstätige direkt und 4,1 Millionen Erwerbstätige indirekt auf die Gesundheitsbranche; zusammen sind das 11,4 Millionen beziehungsweise 25,7 Prozent (ebd., S. 42, Abb. 20). Die weite Abgrenzung berücksichtigt auch die auf Gesundheitsthemen bezogenen Bereiche anderer Branchen – vom Medien- und Verlagswesen über den Tourismus bis zu den Ökozweigen des Einzelhandels. Die enger zugeschnittenen Rechenwerke liefern deutlich geringere Beschäftigtenzahlen. Auch hier sind jedoch Beschäftigungszuwächse zu verzeichnen.

Hinter der insgesamt positiven Beschäftigungsentwicklung stehen strukturelle Veränderungen, die je nach Statistik unterschiedlich scharf zutage treten. Eine geeignete Statistik bietet die Gesundheitspersonalrechnung des Statistischen Bundesamtes. Einbezogen sind hier auch die Langzeitpflege (ambulant, teilstationär und stationär) sowie die

Vorleistungsindustrien (pharmazeutische Industrie, Herstellung von Medizinprodukten). Die Tabelle 5.1 auf Seite 232 liefert gemäß dieser Abgrenzung für den Zeitraum von 2000 bis 2017 einen Überblick zur Personalentwicklung, wobei für die Jahre 2000 und 2005 nur Angaben zu den Erwerbstätigen nach Köpfen verfügbar sind. Hiernach erfolgte in diesem Zeitraum eine Beschäftigungszunahme von 4 Millionen auf 5,6 Millionen Erwerbstätige (plus 39 Prozent). In den fünf Jahren von 2012 bis 2017, für die auch die Vollzeitäquivalente ausgewiesen werden, stieg die Beschäftigung nach Köpfen um 517.000 und die nach Vollkräften um 338.000 auf nunmehr gut 4 Millionen Erwerbstätige. Die Einzelbereiche weisen unterschiedliche Dynamiken auf. So verdoppelte sich die Beschäftigtenzahl in den ambulanten Pflegediensten von 185.000 im Jahr 2000 auf 378.000 im Jahr 2017 und erhöhte sich in den stationären Pflegediensten um ebenfalls beachtliche 60 Prozent. Am zweitstärksten nahm die Beschäftigung in Rettungsdiensten und sonstigen Gesundheitseinrichtungen zu, gefolgt von der Vorleistungsindustrie. Der öffentliche Gesundheitsdienst wurde freilich schon seit den 1990er-Jahren zum Opfer der kommunalen Sparpolitik. Seinen präventiven Aufgaben kann er vielfach nicht mehr nachkommen. Auf niedrigem Niveau hat sich die Zahl der rechnerischen Vollkräfte ab dem Jahr 2012 zwar stabilisiert. Von einer angemessenen Personalausstattung kann jedoch keine Rede sein. In der aktuellen Krise aufgrund der COVID-19-Pandemie arbeiten die Dienste vielerorts am absoluten Limit.

Der Pflegenotstand in der Altenpflege und die ambivalente Rolle der Pflegemindestlöhne

Auch in der ambulanten und stationären Langzeitpflege sowie im Krankenhaussektor fehlt es an Personal (zu Abschätzungen siehe Kapitel 4). Angesichts der starken Zunahme der Zahl von Menschen, die sozialrechtlich als Pflegebedürftige anerkannt sind – im Jahr 2013 waren dies 2,63 Millionen, im Jahr 2018 schon 3,92 Millionen –, hat sich am Befund einer massiven personellen Unterausstattung trotz der dynamischen Beschäftigungsentwicklung nichts geändert. Um keine Versorgungsengpässe zu riskieren, hätte die Altenpflege schon vor

Tabelle 5.1: Personal in den Einrichtungen des Gesundheitswesens nach Zahl und rechnerischen Vollkräften im Zeitraum von 2000 bis 2017

	Erwerbstätige (in 1.000)					Vollkräfte (in 1.000)			
	2000	2005	2012	2015	2017	2012	2015	2016	2017
Insgesamt	4.026	4.373	5.062	5.380	5.579	3.700	3.912	3.975	4.038
darunter Frauen	2.986	3.277	3.834	4.079	4.226	2.662	2.825	2.873	2.918
Gesundheitsschutz/öffentlicher Gesundheitsdienst	40	39	36	36	37	31	31	31	31
Ambulante Versorgung	1.566	1.761	2.061	2.204	2.288	1.366	1.456	1.482	1.506
Arzt- und Zahnarztpraxen	870	944	995	1.026	1.047	667	686	690	695
Ambulante Pflegedienste	185	211	294	344	378	198	233	247	260
Stationäre Versorgung	1.579	1.620	1.814	1.911	1.988	1.391	1.460	1.483	1.514
Krankenhäuser	1.021	992	1.069	1.113	1.155	839	869	882	896
Vorsorge und Rehabilitation	115	111	117	119	121	91	91	91	92
Stationäre Pflegedienste	443	517	628	679	712	461	500	510	526
Rettungsdienste, sonstige Einrichtungen	458	533	642	690	721	483	510	518	527
Vorleistungsindustrien	383	421	509	539	545	429	455	460	460

Quellen: (1) Destatis: Gesundheit – Personal, Fachserie 12 Reihe 7.3.2, fortlaufend; (2) Genesis-Datenbank: Gesundheitspersonal (Vollzeitäquivalente): Deutschland, Jahre, Einrichtungen, Geschlecht, Berufe im Gesundheitswesen.

Jahren aufgewertet und die Ausbildung massiv hochgefahren werden müssen. Nichts davon ist passiert. Es blieb bei Verbesserungen wie dem im Rahmen der Ausbildungsreform ab diesem Jahr entfallenden Schulgeld und einigen Weichenstellungen für eine zukünftig leicht bessere Bezahlung. So hat sich die von der Bundesregierung eingesetzte Pflegekommission am 28. Januar 2020 auf höhere Pflegemindestlöhne geeinigt. Der Mindestlohn für ungelernte Kräfte soll nun bis zum 1. September 2021 bundesweit vereinheitlicht und auf 12 Euro angehoben werden und dann bis April 2022 auf 12,55 Euro steigen. Für Pflegekräfte mit ein- bis zweijähriger Ausbildung soll der Mindestlohn bis April 2022 auf 13,20 Euro pro Stunde steigen. Erstmals erhalten auch examinierte Pflegefachkräfte mit einer dreijährigen Ausbildung einen bis April 2022 auf 15,40 Euro pro Stunde steigenden Mindestlohn. Das macht für diese Berufsgruppe bei einer 40-Stunden-Woche ein Monatsgehalt von 2.678 Euro. Auch der Anspruch auf bezahlten Jahresurlaub soll steigen. Der gesetzliche Mindestanspruch beträgt bei einer Fünf-Tage-Woche nur 20 Tage; ab dem Jahr 2021 soll es sechs zusätzlich bezahlte Urlaubstage geben.

Das Entgelt in der Altenhilfe über die Mindestlohngesetzgebung zu regeln und nicht über Tarifverträge, ist hochproblematisch. Schon der Begriff „Pflegemindestlohn" für die Entlohnung einer examinierten Fachkraft ist nicht wertschätzend und führt nicht zu einer größeren Attraktivität dieses Berufsstandes. Zudem gerät der gesetzliche Pflegemindestlohn in Konkurrenz zu bestehenden, regional sehr unterschiedlichen Bezahlungsniveaus in der Altenpflege. So erhält in Baden-Württemberg eine Fachkraft etwa 3.000 Euro, in Sachsen-Anhalt nur 2.200 Euro. Einer Anhebung im Osten der Republik stünden mögliche Absenkungen im Süden und Westen gegenüber. Auch liegt der neue Pflegemindestlohn deutlich unter den Gehältern, die durch die bestehenden Tarifverträge geregelt werden. Der Tarifvertrag für den öffentlichen Dienst (TVöD), bei dem die Eingruppierung des Pflegepersonals in der letzten Zeit einige Verbesserungen erfuhr und der Urlaubsanspruch generell 30 Tage beträgt, gilt zwar nur für die rund fünf Prozent der Beschäftigten in den wenigen verbliebenen kommunalen Pflegediensten. Er wirkt leicht abgespeckt als Referenzsystem jedoch auch bei den Wohlfahrtsverbänden Arbeiterwohlfahrt (AWO), dem Deutschen Roten Kreuz (DRK) und dem Deutschen Paritätischen Wohlfahrtsverband (DPWV). Auch die wichtigen konfessionellen Träger Caritas und Diakonie – obwohl aufgrund ihres Sonderarbeitsrechts nicht tarifgebunden – orientieren sich am Tarifsystem des öffentlichen Dienstes.

Am meisten jubeln die privaten Anbieterinnen und Anbieter über den neuen Mindestlohn, allen voran ihr Arbeitgeberverband, der „Bundesverband privater Anbieter sozialer Dienste" (bpa). Dieser will einen allgemeinverbindlichen Tarifvertrag für die Altenpflege verhindern und hält ihn nach der gesetzlichen Regelung zu Pflegemindestlöhnen nicht mehr für nötig. In der Tat ist der derzeit beschrittene Weg zur Allgemeinverbindlichkeit verfassungsrechtlich mehr als problematisch. Derzeit verhandelt die Gewerkschaft ver.di, die selbst nur einen sehr geringen Organisationsgrad in der Altenpflege hat, mit dem Miniarbeitgeberverband der „Bundesvereinigung der Arbeitgeber in der Pflegebranche" (BVAP), bestehend aus AWO, dem Arbeiter-Samariter-Bund (ASB) und Einrichtungen des DPWV, die insgesamt weniger als zehn Prozent des Altenhilfemarktes abdecken. Das DRK ist aus dem Prozess wieder ausgestiegen. Der private Arbeitgeberverband bpa vertritt dagegen mehr als 4.000 Betriebe mit über 190.000 Mitarbeiterinnen und Mitarbeitern und damit mehr als doppelt so viel wie der BVAP. Gelingt ein Tarifabschluss mit dem BVAP, möglichst einigermaßen auf TVöD-Niveau, ist völlig unklar, wie dieser Tarifvertrag verfassungskonform auf die ganze Branche erstreckt werden soll. So wird es erst einmal bei dem besonderen Geschäftsmodell der kommerziellen Trägerfraktion bleiben: mit niedrigen Gehältern und geringer Personalstärke hohe Gewinne einzufahren. Investment- und Private-Equity-Fonds haben seit einigen Jahren dieses Geschäftsfeld in Deutschland entdeckt und hohe Summen investiert in der Erwartung hoher Renditen, die nun erst einmal realisiert werden sollen und angesichts ausbleibender staatlicher Investitionstätigkeit – von Rekommunalisierung ist weit und breit nichts zu sehen – auch können.

Wird der gesetzliche Pflegemindestlohn tendenziell zum Tarifstandard in der Altenhilfe, droht eine weitere Abwanderung qualifizierter Kräfte von der Altenhilfe in die Krankenpflege. Nach den dortigen deutlichen Tarifanhebungen im Gefolge des Pflegepersonalstärkungsgesetzes von 2019 (siehe den Kasten auf den Seiten 173f.) und der neuen generalistischen Pflegeausbildung werden viele Pflegekräfte eine Beschäftigung im stationären Krankenhausbereich einer Tätigkeit in einer Altenhilfeeinrichtung vorziehen. Aber nicht nur wegen der niedrigen Löhne, sondern wegen der Arbeitsbedingungen insgesamt ist die Realität der Langzeitpflege von einer anhaltenden Negativspirale geprägt. Weil die Personalausstattung hinter dem zurückbleibt, was erforderlich wäre, um auch nur überwiegend den Kriterien fachlich guter Pflege zu entsprechen, geraten Altenpflegerinnen und -pfleger in einen zermürbenden Dauerkonflikt zwischen dem fachlich Gebotenen und dem unter den gegebenen Umständen gerade noch Möglichen. Die individuellen Reaktionen differieren. Einige verlassen den Beruf, andere reduzieren ihre Arbeitszeit in der Hoffnung, so den Belastungen besser standzuhalten, oder weichen in die Leiharbeit aus, weil sie als Externe ihren Arbeitszeiteinsatz besser planen können und weil unter den Bedingungen des Pflegenotstands über die Leiharbeit eine höhere Vergütung erreicht werden kann. Bei den Verbliebenen steigt in der Konsequenz die Belastung und damit die Anfälligkeit für Krankheiten. Hohe Krankenstände jedoch führen in einen Teufelskreis wachsender Ausfälle und damit steigender Personalfluktuation, was sich bei personenbezogenen Diensten negativ auf die Qualität auswirkt. Dass die Bezahlung der Qualifikation, Belastung und Verantwortung pflegerischer Arbeit vielfach nicht gerecht wird, kommt erschwerend hinzu. Die Zusammenhänge wurden in den Sondererfassungen zur Pflege des DGB-Index „Gute Arbeit" wiederholt belegt – so im Index von 2008, dann 2012 und erneut im September 2018 (siehe DGB 2018). Hinweise auf eine Verbesserung der Lage liefern die Selbsteinschätzungen nicht: Die Beschäftigten bewerten ihre Arbeitsbedingungen im Jahr 2018 sogar noch negativer als eine Dekade zuvor. Entsprechend ist der Arbeitsmarkt für Altenpflegefachkräfte bundesweit leergefegt. Kamen im Jahr 2013 auf 100 offene Stellen 38 Bewerberinnen und Bewerber, waren es im Jahr 2018 nur noch 19 (Bundesagentur für Arbeit 2019).

An Ankündigungen, die Pflege aufzuwerten, herrschte seitens der Regierungspolitik kein Mangel. Gleichwohl wuchs die Kluft zwischen dem, was nötig wäre, und der Pflegerealität. Mit aktionistischer Gesetzgebung und der Flucht in kurzatmige Projekte und Kampagnen versucht die Politik zu verdecken, dass es am Willen zu wirksamem Handeln fehlt. Dies vor allem aus Finanzierungsgründen. Gäbe es in der Langzeitpflege eine fachgerechte Personalausstattung und würden flächendeckend Tariflöhne in Anlehnung an die nur rund fünf Prozent der Beschäftigten, die unter den TVöD fallen, gezahlt und öffentlich refinanziert, entstünde ein finanzieller Mehrbedarf im zweistelligen Milliardenbereich. Zur Finanzierung müssten entweder die Beitragssätze zur Pflegeversicherung und/oder Steuern angehoben werden; auch der Rückgriff auf die hohen Rücklagen der privaten Pflegeversicherung ist als zusätzliches Finanzierungsinstrument denkbar. Passiert nichts, führen die Verbesserungen zu einer deutlichen Erhöhung der Pflegesätze und müssen von den Bewohnerinnen und Bewohnern der Heime selbst bezahlt werden bzw. von den Kommunen, wenn die Renten dafür nicht ausreichen. Vor diesen Finanzierungsfragen jedoch drückt sich die herrschende Regierungspolitik mit einer Politik der Als-ob-Aufwertung.

Unterdessen wurde und wird die Personallücke immer größer. Eigentlich hätten schon vor Jahren die Ausbildungszahlen massiv gesteigert werden müssen. Dagegen stehen jedoch die geringe Attraktivität des Berufs und ein fragmentiertes Ausbildungssystem mit überwiegend privaten Schulen. Diese Struktur erinnert eher an das 19. Jahrhundert als an ein Land, das vorgibt, eine Bildungsrepublik zu sein, und wo nach dem Grundgesetz „das gesamte Schulwesen […] unter der Aufsicht des Staates" steht (Artikel 7 I). So verwundert es nicht, dass die Ausbildungszahlen teilweise sogar rückläufig sind, etwa in Sachsen-Anhalt, wo einerseits Plätze für Pflegebedürftige fehlen und andererseits die Zahl der Pflegeschülerinnen und -schüler gesunken ist (Schuljahr 2010/11: 4.394; Schuljahr 2018/19: 3.720; Leipziger Volkszeitung vom 14.01.2020, S. 9). Der letztjährige Pflege-Report der AOK, auf den wir im Kapitel „Ungedeckte Beschäftigungsbedarfe" näher eingehen, sieht schon bei reiner Trendfortschreibung bis 2050 einen Zusatzbedarf von 379.400 Vollkräften (Jacobs et al. 2019, S. 15). Die Weichen müssten daher kurzfristig in Richtung der Rekrutierung von mehr Personal für die Langzeitpflege umgestellt werden. Ansonsten werde man „innerhalb weniger Jahre mit erheblichen Versorgungsengpässen konfrontiert sein" (ebd., S. 20). Der Pflegeheim Rating Report 2020 des RWI kalkuliert den Bedarf an zusätzlichen Vollzeitkräften bis 2040 auf 184.000 bis 396.000 in der stationären Versorgung und auf 107.000 bis 209.000 in der ambulanten Pflege (RWI 2019).

Will man Qualität, Beschäftigungsbedingungen und Einkommen in der Altenhilfe wirklich verbessern, braucht es mehr als kosmetische Eingriffe. Dann muss dieser wichtige Bereich sozialer Dienstleistungen wieder als Teil der öffentlichen Daseinsvorsorge begriffen werden. Private Einrichtungen müssen zurückgedrängt und die öffentlichen Trägerschaften deutlich ausgeweitet werden. Erst bei Erreichen einer kritischen Größe des öffentlichen Bereichs, der aktuell nur in wenigen Städten noch eine Rolle spielt, können flächendeckend anständige Löhne und Arbeitsbedingungen realisiert werden. Die Organisierung der öffentlichen Daseinsvorsorge mit Gesundheit und Pflege als Teilbereich muss dem Allgemeinwohl verpflichtet sein und nicht dem Zweck der Erwirtschaftung privat anzueignender Renditen.

Gewerkschaftliche Erfolge in der Krankenhauspflege

Bei der Pflege im stationären Krankenhausbereich hat sich in den vergangenen Jahren einiges getan.

Bei einem der größten Probleme – der hohen Arbeitsbelastung durch fehlendes Personal – werden zwei Ansätze zum Personalaufbau verfolgt:

Erstens über Tarifverträge. Beginnend mit der Charité in Berlin sind inzwischen von ver.di mit 13 Kliniken, davon zwölf Universitätskliniken, Haustarifverträge zur Entlastung abgeschlossen worden, meist mithilfe von Streiks. Darin wurden die sofortige Einstellung zusätzlicher Pflegekräfte, die Aufstellung von Sollstellenplänen und die Anwendung von Personalbemessungssystemen vereinbart. Im Fall, dass die Maßnahmen nicht eingehalten werden, folgen Konsequenzen, etwa Betten- oder

Stationsschließungen. Die Tarifverträge haben zu Verbesserungen geführt, die aber noch unzureichend sind. Insbesondere bei der Umsetzung der Konsequenzen mangelt es an der Bereitschaft der Arbeitgeberinnen und Arbeitgeber. Der tarifvertragliche Ansatz wird weiter verfolgt.

Der zweite Ansatz zielt auf eine gesetzliche Regelung zur Personalbemessung. Hierzu haben die Gewerkschaft ver.di, der Deutsche Pflegerat und die Deutsche Krankenhausgesellschaft am 14. Januar 2020 gemeinsam ein Instrument (PPR 2.0) vorgestellt, das die frühere Pflegepersonalregelung (PPR) weiterentwickelt. Nach der Vorstellung von ver.di könnten damit mindestens 80.000 zusätzliche Pflegestellen im Krankenhausbereich geschaffen werden.

Zur Umsetzung muss jetzt eine Regierungskommission gebildet werden, in der neben ver.di, dem Deutschen Pflegerat und der Deutschen Krankenhausgesellschaft auch die gesetzliche Krankenversicherung und die medizinischen Fachgesellschaften vertreten sind. Die PPR 2.0 soll noch in dieser Legislaturperiode bundesweit eingeführt werden. Grundlage dieses Prozesses ist die Herausnahme des Pflegebereichs aus den diagnosebezogenen Fallgruppen (DRG) ab 1. Januar 2020 durch das Pflegepersonalstärkungsgesetz und die Vergütung der Pflegekosten über eigenständige Pflegebudgets auf der Ebene der einzelnen Krankenhäuser.

Die Kosten für 80.000 zusätzliche Pflegekräfte belaufen sich auf etwa sechs Milliarden Euro und müssten von den Krankenkassen finanziert werden. Ob und wie das politisch umsetzbar sein wird, ist noch unklar.

Der Prozess einer deutlichen Anhebung der Gehälter im Pflegebereich ist damit noch nicht abgeschlossen. Das Pflegepersonalstärkungsgesetz vom 1. Januar 2019 sieht eine vollständige Refinanzierung von linearen und strukturellen Tarifsteigerungen in den meisten Pflegebereichen vor. Auch bessere Eingruppierungen und Stellenausweitungen werden refinanziert und sind von den Krankenkassen zu bezahlen.

Von dieser Ermächtigung haben die Tarifparteien im Länderbereich Gebrauch gemacht und bei den Universitätskliniken Anhebungen in mehreren Stufen von bis zu 450 Euro im Monat vereinbart. Bei den Unikliniken in Baden-Württemberg konnte nach einem Streik sogar eine Anhebung in mehreren Stufen zwischen 595 Euro und 925 Euro pro Monat durchgesetzt werden. Damit ist die tarifliche Schlechterstellung von Humandienstleistungen gegenüber dem produzierenden Gewerbe in den hier tarifierten Bereichen aufgehoben. Eine qualifizierte Pflegekraft verdient nun in etwa so viel wie eine Facharbeiterin oder ein Facharbeiter nach IG-Metall-Tarif.

Beim TVöD steht eine solche Besserstellung noch aus. In den kommunalen Kliniken dürften in der TVöD-Tarifrunde 2020 die Anhebungen im Länderbereich aber nachvollzogen werden.

Diese Verbesserungen sind aber nicht das Ergebnis einer Einsicht des Gesundheitsministers, sondern die Reaktion auf eine langjährige zivilgesellschaftliche Gegenmacht. Der Druck von Gewerkschaften, Betriebs- und Personalräten, aus Pflegeverbänden und Patientenorganisationen wurde auf die Dauer einfach zu groß, die Regierung musste handeln.

5.2 Der Mythos vom weltbesten Gesundheitssystem: Wachsende Kluft zwischen Anspruch und Realität

Nach dem Selbstbild ärztlicher Standesvertreterinnen und -vertreter, der privaten Krankenversicherung (PKV) wie auch zahlreicher Gesundheitspolitikerinnen und -politiker hat Deutschland ein Gesundheitssystem, um das es weltweit beneidet wird. „Deutschland hat das beste Gesundheitssystem der Welt", erklärte Frank Ulrich Montgomery, seit April 2019 Präsident des Weltärzteverbandes, zum

Auftakt der Hauptversammlung des Hartmannbundes Mitte November 2019 in Berlin. Seine Begründung: Der Zugang zur Versorgung sei einfach, die Wartezeiten kurz, jeder und jede habe Anspruch auf Versorgung („Deutschland hat das beste Gesundheitssystem der Welt", zm-online vom 12.11.2019).

Internationale Vergleichsstudien kommen dagegen zu anderen Ergebnissen. Aus der Perspektive der europäischen Beobachtungsstelle für Gesundheitssysteme und Gesundheitspolitik ist das deutsche System durch erhebliche Strukturmängel geprägt, es sei „hochgradig fragmentiert und unkoordiniert" (OECD/European Observatory on Health Systems and Policies 2019, S. 12). Auch der Euro Health Consumer Index (EHCI) bescheinigt dem deutschen Gesundheitssystem lediglich eine befriedigende bis gute, aber keine überragende Leistungsfähigkeit (HCP 2019). Bei der jüngsten weltweiten Vergleichsstudie zur Erfassung der Versorgungsergebnisse bei 33 häufigen Krankheiten – die Studie wurde im Jahr 2018 in der renommierten Fachzeitschrift The Lancet publiziert (Datenbasis: 2016) – schneidet Deutschland unter vergleichbar hoch entwickelten Ländern sogar nur unterdurchschnittlich ab. Island und Norwegen landen auf den Plätzen eins und zwei, gefolgt von den Niederlanden. Von den europäischen Ländern mit mehr als zehn Millionen Einwohnerinnen und Einwohnern finden sich drei unter den zehn Bestplatzierten (Niederlande, Schweden, Italien), und auch Belgien schneidet besser ab als Deutschland, das nur Rang 18 erreicht (vgl. GBD 2016 Healthcare Access and Quality Collaborators 2018, S. 8, Abb. 3).

Hohe Kosten, geringe Effektivität, geringe Effizienz: Was steckt dahinter?

Zwischen den Gesundheitsausgaben in Prozent des BIP bzw. dem Beitrag der Gesundheitsbranche zur Bruttowertschöpfung und dem, was ein Gesundheitssystem für die Gesundheit der Bevölkerung tatsächlich leistet, besteht keine direkte und schon gar keine lineare Beziehung. Die USA unterhalten das weltweit teuerste Gesundheitssystem – die Gesundheitsausgaben belaufen sich auf rund 17 Prozent des BIP –, erzielen damit aber Ergebnisse, die weit schlechter ausfallen als die des

Vereinigten Königreichs, wo die Gesundheitsausgaben in Prozent des BIP nur rund neun Prozent betragen. Unter den vom Commonwealth Fund bei seinen Untersuchungen einbezogenen Ländern (sieben Vergleichsländer im Jahr 2010, elf Vergleichsländer im Jahr 2014) landen die USA regelmäßig auf dem letzten Platz (vgl. Commonwealth Fund 2007, 2010, 2014). Das US-System folgt aufs Ganze gesehen einer Marktlogik mit Einzelbereichen, die öffentlich geplant und gestaltet sind (vor allem große Teile des Krankenhaussektors), das britische System folgt umgekehrt einer staatlichen Planungslogik mit Einzelbereichen, die marktwirtschaftlich organisiert sind, und einer Tendenz zur Unterfinanzierung. Die konträre Verortung – in den USA überwiegend private Eigentumsstrukturen, in Großbritannien überwiegend staatliche Eigentumsstrukturen – sowie die Art der Steuerung machen für die Ergebnisse einen zentralen Unterschied. Ob der Anteil der Gesundheitsausgaben am BIP bei 10 oder 17 Prozent liegt, sagt dagegen wenig aus über die damit erzielten Wirkungen für die Gesundheit der Bevölkerung.

Unter der Betrachtungsperspektive „effektiver Ressourceneinsatz" schneidet innereuropäisch Finnland am besten ab. Die Outcome-Ergebnisse sind besser als in Deutschland, obwohl die Gesamtausgaben für Gesundheit um fast zwei BIP-Prozentpunkte niedriger liegen. Für Deutschland hält der nüchterne Blick auf die Befunde internationaler Vergleichsstudien unangenehme Wahrheiten parat. Gut bis sehr gut schneidet das deutsche System bei der Reichweite der von den Krankenkassen übernommenen Leistungen, der Akutversorgung und den Wahlrechten der Patientinnen und Patienten ab. Deutliche Defizite gibt es dagegen bei der Versorgung von Menschen mit chronischen Mehrfacherkrankungen und dauerhaftem Pflegebedarf, der Vermeidung überflüssiger Operationen und der Geringhaltung vermeidbarer Komplikationen im Falle einer Krankenhausbehandlung sowie bei der Aufwertung der Pflege (vgl. zu Letzterem WHO 2019). Auch bei der Digitalisierung hängt Deutschland weit zurück. Ein großes Problem, dem gleichwohl wenig Aufmerksamkeit geschenkt wird, stellt die stark gewachsene Gesundheitsungleichheit dar (vgl. Lampert/Kroll 2014, Lampert/Hoebel 2018). Auch in anderen Ländern, Skandinavien eingeschlossen, wuchs sie, in Deutschland allerdings besonders stark. Inzwischen unterscheidet sich die durchschnittliche Lebenserwartung zwischen der höchsten und der niedrigsten Einkommensgruppe bei Frauen um 8,4 und bei Männern um 10,8 Jahre (RKI 2015, S. 150; Deutscher Bundestag 2017). Wie stark die soziale Unwucht zwischen den Rentenbezieherinnen und -beziehern der Jahrgänge 1926 bis 1928 und denen der Jahrgänge 1947 bis 1949 gewachsen ist, zeigen Haan et al. (2017). Nicht zuletzt lassen auch die Patientenrechte zu wünschen übrig. Von „sehr gut" (Wahlrechte) bis „mangelhaft" (Patientenrechte bei Schadensfällen) gibt es je nach Wahl der Betrachtungsperspektive unterschiedliche Befunde. Die ärztlichen Standesvertreterinnen und -vertreter tendieren dazu, die Facetten, bei denen gute Ergebnisse erzielt werden, besonders herauszustellen und die Schattenseiten auszublenden oder in geneigter Weise umzudeuten. Um die Güte eines Gesundheitssystems angemessen zu erfassen, müssen jedoch unterschiedliche Bewertungsebenen berücksichtigt und die Leistungsfähigkeit in einen Bezug gebracht werden zu den zukünftigen Herausforderungen. Ganz wesentlich sind die bei unterschiedlichen Krankheiten erzielten Versorgungsergebnisse einschließlich der Vermeidung von Komplikationen und der Umgang damit. Nicht minder wichtig ist der gleiche Zugang unterschiedlicher Bevölkerungsgruppen zu Leistungen der Prävention und der Versorgung im akuten Krankheitsfall wie auch bei dauerhaftem Pflegebedarf. Eine dritte Ebene betrifft die Relation zwischen dem Outcome, den damit zusammenhängenden Kosten und ihrer Finanzierung. Auch die Qualität der Arbeitsbedingungen von Gesundheitsdienstleistern ist zu berücksichtigen, wirkt sie doch zurück auf die Versorgungsergebnisse. Eine gute Personalausstattung und gute Arbeitsbedingungen begünstigen die gute Versorgung der Patientinnen und Patienten – und umgekehrt.

Überversorgung, Unterversorgung, Fehlversorgung und keine Transparenz: Die Fehlsteuerung hat viele Facetten

In den Ländern vom Systemtyp „öffentlicher Gesundheitsdienst" ist es die Aufgabe des Staates, die verschiedenen Aufgabenfelder der Gesundheitsversorgung von der primären Versorgung bis zur Langzeitpflege organisatorisch so auszuprägen, dass ein in sich kohärentes, für zukünftige Herausforderungen gut gewappnetes Gesamtsystem entsteht. Die staatlichen Systeme sind nach dem Zweiten Weltkrieg, teilweise sogar erst ab Ende der 1970er-Jahre entstanden (Portugal 1979, Italien 1980; Spanien in den 1980er-Jahren), während Deutschland – mit einer gewissen Ausnahme beim Krankenhauswesen – bis heute an der Tradition eines selbstverwalteten Gesundheitssystems festhält, das durch die Beleihung der Kassenärztlichen Vereinigungen (KV) mit einem Quasi-Monopol der ambulanten Versorgung über den Korporatismus anderer Länder mit Sozialversicherungssystem weit hinausgeht. Diese Selbstverwaltung stößt allerdings zunehmend an ihre Grenzen – Stichworte sind das Fehlen von Ärztinnen und Ärzten im ländlichen Raum, die Krise rund um die Notfallversorgung, die häufigen Fälle von Abrechnungsbetrug und anderes mehr. Zugleich wird sie überformt und korrumpiert durch Marktöffnungen und die Etablierung einer marktorientierten Wettbewerbslogik. Das Ergebnis ist ein komplex-verworrenes, hochgradig inkohärentes und in weiten Teilen ineffizientes System, bei dem die konträren Interessen einer Vielzahl von Akteurinnen und Akteuren ein höheres Gewicht haben als der Patientenbedarf. Von einem integrierten Gesamtsystem, bei dem Finanzierung, Leistungserbringung und Steuerung in der Orientierung an guten Outcome-Ergebnissen für die gesamte Bevölkerung ineinandergreifen, ist Deutschland weit entfernt.

Im MEMORANDUM 2018 hat die *Arbeitsgruppe Alternative Wirtschaftspolitik* ausgeführt, wie finanzierungs- und leistungsseitig Teilsysteme mit je unterschiedlicher Logik sowohl neben- als auch gegeneinander stehen (S. 140ff.). Abgesehen vom System der Langzeitpflege geschieht dies mit einer Traditionslinie, die bis ins 19. Jahrhundert zurückreicht. Auch die extreme Arztzentrierung und Hierarchisierung der Gesundheitsberufe mit ausbleibender Aufwertung der pflegerischen und therapeutischen Berufe hat eine lange, teilweise unrühmliche Tradition. So verdanken die Kassenärztlichen Vereinigungen ihre Entstehung der Notverordnung des Reichspräsidenten vom 8. Dezember 1931. Ihre Struktur und Aufgaben blieben in der alten Bundesrepublik im Kern unverändert. In der DDR waren sie suspendiert, wurden nach dem Beitritt zur BRD aber wieder errichtet. Zwar erfolgten mit dem GKV-Modernisierungsgesetz (GMG), das am 1. Januar 2005 in Kraft trat, Anpassungen durch eine Verringerung der Zahl der Kassenärztlichen Vereinigungen und Änderungen bei der Leitungsstruktur. Die grundsätzliche Stellung der ärztlichen Standesvertretungen im Gefüge der Selbstverwaltung blieb davon aber unberührt. Die über lange Zeit sehr strikte Sektorengrenze zwischen ambulanter und stationärer Versorgung wurde zwischenzeitlich zwar aufgeweicht. Integrierte Versorgungskonzepte sind nicht nur möglich, sondern politisch erwünscht. In der Versorgungspraxis jedoch kann von einer dem Patientenwohl verpflichteten Durchsetzung auf breiter Front keine Rede sein. Für Versorgungskonzepte, die auf Multidisziplinarität und berufsübergreifender Kooperation gründen, erwachsen daraus hohe Hürden. Für einen Überblick zur Komplexität des Kernsystems siehe Busse et al. (2014). Nur wenige Sonderbereiche heben sich positiv ab, insbesondere die Eigenkliniken der Berufsgenossenschaften, wo Finanzierung und Leistungserbringung aus einer Hand erfolgen.

Mit dem Teilbereich der Langzeitpflege hat sich die *Arbeitsgruppe Alternative Wirtschaftspolitik* in ihren MEMORANDEN von 2014 und 2018 beschäftigt. Herausgearbeitet wurde, dass die Einrichtung der Pflegeversicherung einem Akt der Marktschaffung gleichkam, mitsamt einer Deckelung der öffentlichen Refinanzierung der von den Marktteilnehmerinnen und Marktteilnehmern erbrachten Einzelleistungen. Für Renditejägerinnen und Renditejäger schuf die so beförderte Privatisierung der Langzeitpflege gute Möglichkeiten, öffentliche Finanzierungsmittel abzusaugen und gleichzeitig die Altenpflegebranche in ein Beschäftigungsfeld mit geringer Tarifbindung und stark verbreiteter Niedriglohnbeschäftigung umzuwandeln. Anders als in den Niederlanden, wo die direkte öffentliche Refinanzierung auf nicht gewinnorientierte Leistungserbringer beschränkt ist und die Fragmentierung der Leistungserbringung zum 1. Januar 2015 durch die Übertragung der Gesamtzuständigkeit für die nicht Schwerstpflegebedürftigen auf die Kommunen zurückgedrängt wurde (vgl. MEMORANDUM 2019, S. 284ff.), hält die herrschende Politik in Deutschland unbeirrt an der Beschränkung des Staates auf eine nur subsidiäre Rolle fest. Das Pflegemarkt-Geschehen wird bis heute nicht durch ein öffentliches Case-Management reguliert. Dass die im SGB XI und in den Heimgesetzen der Länder normierten Qualitätsversprechen damit keine Chance auf flächendeckende Durchsetzung haben und der Altenpflegenotstand auf Dauer gestellt wird, ist einkalkuliert. Zynischerweise ist dies verbunden mit der Erwartung, nicht gesicherte professionelle Pflege durch privat organisierte Angehörigenpflege zu ersetzen, worunter auch das Ausweichen auf graue Pflegemärkte zählt, zu denen in Deutschland absichtsvoll keine Daten erhoben werden und deren Regulierung auch wegen des gezielten Wegschauens immer noch nicht auf der politischen Agenda steht.

Digitalisierung als Lehrstück

Zu den Grundpfeilern der deutschen Politik gehört der Glaube, dass Wettbewerb überall segensreich wirkt, also auch bei Gütern des öffentlichen Bedarfs: „Wettbewerb im Gesundheitswesen nützt den Patientinnen und Patienten. Sie erhalten so eine größere Wahlfreiheit und am Ende eine bessere Behandlung. Wettbewerb im Gesundheitswesen ist [...] der Weg zu einer besseren medizinischen Qualität, zu mehr Effizienz und zu weniger Bürokratie", heißt es auf der Internetseite des Bundesgesundheitsministeriums (BMG 2018). Die Empirie lehrt das Gegenteil. Die höchste Effektivität und Kosteneffizienz erreichen im internationalen Vergleich nicht die Länder mit Wettbewerbsorientierung, sondern die Länder mit öffentlichen Gesundheitsdiensten und langfristig angelegten staatlichen Planungen der Angebotsentwicklung wie auch der Sicherung des Personalnachwuchses. Dort gelingt es auch, bei Innovationen, die der Patientenversorgung zugutekommen, eine Vorreiterrolle einzunehmen. Deutschland dagegen findet sich bei zukunftsträchtigen Innovationen meist in der Rolle des Nachzüglers, scheitert an der flächendeckenden Umsetzung oder gerät auf Abwege, die kommerzielle Interessen bedienen, für die Patientenversorgung aber eher schädlich sind. Prävention, Organspende, Digitalisierung und integrierte Versorgung sind einige der Stichworte.

Die Herausforderung, Digitalisierung im Gesundheitssystem so zu gestalten, dass sie für die Patientinnen und Patienten über ein Mehr an Qualität, Vernetzung und Transparenz von Nutzen ist, liefert dafür ein Lehrstück. In Dänemark etwa sind die Gesundheitsdaten nahezu aller Einwohnerinnen und Einwohner elektronisch erfasst. Bei Erkrankungen kann darauf umgehend zurückgegriffen werden. Teure Doppeluntersuchungen werden vermieden und einmal festgestellte Arzneimittel-Unverträglichkeiten liegen offen zutage. Dies erspart den Patientinnen und Patienten die damit einhergehenden Risiken und dem Gesundheitssystem Kosten, steigert also gleichermaßen die Effektivität bei der Erreichung von Gesundheitszielen wie auch die Effizienz des öffentlichen Ressourceneinsatzes. Die elektronische Vernetzung fußt technisch auf einer Infrastruktur, die sich im gemeinsamen Eigentum von Gesundheitsministerium, Regionen und Kommunen (MedCom) befindet. Das darauf basierende Patientenportal *Sundhed.dk* genießt in der Bevölkerung ein großes Vertrauen. Es ist seit dem Jahr 2003 im Einsatz und erreicht inzwischen einen Deckungsgrad von annähernd 100 Prozent. Konkret bedeutet dies, dass diagnostische Befunde zu 100 Prozent elektronisch übermittelt werden und alle Hausärztinnen und Hausärzte elektronische Patientenakten führen. Nahezu alle Rezepte werden den Apotheken elektronisch übermittelt.

Deutschland liefert die Kontrastfolie. An der gesetzlich übertragenen Aufgabe, bis zum 1. Januar 2006 eine elektronische Gesundheitskarte mit digitalen Anwendungsmöglichkeiten an den Start zu bringen, ist die Selbstverwaltung kläglich gescheitert. Mit voller Absicht, denn Ärztekammern und Kassen(zahn)ärztliche Bundesvereinigung sollten ein Instrument mitentwickeln, das sie im Grunde ablehnen. An der Gematik GmbH (Gesellschaft für Telematikanwendungen der Gesundheitskarte mbH), die im Januar 2005 von den Spitzenverbänden mit dem gesetzlichen Auftrag gegründet wurde, die Einführung, Pflege und Weiterentwicklung der elektronischen Gesundheitskarte (eGK) und ihrer Infrastruktur in Deutschland voranzutreiben, zu koordinieren und die Interoperabilität der beteiligten Komponenten sicherzustellen, waren die gesetzliche Krankenversicherung, die ärztlichen und zahnärztlichen Verbände sowie die Verbände der Krankenhäuser und der Apothekerinnen und Apotheker zu je 50 Prozent beteiligt. So gelang es den Ärztevereinigungen, die Einführung einer elektronischen Gesundheitskarte zu verhindern, die ihrem Namen gerecht wird. „Man hat bereits eine Milliarde Euro für die Entwicklung der Gesundheitskarte ausgegeben. Der Großteil davon ist weg. Durch diverse Machenschaften ist sehr viel Geld der Versicherten versenkt worden", kritisierte Karl-Josef Laumann (CDU), Patientenbeauftragter der Bundesregierung, im Herbst 2015 (Hannoversche Allgemeine Zeitung vom 23.10.2015). Erst im vergangenen Jahr zog das Gesundheitsministerium die Sache insoweit an sich, als der Bund, vertreten durch das Gesundheitsministerium, nunmehr 51 Prozent der Gesellschaftsanteile hält und der weiteren Blockade von Entscheidungen dadurch begegnet wird, dass diese nun mit einfacher Mehrheit getroffen werden. Die Änderungen sind Teil des Terminservice- und Versorgungsgesetzes (TSVG), das am 11. Mai 2019 in Kraft trat (BGBl. I, 2019, Nr. 18, S. 646). Nachdem seit dem Jahr 2015 lediglich eine Karte im Einsatz ist, die die Inhaberinnen und Inhaber als Leistungsberechtigte ausweist, sind die Krankenkassen nun verpflichtet, ihren Mitgliedern bis zum 1. Januar 2021 elektronische Patientenakten zur Verfügung zu stellen. Mit einer einheitlichen Akte ist dabei nicht zu rechnen. Es wird verschiedene Systeme geben, Schnittstellenprobleme sind vorprogrammiert.

Im internationalen Vergleich hinkt Deutschland stark zurück. Beim Projekt „Smart HealthSystems" der Bertelsmann-Stiftung (2018) landete es unter 17 OECD-Ländern knapp vor Polen auf dem vorletzten Platz. In der Spitzengruppe und im oberen Feld dominieren Länder mit staatlichem oder überwiegend staatlichem Gesundheitssystem, neben den beiden einbezogenen skandinavischen Ländern Dänemark und Schweden sind dies Kanada, Spanien und Portugal. Länder mit Sozialversicherungssystemen (Belgien, Deutschland, Frankreich, Niederlande, Österreich, Schweiz) schaffen es nicht ins Spitzenfeld, die Niederlande und Österreich erreichen insgesamt aber eine gute Bewertung.

Nach der Bertelsmann-Studie (2018, S. 344ff.) erklärt sich der Digitalisierungsgrad eines Landes aus dem Zusammenwirken zahlreicher Faktoren. Neben einem stark ausgeprägten Datenschutz und einer korporatistischen Steuerung durch Selbstverwaltungsorgane wurden auch fehlende verbindliche Standards bei gleichzeitig schwachem politischen Management als hemmende Faktoren identifiziert. Staatliche Gesundheitsdienste wirken fördernd, da hier die verschiedenen Akteurinnen und Akteure leichter in eine Gesamtstrategie einzubinden sind. Der in Deutschland gerne bemühte Verweis auf die föderalen Strukturen fällt als Entschuldigung dagegen aus. Entgegen der Erwartung zeigte sich bei den 17 Einzelstudien nämlich, dass Länder mit föderalen Strukturen beziehungsweise regional organisiertem Gesundheitssystem gegenüber Ländern mit zentralistisch organisiertem Gesundheitssystem sogar im Vorteil waren. Denn sie haben die Möglichkeit, Projekte zunächst regional zum Erfolg zu führen, ehe sie im nationalen Maßstab zur Umsetzung kommen. Das sehr gute Abschneiden von Kanada und das ordentliche Abschneiden von Österreich fügen sich hier ein. In beiden Fällen handelt es sich um föderale Bundesstaaten, einmal mit steuerfinanziertem öffentlichen Gesundheitsdienst (Kanada) und einmal mit beitragsfinanziertem Sozialversicherungssystem (Österreich). Zwei Faktoren liefern die Haupterklärung, warum Österreich besser abschneidet als Deutschland: Einmal liegt es an der klaren Führungsrolle, welche die Gesundheitsministerien anders als in Deutschland einnehmen, zum anderen am fehlenden Quasi-Monopol von Kassenärztinnen und Kassenärzten für die ambulante Versorgung.

In Österreich wird das System der elektronischen Gesundheitskarte ELSA in öffentlicher Zuständigkeit organisiert mit – föderal abgestuft – schrittweiser Umsetzung. Auf private Akteurinnen und Akteure hat sich die Politik bei der Entwicklung seines eHealth-Systems nicht verlassen, was kohärente Entscheidungen und schnelle Erfolge bei der Entwicklung und Implementation begünstigt hat. In Deutschland fehlt all dies; es gab nicht den entsprechenden politischen Willen. Beschämenderweise existiert noch nicht einmal ein nationales Gesundheitsportal als Gegengewicht zu dem sich entwickelnden Wildwuchs von Gesundheitsportalen und Ärztebewertungswebseiten, die primär einem kommerziellen Interesse folgen.

5.3 Politische Gestaltung der Krankenhauslandschaft kontra kalte Strukturbereinigung über Marktprozesse

Anders als die Altenpflege ist das Krankenhauswesen zwar als Bereich der öffentlichen Daseinsvorsorge ausgeprägt, inklusive einer weitgehenden Vollfinanzierung der Patientenversorgung. Wie im MEMORANDUM 2018 (S. 142ff.) ausgeführt, haben neoliberale Strukturreformen jedoch auch in diesem Sektor des Gesundheitssystems den Geist von Markt und Wettbewerb zur Entfaltung gebracht. Die versprochene Hebung von Wirtschaftlichkeitsreserven bei zugleich besserer Qualität trat nicht ein. Verändert hat sich der Umgang mit Patientinnen und Patienten. An die Stelle der Frage „Was braucht Frau oder Herr Müller?" traten schleichend Fragen der Art: „Welche Erlöse lassen sich mit Herrn oder Frau Müller erwirtschaften? Wie und woher gewinnen wir lukrative Patientinnen und Patienten? Wie halten wir die Zahl von Patientinnen und Patienten klein, die geschäftlich wenig bis nichts bringen?" Fehlanreize gab es auch vor der Vermarktlichung, etwa jenen, Patientinnen und Patienten länger als medizinisch-pflegerisch geboten im Krankenhaus zu behalten, da Tagessätze abgerechnet wurden. Die neuen Fehlanreize haben jedoch eine andere Qualität. Sie führen systematisch weg von einer Medizin und Pflege, bei der das Patientenwohl im Mittelpunkt steht. Es hat lange gedauert, ehe Ärztinnen und Ärzte dagegen vernehmbar ihre Stimme erhoben. Im September 2019 endlich wandten sich 215 Ärztinnen und Ärzte in der Zeitschrift *Stern* mit einem Appell an die breite Öffentlichkeit. Es war ein Aufbegehren gegen die Ökonomisierung der Krankenhausmedizin, für die sie vor allem das Fallpauschalensystem verantwortlich machten: „Das Fallpauschalensystem, nach dem Diagnose und Therapie von Krankheiten bezahlt werden, bietet viele Anreize, um mit überflüssigem Aktionismus Rendite zum Schaden von Patientinnen und Patienten zu erwirtschaften. Es belohnt alle Eingriffe, bei denen viel Technik über berechenbar kurze Zeiträume zum Einsatz kommt" (Stern Nr. 37 vom 05.09.2019).

Auch in anderen Ländern existieren Systeme, die auf diagnosebezogene Fallgruppen (DRG) abstellen. Insoweit liegt ein international anerkanntes System vor, dem jedoch nicht alle Länder mit hochentwickelten Gesundheitssystemen folgen. Bei den Ländern mit DRG-System wiederum muss die Art der Ausprägung und des Einsatzes berücksichtigt werden. Teilweise wird darüber nur ein kleinerer Prozentsatz der erbrachten Leistungen abgerechnet (Beispiel Dänemark) oder die DRG werden weniger für Abrechnungszwecke als für Zwecke von Controlling und Berichtswesen eingesetzt, wie z. B. in Finnland. Das in Deutschland etablierte System bietet schon aufgrund seiner Kleinteiligkeit – im Jahr 2019 enthielt der DRG-Katalog 1.318 Fallgruppen mit 40.000 Prozeduren – reichlich Potenzial für Strategien der Erlösoptimierung. Um Qualität geht es dabei nur bedingt. Diese kann auch im Unterlassen nicht zielführender Interventionen bestehen. Über- und Fehl-Therapierungen werden in Deutschland aber nicht sanktioniert und aufgrund mangelhafter Qualitätsorientierung auch nicht systematisch erfasst. Sanktioniert werden rote Zahlen.

Folgende Fehlentwicklungen werden durch das Entgeltsystem der Fallpauschalen besonders begünstigt: erstens die Mengenausweitung bei Interventionen, die besonders hoch vergütet werden, zweitens Einsparungen zulasten guter pflegerischer Versorgung und drittens verkürzte Verweildauern mit der Gefahr „blutiger Entlassungen". Konsequenterweise ging die Zahl der Operationen in einem Ausmaß nach oben, das sich medizinischer Erklärung entzieht (vgl. Bäuml et al. 2016 und Eurostat 2019a). Die Krankenhausbehandlungsfälle stiegen von 15,9 Millionen im Jahr 1995 auf 19,5 Millionen im Jahr 2016. Das Pflegepersonal wurde trotzdem nicht aufgestockt, sondern um 52.300 Pflegevollkräfte im Zeitraum von 1995 bis 2007 abgebaut.

Zwar wurde die massive Unterbesetzung zwischenzeitlich gestoppt und durch Neueinstellungen abgemildert. Zu welchen Maßnahmen die Politik dabei griff, angefangen beim Pflegestellen-Förderprogramm von 2009 (Baustein im Krankenhausreformgesetz – KHRG 2009), über die Pflegepersonaluntergrenzen-Verordnung (PpUGV) vom Oktober 2018 bis zum Pflegepersonal-Stärkungsgesetz (PpSG9), das zum 1. Januar 2019 in Kraft trat, hat die *Arbeitsgruppe Alternative Wirtschaftspolitik* im MEMORANDUM 2019 dargestellt (vgl. S. 286ff.).

Alle Maßnahmen erfolgten aus der Not heraus im Modus einer klein-
teilig an den Symptomen ansetzenden Reparaturpolitik. Damit kann
die Negativspirale aber nicht durchbrochen werden. Zwar gab es im
Jahr 2017 in der Krankenhauspflege 30.200 Vollkräfte mehr als eine
Dekade zuvor. Da parallel jedoch die Patientenfallzahlen um 2,3 Millionen stiegen, kamen auf jede Pflegevollkraft im Jahr 2017 rechnerisch immer noch weit mehr Patientenfälle als im Jahr 2007 und auch
mehr als zum Start des Personalabbaus im Jahr 1995 (1995: 45,4;
2007: 57,6; 2017: 59,2; Quelle: Destatis 2018). Zu berücksichtigen
ist, dass sich die durchschnittliche Krankenhausverweildauer von 14,2
Tagen im Jahr 1995 über 10,1 Tage im Jahr 2007 auf 8,9 Tage im Jahr
2017 deutlich vermindert hat (Eurostat 2019b). Andererseits stieg der
Pflegeaufwand pro Patientenfall, zum einen wegen der zeitlichen Ver-
dichtung, zum anderen wegen der Verschiebung der Patientenstruktur
hin zu höheren Anteilen multimorbider und dementer Patientinnen
und Patienten mit intensivem Pflegebedarf. Wie sich diese gegenläu-
figen Effekte zueinander verhalten, ist schwer zu sagen. Eines hat die
Einführung von Mindest-Personalstärken gleichwohl geleistet: Sie hat
offengelegt, wie groß der Notstand beim Pflegepersonal tatsächlich ist.
Die Folge: Eine Reihe von Kliniken sah sich im vergangenen Jahr mit
der Notwendigkeit konfrontiert, Abteilungen temporär zu schließen
und Behandlungen auszusetzen, da das aus Gründen der Patienten-
sicherheit im Minimum vorzuhaltende Personal nicht verfügbar war
und aufgrund von Schwierigkeiten bei der Besetzung offener Stellen
auch nicht zeitnah beschafft werden konnte.

Kalte Strukturbereinigung durch den Markt

Der Anfang der 1990er-Jahre eingeleitete Paradigmenwechsel führte
weg von Krankenhäusern als Teil der öffentlichen Daseinsvorsorge
hin zu einem System, in dem mit den an Patientinnen und Patienten
vollzogenen medizinischen Interventionen Profite erwirtschaftet werden dürfen und sollen. Damit verband sich die Erwartung einer kalten
Strukturbereinigung durch die Hintertür. Das Kalkül lautete: Krankenhäuser, die beim Spiel der Erlösoptimierung den Kürzeren ziehen,
werden vom Markt ausscheiden, es sei denn, ihre Eigentümerinnen

und Eigentümer decken die Defizite. So sinke die Zahl der Krankenhäuser und der Krankenhausbetten, ohne dass die Politik direkt eingreifen müsse. Der Markt werde es richten. Tatsächlich wurde die
Krankenhauslandschaft zugunsten der kommerziellen Trägerfraktion
umgepflügt, aber nicht über das schon vorher gegebene Maß hinaus.
Der Rückgang bei der Zahl der Krankenhäuser erfolgte z. B. schon ab
den 1970er-Jahren. In den 15 Jahren von 1970 bis 1985 sank die Zahl
der Krankenhäuser in der alten Bundesrepublik um 489 von 3.587
auf 3.098, in den 20 Jahren von 1996 bis 2016 um geringere 318 von
2.269 auf 1.915. Schon lange also konzentrieren sich Krankenhausbe-
handlungen auf immer weniger Häuser. Der intendierten kalten Strukturbereinigung durch die Kräfte eines Quasi-Marktes war insoweit
bislang kein durchgreifender Erfolg beschieden – weder im Sinne einer
Konzentration der Versorgung auf große Häuser noch im Sinne einer
arbeitsteiligen Spezialisierung. Es gibt heute weniger Krankenhäuser
mit mehr als 500 Betten als Anfang bis Mitte der 1990er-Jahre (1991:
327; 1995: 275; 2016: 273) und gleichzeitig mehr Kleinstkrankenhäuser mit weniger als 100 Betten (1991: 647; 1995: 627; 2016: 670).

Vor diesem Hintergrund wird der Druck in Richtung des Markt-
ausscheidens von Krankenhäusern nun gleichermaßen ökonomisch wie
politisch erhöht. Dass der *ökonomische Druck* gestiegen ist, machen
die Zahlen des jährlich erscheinenden „Krankenhaus Barometers"
deutlich (DKI 2007 bis 2019). Im Jahr 2009 erzielten noch 68 Prozent
der Krankenhäuser einen Jahresüberschuss und nur 21 Prozent einen
Jahresfehlbetrag. Im Jahr 2018 konnte nur noch jedes zweite Krankenhaus (51,1 Prozent) einen Überschuss ausweisen, und der Anteil von
Krankenhäusern mit Fehlbetrag lag mit 40,2 Prozent fast doppelt so
hoch wie im Jahr 2009, wobei zwischen großen und kleinen Häusern
eine ausgeprägte Spannweite bestand: 43,5 Prozent der Krankenhäuser mit 100 bis 299 Betten verzeichneten einen Fehlbetrag gegenüber
einem Drittel der Krankenhäuser ab 600 Betten (DKI 2019, S. 6). Es
sind trotzdem eher die kleinen Häuser mit 50 bis 299 Betten als die
großen Häuser, die für dieses Jahr eine Verbesserung ihrer wirtschaftlichen Situation erwarten (kleine Krankenhäuser: 21,8 Prozent; große
Krankenhäuser: 6,8 Prozent; ebd., S. 11). Andererseits fällt es kleineren

Krankenhäusern besonders schwer, ihre betriebswirtschaftlichen Kosten aus den Erlösen der Fallpauschalen zu finanzieren.

Entscheidungen des Gemeinsamen Bundesausschusses (GBA) verschärfen das Problem. So gibt es für bestimmte Operationen auf der Grundlage von § 136b I SGB V Vorgaben zur jährlichen Mindestzahl derartiger Eingriffe (vgl. GBA 2019). Sie werden ab dem Jahr 2020 scharf gestellt, sodass die nach § 108 SGB V zugelassenen Krankenhäuser erbrachte Leistungen, bei denen sie die vorgegebenen Mindestmengen nicht erreichen, in der Regel nicht mehr vergütet bekommen. Da sich die Vorgaben aber nicht auf Ärztinnen und Ärzte, sondern auf Häuser beziehen und große Häuser über deutlich mehr Ärztinnen und Ärzte verfügen, die bestimmte Eingriffe vornehmen, sind kleine Häuser systematisch benachteiligt. Für ins Minus gerutschte Kliniken wurden zugleich die Hürden für ihre Schließung gesenkt. Auch Fahrtzeiten von mehr als 30 Minuten bis zum nächstgelegenen Krankenhaus sind nach BGA-Beschlusslage nun zumutbar; das Argument einer Gefährdung der flächendeckenden Grund- und Notfallversorgung greift hier nur noch eingeschränkt.

Politischer Druck wird aufgebaut durch Studien mit großem Medienecho, die die Botschaft verbreiten, nur durch die Abwicklung eines großen Teils der vorhandenen Krankenhäuser, im Besonderen der kleinen Häuser, könne die Qualität der Krankenhausbehandlung steigen und der Pflegenotstand behoben werden. Die vorhandenen Kräfte könnten dann nämlich auf weniger Häuser verteilt und so wirtschaftlicher eingesetzt werden. Unter der Überschrift „Eine bessere Versorgung ist nur mit halb so vielen Kliniken möglich" machte dementsprechend die Bertelsmann Stiftung im vergangenen Jahr öffentlich Furore. Zielpunkt der vom Berliner Institut für Gesundheits- und Sozialforschung (IGES) durchgeführten Studie (Bertelsmann Stiftung 2019) sind maximal 600 statt heute rund 1.400 Akut-Krankenhäuser. Durch die stark verringerte Klinikanzahl, so das Versprechen, verbessere sich die Qualität der Patientenversorgung, und bestehende Engpässe bei Ärztinnen, Ärzten und Pflegepersonal würden gemildert. Die vielen kleinen Häuser verfügten oft weder über die nötige Ausstattung noch über die erforderliche Erfahrung, um lebensbedrohliche Notfälle wie einen Herzinfarkt oder Schlaganfall angemessen zu behandeln. Viele Komplikationen und Todesfälle ließen sich durch eine Konzentration auf möglichst weniger als 600 Krankenhäuser vermeiden. Ebenso gingen damit eine bessere Ausstattung, eine höhere Spezialisierung und Expertise sowie eine bessere Betreuung durch Fachärztinnen, Fachärzte und Pflegekräfte einher. Was dies konkret bedeuten würde, versucht die Studie anhand betriebswirtschaftlicher Kalkulationen für den Großraum Köln/Leverkusen durchzuspielen. Statt aktuell 38 Akutkrankenhäusern brauche man in dieser Region tatsächlich nur 14 Häuser, ohne dass die Patientinnen und Patienten im Durchschnitt viel längere Fahrzeiten in Kauf nehmen müssten. Die Bündelung von medizinischem Personal und Gerät würde zu einer höheren Versorgungsqualität in den verbleibenden Häusern beitragen, vor allem in der Notfallversorgung und bei planbaren Operationen.

Diejenigen, die für die gezielte Abwicklung von Krankenhäusern plädieren, verweisen gerne auf Dänemark. So explizit die Leopoldina-Akademie der Wissenschaften, die im Jahr 2016 vorrechnete, dass es in Deutschland mit der dänischen Krankenhausdichte nur noch 320 Krankenhäuser geben würde (Hacker 2016, S. 9). In der Tat verfügt Dänemark über eine stark zentralisierte Krankenhauslandschaft. Unter dem Motto „Rethinking hospitals" („Krankenhäuser neu denken") wird sie seit dem Jahr 2007 in großem Stil umgebaut und modernisiert (vgl. Heintze 2019). Statt Krankenhäuser über Mechanismen der ökonomischen Strangulierung ins Aus zu treiben, wird die Landschaft der stationären, teilstationären und nachstationären Gesundheitsversorgung politisch neu gestaltet. Dies ist ein Prozess nicht nur des Abbaus, sondern zunächst des Aufbaus von großen Klinikkomplexen mit vorgeschalteten Gesundheitszentren und nachgeschalteten Patientenhotels. Solche Hotels, in denen Patientinnen und Patienten nach ihrer Entlassung aus der Klinik noch für einige Zeit umsorgt werden, sind im skandinavischen Raum als Brückenglied zwischen stationärer und ambulanter Versorgung weit verbreitet, in Deutschland aber eher eine Rarität. Wenn es im dänischen System also gelingt, mit vergleichsweise wenigen Häusern eine gute Krankenhausversorgung sicherzustellen, muss das Gesamtsystem in den Blick genommen werden. Das dänische

Beispiel lehrt, was grundsätzlich möglich ist. Ob dies auch im deutschen System gelingen könnte, bleibt offen. Das dänische System ist nicht hochkomplex, sondern hochintegriert mit dem Staat (Zentralregierung, Regionen, Kommunen) als zentralem Akteur. Fast alle Krankenhäuser befinden sich im Eigentum der Regionen; private Häuser spielen nur eine ergänzende Rolle, etwa als Flexibilitätspuffer für die öffentlichen Häuser.

In Deutschland sind die Gegebenheiten komplett andere. Es gibt ein Durcheinander von Akteurinnen und Akteuren, die in unterschiedliche Interessenstrukturen eingebunden sind, und einen Staat, der häufig nur eine Wächter- und selten eine Führungsrolle übernimmt. Jede Trägerfraktion kämpft um lukrative Patientinnen und Patienten, die zum eigenen wirtschaftlichen Erfolg einen Beitrag leisten. Gewiss, die Krankenhauslandschaft befindet sich im Umbruch. Umbruch und Umgestaltung sind aber Zweierlei. Die in Dänemark schon länger andauernde Umgestaltung ist ein politisch gesteuerter Prozess, bei dem Ziele des Gemeinwohls und der Effizienz öffentlicher Leistungserbringung im Mittelpunkt stehen. Das öffentliche Investitionsbudget beträgt, umgerechnet auf die Einwohnerzahl von Deutschland, rund 90 Milliarden Euro. Im Großen und Ganzen folgt die Veränderung der deutschen Krankenhauslandschaft dagegen gerade nicht der Vernunft politischer Planung, sondern ist ein Ergebnis des Aufeinandertreffens von Akteurinnen und Akteuren mit gegensätzlichen Interessen und unterschiedlichen Machtressourcen. Die Ausrichtung am Allgemeinwohl spielt eine nachgeordnete Rolle.

Bis Mitte der 1990er-Jahre gab es eine starke, in den meisten Bundesländern führende Rolle der öffentlichen Trägerfamilie aus Landeskrankenhäusern, Universitätskliniken und kommunalen Kliniken, die aber über den Zangengriff aus Fallpauschalen und unzureichender Investitionsfinanzierung der Länder zu Getriebenen wurden, während private Konzerne ihre Machtposition stark ausbauen konnten.

Als Referenzfolie für die Frage, wie viele Krankenhäuser benötigt werden, eignet sich mit Blick auf den ordnungspolitischen Rahmen und die Eigentumsstruktur die Schweiz weit besser. Sie gehört zum gleichen Grundtyp wie Deutschland, mit ebenfalls starker Arztzentrierung, fragmentierten Strukturen und einer Vielzahl von Krankenhausträgern. Zugleich jedoch schneidet sie bei internationalen Vergleichen deutlich besser ab als Deutschland und belegt etwa im Euro Health Consumer Index 2018 Platz eins unter 35 Staaten (HCP 2019, S. 9), auch mit einer besseren Personalausstattung in der Pflege bei allerdings noch höheren Gesundheitsausgaben. Nach den Maßstäben der Schweiz müsste es in Deutschland nicht weniger, sondern mehr Krankenhäuser geben. Die neuesten verfügbaren Daten stammen von Ende 2018 und beziehen sich auf das Jahr 2017 (Quelle: Schweizer Bundesamt für Statistik, Krankenhausstatistik). Danach gibt es in der Schweiz 281 Spitäler, darunter 44 Kliniken der Zentrumsversorgung und 58 Kliniken der Grundversorgung. Dazu kommen Spezialkliniken (Reha, Psychiatrie und andere). Da Deutschland im Referenzjahr 2017 fast zehnmal so viele Einwohnerinnen und Einwohner zählte wie die Schweiz (Deutschland: 82,79 Millionen; Schweiz: 8,48 Millionen), liegt die Klinikdichte in Deutschland deutlich niedriger als in der Schweiz.

Würden in Deutschland Krankenhäuser in dem Umfang geschlossen, wie von der Bertelsmann Stiftung nahegelegt, wäre mitnichten gesichert, dass es die richtigen trifft. Eher stünde zu befürchten, dass das Gegenteil einträte, weil unter den gegebenen Strukturen und den Anreizmechanismen des Fallpauschalen-Regimes von einer massiven Konzentration auf wenige Häuser vorrangig private Klinikkonzerne profitieren dürften. Auch ist es falsch, über kleine Häuser grundsätzlich den Stab zu brechen. Gewiss ist richtig, dass kleine Häuser nicht die technische Ausstattung und Expertise großer Kliniken vorhalten können. Treten bei schwierigen Operationen Komplikationen auf, ergeben sich für Patientinnen und Patienten erhöhte Risiken, nicht angemessen behandelt zu werden. Wie die Studie eines Forscherteams um Armin Wiegering anhand von Darmkrebsoperationen zeigt, ist zwar das Auftreten von Komplikationen nicht signifikant erhöht (Diers 2020). Die Sterberate in Kliniken mit weniger als zehn Eingriffen pro Jahr ist gleichwohl doppelt so hoch wie in großen Kliniken (mindestens 50 Eingriffe pro Jahr). Dies liegt an der fehlenden Infrastruktur, um postoperativ Komplikationen in den Griff zu bekommen. Für die Nicht-Vornahme schwieriger Operationen in kleinen Kliniken gibt es also gute

Gründe. Ein zwingendes Argument zur Schließung dieser Kliniken erwächst daraus aber nicht. Das Gros der Patientinnen und Patienten, die Kliniken aufsuchen, benötigt keine hochtechnisierte Infrastruktur und Spezialexpertise. Häufig begeben sich Menschen mit Beschwerden ins Krankenhaus, die entweder gar keiner Behandlung bedürfen oder auch ambulant behandelt werden könnten. Das können Kreislaufstörungen, ein Durchfall oder eine Bronchitis sein. Einerseits kommt es so zu einer Fehlnutzung der Krankenhausinfrastruktur. Andererseits jedoch mag es sich vielfach um alleinstehende Patientinnen und Patienten handeln, deren Versorgung in der eigenen Häuslichkeit nicht gesichert ist. Das Krankenhaus der Grundversorgung überbrückt dies, ohne dafür eine angemessene Vergütung zu erhalten. Bei leichteren Erkrankungen kann es sogar von Vorteil sein, wenn keine teure Technik zur Verfügung steht. Es gibt nämlich nicht nur das Risiko, bei schweren operativen Eingriffen aufgrund von Unterausstattung das Nötige nicht tun zu können, sondern umgekehrt auch das Risiko, aus dem ökonomischen Zwang zur umfänglichen Auslastung teurer technischer Infrastrukturen heraus Prozeduren zu vollziehen, die über die Fallpauschalen gut vergütet werden, der Patientin bzw. dem Patienten aber mehr schaden als nutzen. Hierzu gibt es viele Einzelbeobachtungen, aber kaum systematische Forschung.

Noch etwas anderes, das bei all diesen Betrachtungen außen vor bleibt, kommt hinzu: Die Krankenhausinfrastruktur ist Teil der kritischen Infrastruktur eines Landes. Sie rein an Effizienzgesichtspunkten auszurichten, wäre fahrlässig. Epidemien und Pandemien bringen das System dann schnell an seine Belastungsgrenze bis hin zum Kollaps, weil die verfügbaren Kapazitäten nicht genügend Puffer beinhalten und durch Mobilisierung von Reserven auch nicht schnell auf das nötige Niveau gebracht werden können. Das Ende 2019 in China (in der Provinz Hubei) ausgebrochene neuartige Corona-Virus COVID-19 konnte sich, begünstigt durch den erreichten Grad an Globalisierung, rasch zu einer Pandemie auswachsen, deren Epizentrum bei Abfassung dieses Textes in Europa (Italien) lag. Ob und wie das deutsche Krankenhauswesen die außergewöhnliche Belastung bewältigt, ist eine offene Frage. Gegenüber Italien gibt es einen Vorlauf von rund zwei Wochen, der für die Mobilisierung zusätzlicher Intensivbetten, Gerätschaften, Gebrauchsmaterialien und von zusätzlichem Personal genutzt werden kann und muss.

Fazit: Es ist unstrittig, dass die Krankenhauslandschaft einer Neuordnung bedarf. Jedoch ist es zynisch, dies der kalten Strukturbereinigung über den Quasi-Markt zu überantworten. Gute Ergebnisse sind so nicht zu erwarten. Dazu bedarf es öffentlicher Planung unter Einbezug auch einer Verzahnung mit der ambulanten Versorgung bei gleichzeitiger Sicherung gewisser Überhangkapazitäten für den Notfall. Kleinstkrankenhäuser könnten dabei als Krankenhäuser verschwinden, als Gesundheitszentren mit einigen wenigen Betten für stationäre Versorgungen aber neu entstehen; Kleinkrankenhäuser könnten die Grundversorgung abdecken usw. In den dünn besiedelten Teilen des ländlichen Raumes könnte so die medizinische Versorgung sichergestellt werden.

5.4 Krankenhäuser als Kristallisationspunkte einer dem Patientenwohl verpflichteten Neuordnung des Gesundheitssystems – ein Ding der Unmöglichkeit?

Die Politik steht vor folgender Grundsatzentscheidung: Will sie die Entwicklung des deutschen Gesundheitssystems weiterhin den Kräften von Marktwettbewerb und Selbstverwaltung überlassen? Oder ist sie zur politischen Gestaltung eines Transformationsprozesses hin zu einem integrierten, auf Qualität und Effektivität ausgerichteten System der guten Gesundheitsversorgung für alle bereit? Die *Arbeitsgruppe Alternative Wirtschaftspolitik* hält Letzteres für geboten. Das bedeutet mehr Staat und mehr staatliche Planung. Grundlegend ist die aus dem internationalen Vergleich gewonnene Erkenntnis, dass dies nicht gelingen kann ohne eine langfristig angelegte politische Gesamtstrategie, welche die Übernahme öffentlicher Verantwortung auf allen Ebenen des Gesundheitssystems massiv stärkt. Es gilt, die Gesundheitsversorgung so zu organisieren, dass das Patientenwohl im Mittelpunkt steht und die Herausforderungen einer alternden Gesellschaft mit immer mehr chronisch kranken und langfristig pflegebedürftigen Menschen gut bewältigt werden.

Die Politik scheint jedoch zu glauben, dass über den tradierten Pfad mit noch mehr der bislang wirkungslosen Medizin die Qualitätsversprechen, die in den Sozialgesetzbüchern V und XI niedergelegt sind, realisiert werden können. Dies war, ist und bleibt jedoch reines Wunschdenken. Schon die Art, wie im etablierten System wichtige Daten nicht aus einer übergreifenden Perspektive heraus erhoben und öffentlich zugänglich gemacht werden, sondern es dem Belieben und damit der partikularen Interessenlage der Einzelakteurinnen und -akteure überlassen wird, welche der bei ihnen anfallenden Daten sie wie verfügbar machen und welche nicht, verhindert, dass die Politik das für die Übernahme einer aktiv gestaltenden Rolle erforderliche Wissen überhaupt an die Hand bekommt. Denn Gestaltung braucht valide und systematisch aufbereitete Daten, die einheitlichen Kriterien folgen und in die Verästelungen des Systems eindringen. Daran fehlt es jedoch. Aus der Vielzahl von Akteurinnen und Akteuren resultieren fragmentierte Datenbanken, was vom Europäischen Observatorium für Gesundheitssysteme und Gesundheitspolitik zu Recht kritisiert wird (OECD/European Observatory on Health Systems and Policies 2019, S. 21).

Zwar ist anzuerkennen, dass die Bundesgesundheitspolitik unter ihrem derzeitigen Minister Jens Spahn (CDU) wiederholt die Bereitschaft gezeigt hat, dort aktiv einzugreifen, wo die Selbstverwaltung den ihr übertragenen Aufgaben nicht gerecht wird. Die jahrelange Selbstblockade rund um das Projekt der elektronischen Gesundheitskarte, bei dem weit über eine Milliarde Euro an öffentlichen Geldern nutzlos versenkt wurden, ist eines der Beispiele. Ein anderes ist die mangelnde Erfüllung pflegerischer Mindestausstattungen im Krankenhaussektor. Die Eingriffe sind allerdings punktueller Natur und greifen in der Sache zu kurz. Ihnen gingen durchweg Jahre des Abwartens, der Aussendung hilfloser Appelle und schließlich der Drohung mit Sanktionen voraus. All dies wurde immer vom Prinzip des nur subsidiär handelnden Staates bestimmt, der erst eingreift, wenn das Kind bereits in den Brunnen gefallen ist, um dann mit viel Aktionismus Feuerwehr zu spielen. 20 Gesetze hat das Bundesgesundheitsministerium unter Jens Spahn binnen 20 Monaten auf den Weg gebracht, im Schnitt monatlich ein neues Gesetz. Diese gegenüber seinen Vorgängern nochmals gesteigerte Quantität fügt sich jedoch nicht in eine Gesamtstrategie der aktiven Gestaltung und Verantwortungsübernahme, sondern bleibt dem Modus kurzatmiger Reparaturpolitik verhaftet.

Das jüngste Produkt aus der Gesetzesproduktion des Bundesgesundheitsministeriums macht dies nur allzu deutlich. Es soll die Leiharbeit im Krankenhaus eindämmen, indem die Kosten zukünftig nur noch bis zur Höhe des Tariflohns öffentlich refinanziert werden und Vermittlungsprovisionen gar nicht mehr (MDK-Reformgesetz). Dass sich Leiharbeit immer mehr ausbreiten konnte, ist jedoch ein Ergebnis just der politischen Weichenstellungen in Richtung wachsender Kommerzialisierung, die dann auf dem Rücken des Pflegepersonals ausgetragen wurde. Um dem betrieblichen Druck zu entgehen und den eigenen Arbeitseinsatz besser planen zu können, wechselten immer mehr Pflegekräfte zu Leih- und Zeitarbeitsfirmen, die mit akzeptablen Lohnangeboten Abwerbung betreiben. Das funktioniert, weil der Fachkräftemangel die Personalprobleme von Einrichtungen so verschärft hat, dass sich diese häufig vor die Entscheidung gestellt sehen, Patientinnen und Patienten wegen fehlender Mindeststellenbesetzung abweisen zu müssen oder die höheren Kosten des Rückgriffs auf Leiharbeitsfirmen zu tragen. Mittlerweile allerdings bedroht in einigen Häusern die so entstandene hohe Personalfluktuationsrate nun ihrerseits die Sicherheit der Patientinnen und Patienten. Deshalb erfolgt nun der Eingriff des Staates.

Die *Arbeitsgruppe Alternative Wirtschaftspolitik* hat in ihren MEMORANDEN 2018 und 2019 für den Bereich der Alten- und Krankenhauspflege deutlich gemacht, dass substanzielle Verbesserungen über eine Politik des Klein-Klein im Rahmen etablierter Regeln und Strukturen nicht zu erreichen sind. Die dort vorgetragene Forderung nach einem Masterplan, der verschiedene Politikmodule zusammenführt, ist unverändert aktuell: die Behebung des Gehaltsrückstandes der Altenpflege, der massive Ausbau zusätzlicher Ausbildungskapazitäten und die Durchsetzung einer an Soll-Werten ausgerichteten Personalbemessung.

Eine dem Allgemeinwohl verpflichtete gesundheitspolitische Gesamtstrategie verlangt jedoch weit mehr. Auf der normativen Ebene wird gerne proklamiert, dass Gesundheit keine Ware sein dürfe. Die in Deutschland wirksamen Strukturen, Leitprinzipien und die fragmentierte Art der Steuerung führen jedoch mit zwingender Logik dazu, dass Gesundheit immer mehr zur Ware wird. Eine transformatorische Strategie, die auf Richtungsänderung zielt, ist überfällig und müsste sinnvollerweise dort anknüpfen, wo die öffentliche Verantwortung noch am stärksten ausgeprägt ist. Das ist der Krankenhaussektor. Für die Gestaltung der Krankenhauslandschaft tragen die Bundesländer die Verantwortung, machen daraus aber zu wenig. Statt die kalte Strukturbereinigung durch Markt und Wettbewerb weiter wirken zu lassen, sollte die Krankenhausplanung zu einer Leistungsplanung mit Eingriffsrechten auch in die Trägerfraktionen ausgebaut und mit der Planung der ambulanten Versorgung verzahnt werden. Hierüber könnten Krankenhauslandschaften dann perspektivisch so neu geordnet werden, dass kleine Häuser in medizinische Versorgungszentren überführt würden, die überwiegend ambulant behandeln, in gewissem Umfang allerdings auch stationäre Kapazitäten vorhalten.

Essentiell als Wegweiser sind dafür weniger betriebswirtschaftliche Fingerübungen und Fahrzeitbetrachtungen, wie sie die Bertelsmann-Studie vornimmt, als Krankheiten und ihre Verteilung in der regional ansässigen Bevölkerung. Die Frage wäre: Welche Strukturen an ambulanter, teilstationärer und stationärer Versorgung sind erforderlich, um unter Einschluss von Prävention und Rehabilitation die Infrastruktur des Gesundheitswesens arbeitsteilig so auszurichten, dass sie flächendeckend leistungsfähig und für unterschiedliche Herausforderungen, auch die Herausforderung einer Pandemie wie aktuell mit dem Corona-Virus, gut gewappnet ist?

Derzeit gibt es dafür noch nicht einmal eine belastbare Datenbasis. Die von den Kassenärztlichen Vereinigungen organisierte ambulante Versorgung ist statistisch höchst unzureichend erschlossen. Daran dürfte sich kurz- und mittelfristig angesichts der erfolgreichen Verhinderung einer elektronischen Gesundheitskarte, die ihren Namen verdient, auch wenig ändern. Kristallisationspunkt für systemische Veränderungen, die dann auch in den ambulanten Bereich ausstrahlen, kann nur die Krankenhausplanung sein. Dazu aber bedürfte es eines ausgeprägten Gestaltungswillens. Selbst in ländlichen Modellregionen, wo die Kassenärztlichen Vereinigungen an ihrem Sicherstellungsauftrag guter ambulanter Versorgung schon seit geraumer Zeit scheitern – die Debatte um die Einführung einer Landarztquote spiegelt das Problem wider –, ist davon wenig zu sehen. Ein System der guten Gesundheitsversorgung für alle gerät so zum Ding der Unmöglichkeit. Der internationale Vergleich lehrt, dass es anders ginge.

Literatur

Bäuml, Matthias/Kifmann, Mathias/Krämer, Jonas/Schreyögg, Jonas (2016): Bandscheibenoperationen – Patientenerfahrungen, Indikationsqualität und Notfallkodierung, in: Böcken, Jan/Braun, Bernard/Meierjürgen, Rüdiger: Gesundheitsmonitor 2016. Bürgerorientierung im Gesundheitswesen, Kooperationsprojekt der Bertelsmann Stiftung und der BARMER GEK, S. 187–195.

Bertelsmann Stiftung (Hg.) (2018): SmartHealthSystems: Digitalisierungsstrategien im internationalen Vergleich (Autoren: Thiel, Rainer/Deimel, Lucas et. al), Gütersloh.

Bertelsmann Stiftung (Hg.) (2019): Zukunftsfähige Krankenhausversorgung. Simulation und Analyse einer Neustrukturierung der Krankenhausversorgung am Beispiel einer Versorgungsregion in Nordrhein-Westfalen, https://www.bertelsmann-stiftung.de/de/publikationen/publikation/did/zukunftsfaehige-krankenhausversorgung.

BMG (2018): Wettbewerb im Gesundheitswesen, https://www.bundesgesundheitsministerium.de/themen/krankenversicherung/finanzierung/wettbewerb.html.

BMWi (2018): Gesundheitswirtschaft. Fakten & Zahlen. Handbuch zur Gesundheitswirtschaftlichen Gesamtrechnung, Berlin.

Bundesagentur für Arbeit (2019): Arbeitsmarktsituation im Pflegebereich, in: Blickpunkt Arbeitsmarkt, Mai 2019, https://statistik.

arbeitsagentur.de/Statischer-Content/Arbeitsmarktberichte/Berufe/generische-Publikationen/Altenpflege.pdf.

Busse, Reinhard/Blümel, Miriam (2014): Germany. Health System Review, in: Health Systems in Transition, Vol. 16, No. 2 (European Observatory on Health Systems and Policies).

Destatis (2018): Gesundheit – Grunddaten der Krankenhäuser 2017, Fachserie 12, Reihe 6.1.1, Wiesbaden.

Deutscher Bundestag (2017): Antwort der Bundesregierung auf eine Anfrage der Fraktion Die Linke zu Folgen von Armut und sozialer Ungleichheit für die Gesundheit, 15.03.2017, BT-Drs. 18/11523.

DGB (2018): Arbeitsbedingungen in der Alten- und Krankenpflege. So beurteilen die Beschäftigten die Lage. Sonderauswertung zum DGB-Index „Gute Arbeit".

Diers, Johannes et. al. (2020): Nationwide in-hospital mortality rate following rectum resection for rectal cancer according to annual hospital volume in Germany, BJS Open, https://doi.org/10.1002/bjs5.50254.

DKI (Hg.) (2007 bis 2019): Krankenhaus Barometer, Düsseldorf.

Eurostat (2019a): In Krankenhäusern durchgeführte chirurgische Eingriffe und Verfahren nach ICD-9-CM [hlth_co_proc2]; Aktualisierung vom 15.10.2019, https://data.europa.eu/euodp/de/data/dataset/Pp7mgWIKfopFMhVEql7dUQ.

Eurostat (2019b): Krankenhausentlassungen und Länge des Krankenhausaufenthalts für stationäre und Heilbehandlungen [hlth_co_dischls]; Aktualisierung vom 26.08.2019, https://data.europa.eu/euodp/de/data/dataset/TZ0qXIjEpVyCUIWVlbH1QA.

GBA (2019): Beschluss des Gemeinsamen Bundesausschusses über eine Spezifikation für die Mindestmengenregelungen vom 20. Juni 2019, https://www.g-ba.de/downloads/39-261-3820/2019-06-20_Mm-R_Spezifikation-Mindestmengenregelungen.pdf.

GBD 2016 Healthcare Access and Quality Collaborators (2018): Measuring performance on the Healthcare Access and Quality Index for 195 countries and territories and selected subnational locations: a systematic analysis for the Global Burden of Desease Study 2016, The Lancet.

Haan, Peter/Kemptner, Daniel/Lüthen, Holger (2017): The Raising Longevity Gap by Lifetime Earnings – Distributional Implications for the Pension System, DIW Discussion Paper 1698.

Hacker, Jörg (Hg.) (2016): Zum Verhältnis von Medizin und Ökonomie im deutschen Gesundheitssystem. 8 Thesen zur Weiterentwicklung zum Wohle der Patienten und der Gesellschaft, Diskussionspapier Nr. 7 der Leopoldina (Nationale Akademie der Wissenschaften).

HCP (2019): Euro Health Consumer Index 2018, https://healthpower-house.com/media/EHCI-2018/EHCI-2018-report.pdf.

Heintze, Cornelia (2019): Vorbild Skandinavien. Öffentliche Gesundheitsdienste sichern gute Patientenversorgung, Dr. med. Mabuse, Nr. 242, S. 51–54.

Jacobs, Klaus/Kuhlmey, Adelheid/Greß, Stefan/Klauber, Jürgen/Schwinger, Antje (Hg.) (2019): Pflege-Report 2019. Mehr Personal in der Langfristpflege – aber woher?, Berlin.

Lampert, Thomas/Hoebel, Jens (2018): Soziale Ungleichheit und Gesundheit im höheren Lebensalter, Zeitschrift für Gerontologie und Geriatrie, Nr. 12/2018, S. 1–9.

Lampert, Thomas/Kroll, Lars Eric (2014): Soziale Unterschiede in der Mortalität und Lebenserwartung, GBE kompakt Nr. 2/2014, Robert-Koch-Institut, Berlin.

OECD/European Observatory on Health Systems and Policies (2019): Germany. Country Health Profile 2019, State of Health in the EU, OECD Publishing, Paris/European Observatory on Health Systems and Policies, Brüssel.

RKI (Hg.) (2015): Gesundheit in Deutschland. Gesundheitsberichterstattung des Bundes, gemeinsam getragen von RKI und Destatis, Berlin.

RWI – Leibniz-Institut für Wirtschaftsforschung (2019): Pflegeheim Rating Report 2020: Zwischen Nachfragewachstum und Kostendruck, Heidelberg.

Sachverständigenrat zur Begutachtung der Entwicklung im Gesundheitswesen (2009): Koordination und Integration – Gesundheitsversorgung in einer Gesellschaft des längeren Lebens, Sondergutachten.

The Commonwealth Fund (Hg.) (2007): Mirror, Mirror on the Wall: An International Update on the Comparative Performance of American Health Care (Autorinnen und Autoren: Schoenbaum, Stephen C./Doty, Michelle M./Schoen, Cathy et al.), New York.

The Commonwealth Fund (Hg.) (2010): Mirror, Mirror on the Wall. How the Performance of the U.S. Health Care System compares Internationally (Autorinnen und Autoren: Davis, Karen/Schoen, Cathy/Stremikis, Kristof et al.), New York.

The Commonwealth Fund (Hg.) (2014): Mirror, Mirror on the Wall, 2014 Update: How the U.S. Health Care System Compares Internationally (Autorinnen und Autoren: Davis, Karen/ Stremikis, Kristof/Squires, David/Schoen, Cathy), New York.

WHO (Hg.) (2019): Strengthening health systems through nursing – Evidence from 14 European countries (Autorinnen und Autoren: Rafferty, Anne Marie et al.), Health Policy Series Nr. 52, S. 51.

Tabellenanhang

Tabelle A 1: Bevölkerung, Erwerbstätigkeit

Jahr	Einwohner/-innen	Erwerbstätige		Arbeitsvolumen			
		insgesamt	darunter: abhängig Beschäftigte	der Erwerbstätigen	der abhängig Beschäftigten	je Erwerbstätigen	je abhängig Beschäftigten
		1.000 Personen		Millionen Stunden		Stunden	
1991	79.973	38.871	35.308	60.408	52.218	1.554	1.479
1995	81.308	38.042	34.245	58.226	49.504	1.531	1.446
2000	81.457	39.971	35.958	58.595	49.517	1.466	1.377
2005	81.337	39.311	34.930	56.310	47.119	1.432	1.349
2010	80.284	41.048	36.533	58.524	49.314	1.426	1.350
2011	80.275	41.577	37.014	57.909	48.665	1.393	1.315
2012	80.426	42.061	37.501	57.835	48.776	1.375	1.301
2013	80.646	42.319	37.853	57.668	48.890	1.363	1.292
2014	80.983	42.671	38.258	58.327	49.703	1.367	1.299
2015	81.687	43.122	38.717	60.405	51.756	1.401	1.337
2016	82.349	43.655	39.313	60.888	52.422	1.395	1.334
2017	82.657	44.248	39.976	61.564	53.332	1.391	1.334
2018	82.906	44.854	40.631	62.344	54.267	1.390	1.336
2019	83.106	45.256	41.106	62.617	54.725	1.384	1.331

Quelle: Statistisches Bundesamt, Fachserie 18, Rechenstand: März 2020.

Tabelle A 2: Erwerbstätige nach Wirtschaftsbereichen in Deutschland

Jahr	Insgesamt	Land- und Forstwirtschaft, Fischerei	Prod. Gewerbe ohne Baugewerbe		Baugewerbe	Handel, Verkehr, Gastgewerbe	Information und Kommunikation	Finanz- und Versicherungsdienstleister	Grundstücks- und Wohnungswesen	Unternehmensdienstleister	Öffentliche Dienstleister, Erziehung, Gesundheit	Sonstige Dienstleister
			zusammen	darunter: Verarbeitendes Gewerbe								
						1.000 Personen						
1991	38.871	1.174	10.968	10.064	2.888	8.879	958	1.206	264	2.315	8.090	2.129
1995	38.042	865	8.805	8.037	3.320	8.840	949	1.260	348	2.708	8.543	2.404
2000	39.971	766	8.475	7.838	2.888	9.373	1.084	1.291	462	3.823	9.059	2.750
2005	39.311	679	7.822	7.245	2.270	9.189	1.147	1.261	463	4.336	9.303	2.841
2010	41.048	645	7.709	7.140	2.325	9.469	1.159	1.216	463	5.215	9.921	2.926
2015	43.122	633	8.082	7.508	2.426	9.846	1.224	1.181	468	5.820	10.486	2.956
2016	43.655	623	8.103	7.530	2.451	9.942	1.252	1.161	467	5.970	10.716	2.970
2017	44.248	615	8.175	7.594	2.479	10.044	1.283	1.130	473	6.139	10.919	2.991
2018	44.854	608	8.315	7.725	2.515	10.169	1.322	1.111	476	6.225	11.112	3.001
2019	45.256	596	8.374	7.772	2.551	10.231	1.371	1.101	482	6.205	11.316	3.029
						Entwicklung 2000–2019						
	113,2	77,8	98,8	99,2	88,3	109,2	126,5	85,3	104,3	162,3	124,9	110,1
						Struktur (insgesamt = 100)						
1995	100	2,3	23,1	21,1	8,7	23,2	2,5	3,3	0,9	7,1	22,5	6,3
2019	100	1,3	18,5	17,2	5,6	22,6	3,0	2,4	1,1	13,7	25,0	6,7

Quelle: Statistisches Bundesamt, Fachserie 18, eigene Berechnungen. Rechenstand: März 2020.

Tabelle A 3: Kernerwerbstätige[1] mit Normalarbeit und atypischer Beschäftigung

Jahr[4]	Insgesamt[2]	Selbstständige[3] – Gesamt	Selbstständige[3] – darunter: Soloselbstständige	Abhängig Beschäftigte – Gesamt	Normalarbeitnehmer/-innen – Gesamt	Normalarbeitnehmer/-innen – Teilzeitbeschäftigte über 20 Wochenstd.	Atypisch Beschäftigte – Zusammen	Atypisch – Befristet Beschäftigte	Atypisch – Teilzeitbeschäftigte bis zu 20 Wochenstd.	Atypisch – Geringfügig Beschäftigte	Atypisch – Zeitarbeitnehmer/-innen
Insgesamt											
1991	34.680	2.859	1.284	31.386	26.948	1.751	4.437	1.968	2.555	654	
2000	33.530	3.418	1.697	29.862	23.850	1.720	6.012	2.265	3.944	1.749	743
2005	33.116	3.795	2.110	28.992	22.138	1.979	6.854	2.498	4.673	2.416	666
2010	35.145	3.917	2.169	31.076	23.131	2.571	7.945	2.858	4.942	2.517	737
2015	36.155	3.688	1.991	32.367	24.832	3.410	7.534	2.531	4.844	2.339	932
2016	37.051	3.653	1.989	33.296	25.641	3.597	7.655	2.655	4.807	2.169	925
2017	37.159	3.590	1.944	33.475	25.757	3.671	7.718	2.550	4.788	2.177	
2018	37.282	3.473	1.874	33.724	26.214	3.847	7.509	2.460	4.644	2.047	925
Männer											
1991	20.195	2.130	886	18.018	16.791	88	1.227	1.047	154	102	
2000	18.862	2.465	1.139	16.354	14.785	129	1.569	1.201	390	254	504
2005	18.859	2.641	1.366	15.463	13.615	173	1.848	1.327	591	448	455
2010	18.218	2.669	1.356	16.223	13.821	296	2.402	1.411	670	575	499
2015	19.211	2.477	1.216	16.716	14.476	389	2.240	1.243	699	536	625
2016	19.716	2.431	1.196	17.265	14.923	426	2.342	1.322	709	523	614
2017	19.783	2.377	1.157	17.389	14.978	439	2.411	1.281	708	529	
2018	19.813	2.300	1.110	17.496	15.130	464	2.366	1.252	695	516	
Frauen											
1991	14.486	729	398	13.368	10.158	1.663	3.210	921	2.401	552	
2000	14.667	952	558	13.507	9.065	1.592	4.442	1.063	3.554	1.495	238
2005	14.256	1.154	743	13.529	8.523	1.806	5.006	1.171	4.082	1.968	212
2010	16.927	1.248	813	14.853	9.309	2.274	5.543	1.447	4.272	1.942	237
2015	16.944	1.211	775	15.651	10.356	3.020	5.295	1.288	4.144	1.803	308
2016	17.335	1.222	793	16.031	10.717	3.172	5.313	1.333	4.098	1.645	310
2017	17.376	1.213	787	16.086	10.779	3.231	5.307	1.269	4.080	1.648	
2018	17.469	1.173	764	16.228	11.084	3.384	5.144	1.207	3.948	1.531	
Früheres Bundesgebiet	30.118	2.750	1.441		20.867		6.421	1.955	4.153	1.794	751
Neue Bundesländer u. Berlin	7.165	723	433		5.347		1.088	504	491	252	174

1) Nur Erwerbstätige im Alter von 15 bis 64 Jahren, nicht in Bildung oder Ausbildung und nicht in einem Wehr-, Zivil- sowie Freiwilligendienst. 2) Bis 2004 Ergebnisse für eine Berichtswoche im Frühjahr; ab 2005 Jahresdurchschnittsergebnisse sowie geänderte Erhebungs- und Hochrechnungsverfahren. 3) Umfasst auch mithelfende Familienangehörige, die in der Tabelle nicht gesondert ausgewiesen sind. 4) Zeitliche Vergleichbarkeit wegen geänderter Erfassung des Erwerbsstatus eingeschränkt.
Quelle: Statistisches Bundesamt, Mikrozensus.

Tabelle A 4: Arbeitslosigkeit und Unterbeschäftigung

Jahr	Registrierte Arbeitslose*	Erwerbspersonenpotenzial**	Arbeitslosenquote*		Unterbeschäftigung (ohne Kurzarbeit)	Stille Reserve Jahresdurchschnitt	Unterbeschäftigung nach BA-Konzept
	1.000 Personen		insgesamt	darunter Frauen		1.000 Personen	
			Prozent				
1991	2.602	42.706	7,3	8,5			
1995	3.612	43.238	10,4	11,4			
2000	3.890	44.181	10,7	10,9			
2005	4.861	45.019	13,0	12,7	6.063	922	6.985
2010	3.238	45.230	8,6	8,1	4.701	1.389	6.090
2015	2.795	45.911	6,4	6,2	3.631	1.098	4.729
2016	2.691	46.481	6,1	5,8	3.577	1.052	4.799
2017	2.533	46.923	5,7	5,4	3.517	1.054	4.697
2018	2.340	47.435	5,2	5,0	3.285	1.113	4.383
2019	2.267	47.650	5,0	4,7	3.200	1.020	4.230
Früheres Bundesgebiet ohne Berlin							
2005	3.247	35.606	11,0	10,7	4.004		
2010	2.227	37.116	7,4	7,1	3.227		
2015	2.021	-	5,7	5,6	2.610		
2016	1.979	-	5,6	5,3	2.618		
2017	1.894	-	5,3	5,0	2.620		
2018	1.759	-	4,8	4,6	2.468		
2019	1.723	-	4,7	4,4	2.426		
Neue Bundesländer und Berlin							
2005	1.614	9.414	20,6	19,8	2.059		
2010	1.011	7.602	13,4	12,3	1.474		
2015	774	-	9,2	8,7	1.022		
2016	712	-	8,5	7,9	959		
2017	639	-	7,6	7,0	896		
2018	581	-	6,9	6,4	818		
2019	544	-	6,4	5,9	775		
Tatsächliche Arbeitslosigkeit in 1.000 Personen			November 2019	3.117	Dezember 2019	Januar 2020	Februar 2020
					3.156	3.305	3.316

* Bezogen auf die abhängigen zivilen Erwerbspersonen. ** Erwerbspersonenpotenzial wird ab 2014 nicht mehr nach neuen und alten Bundesländern statistisch durch das IAB ausgewiesen. — Das Erwerbspersonenpotenzial ist die Summe aus Erwerbstätigen, Erwerbslosen sowie Stiller Reserve und bildet nahezu die Obergrenze des Angebots an Arbeitskräften. Daten für 2019 sind Schätzungen. Unterbeschäftigung + Stille Reserve i.e.S. ist Unterbeschäftigung nach dem Konzept der Bundesagentur für Arbeit. Vollzeitäquivalente der Erwerbstätigen siehe Tabelle A1. — Quelle: Bundesagentur für Arbeit, Stichtagszahlen jeweils 31.12., IAB-FB-A2.

Tabelle A 5: Konjunkturdaten

Jahr	Bruttoinlandsprodukt	Mrd. Euro	Konsum privater	Konsum Staats-	Investitionen Ausrüstungen	Investitionen Bau	Außenhandel Exporte	Außenhandel Importe	Kapazitätsauslastung Verarbeitendes Gewerbe in Prozent
	prozentuale Veränderung zum Vorjahr, preisbereinigt								
1992	1,9	1.702	2,9	5,6	-3,2	10,3	-0,3	3,0	83,4
1995	1,5	1.895	1,5	2,2	1,8	-1,7	6,6	7,0	84,8
2000	2,9	2.109	1,7	1,6	10,1	-3,1	13,8	10,8	87,1
2001	1,7	2.173	1,2	0,6	-3,0	-4,2	5,7	0,8	84,6
2002	-0,2	2.198	-1,4	1,2	-8,3	-6,0	4,2	-2,6	82,1
2003	-0,7	2.212	0,4	0,7	-0,4	-2,5	1,9	5,6	81,9
2004	1,2	2.263	0,6	-0,6	3,6	-3,9	11,5	7,8	83,2
2005	0,7	2.288	0,8	0,6	6,9	-3,6	6,7	5,9	83,0
2006	3,8	2.385	1,4	1,1	12,2	4,8	12,3	11,1	85,9
2007	3,0	2.500	-0,2	1,7	7,8	-0,2	8,9	6,2	87,3
2008	1,0	2.546	0,3	3,7	2,6	-0,6	1,9	2,3	86,5
2009	-5,7	2.446	-0,1	3,2	-20,7	-3,4	-14,3	-9,7	72,0
2010	4,2	2.564	0,7	1,4	11,3	3,2	14,4	12,9	79,7
2011	3,6	2.703	1,3	0,9	6,8	8,1	8,3	7,0	86,1
2012	0,6	2.758	1,3	1,1	-3,2	0,5	2,8	-0,1	83,5
2013	0,5	2.826	0,6	1,4	-2,3	-1,1	1,7	3,0	82,1
2014	2,2	2.939	1,0	1,5	5,9	2,2	4,7	3,7	83,9
2015	1,7	3.030	1,9	2,8	4,4	-1,4	5,5	5,8	84,5
2016	2,2	3.134	2,3	4,1	3,0	3,8	2,4	4,3	84,6
2017	2,5	3.245	1,3	2,4	4,0	0,7	4,9	5,2	86,6
2018	1,5	3.344	1,3	1,4	4,4	2,5	2,1	3,6	87,7
2019	0,6	3.436	1,6	2,5	0,4	3,8	0,9	1,9	84,5

Rechenstand: März 2020, Wachstumsrate BIP saison- und kalenderbereinigt.
Quellen: Statistisches Bundesamt, Deutsche Bundesbank, ifo München.

Tabelle A 6: Verteilung der verfügbaren Einkommen der privaten Haushalte

Jahr	Masseneinkommen insgesamt	darunter: Nettolöhne und -gehälter	darunter: monetäre Sozialleistungen (netto)	Betriebsüberschuss/ Selbstständigeneinkommen, Vermögenseinkommen	Verfügbares Einkommen	Sparquote
	Milliarden Euro					Prozent
1991	707	493	219	338	1.004	12,9
1995	819	546	280	395	1.175	11,4
2000	920	605	323	413	1.279	9,3
2005	986	637	296	477	1.417	10,6
2006	989	641	307	517	1.449	10,6
2007	1.005	660	320	532	1.472	10,7
2008	1.031	683	337	548	1.505	10,9
2009	1.057	686	336	505	1.491	10,4
2010	1.093	717	385	503	1.526	10,3
2015	1.273	863	410	532	1.724	10,1
2016	1.322	897	426	543	1.780	10,2
2017	1.373	932	442	557	1.834	10,4
2018	1.427	976	452	567	1.899	11,0
2019	1.494	1.023		553	1.952	10,9
	Verfügbares Einkommen = 100 *					
1991	70,4	49,1	21,8	33,7	100	
1995	69,7	46,4	23,9	33,6	100	
2000	71,9	47,3	25,2	32,3	100	
2005	69,6	44,9	20,9	33,7	100	
2006	68,2	44,2	21,2	35,7	100	
2007	68,3	44,8	21,7	36,1	100	
2008	68,5	45,4	22,4	36,4	100	
2009	70,9	46,0	22,5	33,9	100	
2010	71,7	47,0	25,2	33,0	100	
2015	73,9	50,1	23,8	30,8	100	
2016	74,3	50,4	23,9	30,5	100	
2017	74,9	50,8	24,1	30,4	100	
2018	75,2	51,4	23,8	29,9	100	
2019	76,5	52,4	-	28,3	100	

* Differenz bedingt durch Saldo verschiedener übriger Transferleistungen, wie beispielsweise Schadenersatzleistungen aus Versicherungen oder Überweisungen Erwerbstätiger im Inland an das Ausland. Im Jahr 2015 waren es ca. 60 Milliarden Euro. Quellen: Statistisches Bundesamt, eigene Berechnungen. Rechenstand: März 2020.

Tabelle A 7: Durchschnittliche Bruttomonatsverdienste der abhängig Beschäftigten (Vollzeitbeschäftigte)*

Jahr	Früheres Bundesgebiet			Neue Bundesländer		
	Vollzeitbeschäftigte Arbeitnehmer/-innen					
	Insgesamt	Männer	Frauen	Insgesamt	Männer	Frauen
	Euro					
1991	1.987	2.175	1.555	924	966	846
1995	2.358	2.562	1.891	1.652	1.693	1.551
2000	2.652	2.848	2.199	1.929	1.959	1.867
2005	3.009	3.203	2.537	2.239	2.285	2.165
2006	3.060	3.256	2.586	2.279	2.325	2.202
2007	3.134	3.329	2.657	2.344	2.392	2.263
2008	3.213	3.413	2.724	2.431	2.474	2.357
2009	3.248	3.436	2.791	2.486	2.519	2.432
2010	3.338	3.537	2.855	2.547	2.584	2.484
2011	3.426	3.633	2.928	2.609	2.652	2.534
2012	3.517	3.731	3.006	2.639	2.696	2.542
2013	3.577	3.783	3.089	2.691	2.740	2.605
2014	3.652	3.864	3.156	2.760	2.818	2.657
2015	3.726	3.937	3.227	2.886	2.929	2.807
2016	3.819	4.029	3.324	2.974	3.012	2.904
2017	3.885	4.095	3.394	3.049	3.084	2.985
2018	3.994	4.205	3.495	3.150	3.187	3.081
	Durchschnittliche jährliche Veränderung in Prozent					
1991 - 1995	4,4	4,2	5,0	15,6	15,1	16,4
1995 - 2000	2,4	2,1	3,1	3,1	3,0	3,8
2000 - 2005	2,6	2,4	2,9	3,0	3,1	3,0
2005 - 2010	2,1	2,0	2,4	2,6	2,5	2,8
2010 - 2015	2,2	2,2	2,5	2,5	2,5	2,5

* Im Produzierenden Gewerbe und im Dienstleistungsbereich *ohne* Sonderzahlungen.
Quellen: Statistisches Bundesamt, eigene Berechnungen.

TABELLENANHANG

Tabelle A 8: Verdienste und Arbeitszeiten der abhängig Beschäftigten im Produzierenden Gewerbe und Dienstleistungsbereich 2007 und 2018

Art der Beschäftigung	Anteile in Prozent	Bezahlte Wochenarbeitszeit in Stunden	Bruttoverdienste in Euro je Stunde	Monat	Jahr	Anteile in Prozent	Bezahlte Wochenarbeitszeit in Stunden	Bruttoverdienste in Euro je Stunde	Monat	2007
	2018					2007				
Früheres Bundesgebiet im Jahr 2018						**Früheres Bundesgebiet im Jahr 2007**				
Männer										
Vollzeitbeschäftigte	83,6	39,2	27,51	4.686	56.238	87,2	39,1	21,91	3.717	44.610
Teilzeitbeschäftigte	7,7	26,2	21	2.386	28.633	4,8	24,5	16,36	1.740	20.881
Geringfügig Beschäftigte	8,8			314	3.774	8,0			264	3.170
Frauen										
Vollzeitbeschäftigte	42,2	38,8	22,47	3.792	45.509	45,1	38,5	17,34	2.903	34.831
Teilzeitbeschäftigte	43,1	24,7	19,99	2.141	25.697	36,1	23,3	16,02	1.623	19.474
Geringfügig Beschäftigte	14,7			333	3.994	18,8			277	3.319
Neue Bundesländer im Jahr 2018						**Neue Bundesländer im Jahr 2007**				
Männer										
Vollzeitbeschäftigte	84,3	39,6	19,81	3.413	40.952	87,8	39,7	14,84	2.560	30.722
Teilzeitbeschäftigte	9,5	28,8	16,75	2.095	25.138	4,8	28,7	13,21	1.648	19.781
Geringfügig Beschäftigte	6,2			318	3.821	7,5			188	2.256
Frauen										
Vollzeitbeschäftigte	47	39,4	19,04	3.262	39.141	53,9	39,1	14,23	2.416	28.993
Teilzeitbeschäftigte	44,7	29,3	16,7	2.129	25.543	34,7	28,7	12,83	1.599	19.189
Geringfügig Beschäftigte	8,2	-		306	3.675	11,4	-	-	193	2.316

Bruttoverdienste für Monat und Jahr einschließlich Sonderzahlungen.
Quelle: Statistisches Bundesamt, Fachserie 16, eigene Berechnungen.

Tabelle A 9: Reallöhne und Arbeitsproduktivität

Jahr	Bruttolohn	Nettolohn	Verbrau-cherpreis-index	Reallohn		Arbeitsproduktivität Bruttoinlandsprodukt		Geleistete Arbeitsstun-den je abh. Beschäf-tigten	Bruttolohn-quote
	monatlich je abhängig Beschäftigten			brutto	netto	je Erwerbs-tätigen	je Erwerbs-tätigen-stunde		
	Euro			1991 = 100					Prozent
1991	1.657	1.161	100,0	100,0	100,0	100,0	100,0	100,0	69,5
1995	1.999	1.330	114,7	105,2	99,8	107,2	108,9	98,5	70,9
2000	2.093	1.407	122,1	103,2	98,8	112,0	118,8	94,3	72,2
2005	2.228	1.524	131,8	101,2	98,4	117,0	126,9	92,2	67,5
2010	2.403	1.638	142,5	100,2	97,0	118,8	129,5	91,7	68,0
2011	2.445	1.644	145,4	101,2	97,3	122,4	136,5	89,7	67,4
2012	2.512	1.684	148,3	101,9	97,8	121,6	137,4	88,5	69,0
2013	2.564	1.716	150,6	102,5	98,1	121,4	138,5	87,7	69,0
2014	2.637	1.761	151,9	104,7	100,1	123,1	139,9	87,9	69,0
2015	2.773	1.862	152,3	107,3	102,2	123,3	136,8	90,1	69,3
2016	2.842	1.906	152,9	110,0	102,6	124,5	138,7	89,7	69,3
2017	2.915	1.949	155,5	112,8	104,3	125,8	140,6	89,5	69,7
2018	3.007	2.008	158,5	116,4	106,3	126,0	140,9	89,4	70,8
2019	3.102	2.082	160,7	120,1	107,8	125,6	141,1	89,0	72,3

Quellen: Statistisches Bundesamt, Fachserie 18, eigene Berechnungen. Rechenstand: März 2020.

Tabelle A 10: Kassenmäßiges Aufkommen wichtiger Steuerarten

Jahr	Steuern insgesamt VGR (Steuern der Gebietskörperschaften)	Massensteuern Insgesamt	darunter: Lohnsteuer	Steuern vom Umsatz	Steuern auf Gewinne und Vermögen insgesamt	darunter: Veranlagte Einkommensteuer	Körperschaftsteuer	Kapitalertragsteuer	Steuerquote in Prozent des Bruttoinlandsprodukts (VGR)	Verschuldung der öffentlichen Haushalte – Gebietskörperschaften
	Mrd. Euro	Mrd. Euro							Prozent	Mrd. Euro
1991	338	236	110	92	69	21	16	6	22	600
1995	406	308	145	120	60	7	9	16	22	1.019
2000	481	326	136	141	87	12	24	21	24	1.232
2005	476	313	119	140	79	10	16	17	21	1.526
2006	513	324	123	147	102	18	23	20	22	1.575
2007	558	355	132	170	117	25	23	25	22	1.584
2008	573	371	142	176	124	33	23	30	23	1.653
2009	548	365	135	177	96	26	16	25	23	1.770
2010	550	361	128	180	104	31	7	22	22	2.088
2015	673	443	179	210	146	49	12	26	23	2.185
2016	706	456	185	217	163	54	20	25	23	2.169
2017	735	477	196	226	175	59	27	28	24	2.119
2018	776	498	208	235	186	60	29	30	24	2.119
2019	796	518	220	243	173	64	32	29	24	2.069

Massensteuern: Lohnsteuer, Umsatzsteuer, Energiesteuer, Tabaksteuer. *Steuern auf Gewinne und Vermögen:* Veranlagte Einkommensteuer, Körperschaftsteuer, Gewerbesteuer, Kapitalertragsteuer, Vermögensteuer, Erbschaftsteuer (oben nicht separat aufgeführt). — Quellen: Statistisches Bundesamt, Deutsche Bundesbank, Bundesministerium der Finanzen, eigene Berechnungen.

	Deutschland	Belgien	Dänemark	Frankreich	Italien	Kanada	Österreich	Schweden	Spanien	Großbritannien	USA
Steuern und Sozialabgaben in Prozent des Bruttoinlandsprodukts 2017	37,5	44,6	46,0	46,2	42,2	32,2	41,8	44,0	33,7	33,3	27,1
Steuern in Prozent des Bruttoinlandsprodukts 2017	23,3	31,0	45,9	29,4	29,5	27,6	27,2	34,3	22,2	26,9	20,9

Quelle: Monatsbericht des BMF Februar 2019, nach den Abgrenzungsmerkmalen der OECD.

Tabelle A 11: Armutsquoten in Deutschland und den Mitgliedstaaten der EU

Merkmal	Deutschland 2005	Deutschland 2010	Deutschland 2017	Deutschland 2018	Neue Bundesländer 2005	Neue Bundesländer 2010	Neue Bundesländer 2017	Neue Bundesländer 2018
Insgesamt	14,7	14,5	15,8	15,5	20,4	19,0	17,8	17,5
Männlich	14,3	14,0	15,4	15,0	20,6	19,2	17,8	17,5
Weiblich	15,1	15,0	16,2	16,0	20,1	18,9	17,8	17,6
unter 18 Jahre	19,5	18,2	20,4	20,1	29,0	25,1	23,5	23,2
18 bis unter 25 Jahre	23,3	22,7	26,0	25,6	31,9	31,2	33,7	34,0
25 bis unter 50 Jahre	14,1	13,3	14,5	14,0	22,1	19,6	17,6	16,8
50 bis unter 65 Jahre	11,4	12,5	12,1	11,7	17,1	18,7	16,0	15,6
65 Jahre und älter	11,0	12,3	14,6	14,7	8,9	10,5	12,3	12,9
Einpersonenhaushalt	23,2	23,8	26,5	25,8	31,3	30,8	29,8	29,0
Paarhaushalt	8,3	8,7	8,5	8,4	10,1	10,2	8,5	8,6
Alleinerziehend	39,3	38,6	42,8	41,5	46,8	44,0	46,0	44,5
Paarhaushalt mit einem Kind	11,6	9,6	9,4	9,1	18,4	13,2	10,0	9,4
Paarhaushalt mit zwei Kindern	12,0	10,7	11,3	10,7	21,7	17,0	13,1	12,5
Paarhaushalt mit drei und mehr Kindern	26,3	23,2	29,1	30,0	39,5	32,0	33,7	34,6
Erwerbstätige insgesamt	7,3	7,5	7,8	7,7	11,4	11,1	9,5	9,2
Selbstständige	9,1	8,4	8,9	8,5	13,4	12,2	11,7	11,0
Abhängig Erwerbstätige	7,1	7,4	7,7	7,6	11,1	11,0	9,3	9,0
Arbeitslose	49,6	54,0	57,2	57,4	57,3	63,6	66,7	67,1

Bundesländer	2005	2010	2017	2018
Deutschland	14,7	14,5	15,8	15,5
Alte Bundesländer	13,2	13,3	15,3	15,0
Neue Bundesländer	20,4	19,0	17,8	17,5
Baden-Württemberg	10,6	11,0	12,1	11,9
Bayern	11,4	10,8	12,1	11,7
Berlin	19,7	19,2	19,2	18,2
Brandenburg	19,2	16,3	15,0	15,2
Bremen	22,3	21,1	23,0	22,7
Hamburg	15,7	13,3	14,7	15,3
Hessen	12,7	12,1	15,4	15,8
Mecklenburg-Vorpommern	24,1	22,4	19,4	20,9
Niedersachsen	15,5	15,3	16,7	15,9
Nordrhein-Westfalen	14,4	15,4	18,7	18,1
Rheinland-Pfalz	14,2	14,8	15,6	15,4
Saarland	15,5	14,3	16,8	16,0
Sachsen	19,2	19,4	16,8	16,6
Sachsen-Anhalt	22,4	19,8	21,0	19,5
Schleswig-Holstein	13,3	13,8	14,8	15,3
Thüringen	19,9	17,6	16,3	16,4

Quellen: Deutschland: Statistische Ämter des Bundes und der Länder, Mikrozensus; Europäische Union: Eurostat, EU-SILC.

Jahr 2018	EU (28)	Belgien	Bulgarien	Tschechien	Dänemark	Deutschland	Estland	Irland	Griechenland	Spanien	Frankreich	Kroatien	Italien	Zypern
	16,9	15,9	23,4	9,1	12,7	16,0	21,9	14,9	18,5	21,5	13,4	19,3	20,3	15,4
	Lettland	Litauen	Luxemburg	Ungarn	Malta	Niederlande	Österreich	Polen	Portugal	Rumänien	Slowenien	Slowakei	Finnland	Schweden	Großbritannien
	23,3	22,9	18,3	12,8	16,8	13,3	14,3	14,8	17,3	23,5	13,3	12,2	12,0	16,4	18,9

Tabelle A 12: Bevölkerung 2018 nach Bildungsabschluss

Bundesland	Insgesamt	Noch in schulischer Ausbildung	Haupt- (Volks-) schulabschluss	Abschluss der polytechnischen Oberschule	Realschule oder gleichwertiger Abschluss	Fachhochschul- oder Hochschulreife	Ohne Angabe zur Art des Abschlusses	Ohne allgemeinen Schulabschluss
Deutschland	*100*	*3,6*	*29,6*	*6,6*	*23,3*	*32,5*	*0,2*	*4,0*
Baden-Württemberg	100	3,8	33,0	0,8	25,4	32,7	0,2	3,9
Bayern	100	3,0	38,7	1,0	23,8	30,3	0,2	2,8
Berlin	100	3,2	14,4	9,6	19,3	48,7		4,7
Brandenburg	100	3,5	13,2	34,5	16,7	29,3		2,6
Bremen	100	3,5	24,5		25,7	38,1		7,2
Hamburg	100	3,5	19,9	0,8	21,9	46,8	0,6	5,6
Hessen	100	3,9	28,0	0,9	26,4	36,1	0,2	4,5
Mecklenburg-Vorpommern	100	3,0	13,7	39,0	16,8	24,4		2,9
Niedersachsen	100	3,7	31,4	1,1	30,3	29,1	0,2	3,9
Nordrhein-Westfalen	100	4,1	32,5	0,6	21,7	35,1	0,1	5,8
Rheinland-Pfalz	100	3,8	36,8	0,7	23,9	30,3	0,2	4,1
Saarland	100	3,3	40,3		22,2	29,7		3,8
Sachsen	100	2,6	17,6	31,6	18,6	27,5		2,0
Sachsen-Anhalt	100	2,9	15,4	40,6	16,1	21,9		2,4
Schleswig-Holstein	100	4,1	30,0	0,9	29,7	30,5	0,3	3,4
Thüringen	100	2,8	16,4	40,5	14,7	24,1		1,4
Früheres Bundesgebiet	100	3,7	32,6	0,9	24,6	33,4	0,2	4,4
Neue Bundesländer*	100	2,9	14,9	34,7	16,7	28,4	0,1	2,2

* Ohne Berlin. — Quelle: Statistisches Bundesamt, Bildungsstand der Bevölkerung – Ergebnisse des Mikrozensus 2018, Tabelle 2.2.1.

Tabelle A 13: Europäische Union – Wirtschaftsdaten*

Ländergruppe/Land	Wachstum Bruttoinlandsprodukt (Prozent)			Arbeitslosenquote (Prozent)			Außenbeitrag (Milliarden Euro**)			Öffentlicher Bruttoschuldenstand (Prozent zum Bruttoinlandsprodukt)		
	2009	2018	2019	2009	2018	2019	2009	2018	2019	2009	2018	2019
EU (28 Länder)	-4,3	2,1	1,5	9,0	6,8	6,4	140,5	526,8	515,0	73,3	80,4	
Euroraum (19 Länder)	-4,4	1,9	1,5	9,5	8,2	7,6	150,1	499,3	472,3	79,2	85,9	
Darunter:												
Deutschland	-5,6	1,5	0,6	7,6	3,4	3,2	121,5	206,1	207,7	72,6	61,9	59,2
Griechenland	-4,3	1,9	1,9	9,6	19,3	17,3	-23,2	-0,5	-0,02	126,7	181,2	175,2
Spanien	-3,6	2,4	2,0	17,9	15,3	14,1	-12,4	32,6	34,2	52,8	97,6	96,7
Frankreich	-2,9	1,7	1,3	9,1	9,0	8,5	-15,3	-18,2	-12,5	83,0	98,4	98,9
Italien	-5,5	0,8	0,3	7,7	10,6		-10,3	42,2	54,9	112,5	134,8	136,2
Niederlande	-3,8	2,6	1,7	4,4	3,8	3,4	47,4	85,1	87,9	56,8	52,4	48,9
Österreich	-3,8	2,4	1,6	5,3	4,9	4,5	9,7	14,4	14,2	79,9	74,0	69,9
Portugal	-3,0	2,6	2,2	10,7	7,0	6,5	-12,1	0,8	0,2	83,6	122,2	119,5
Schweden	-5,2	2,2	1,2	8,3	6,3	6,8	17,8	11,8	18,2	41,3	38,8	34,6
Großbritannien	-4,2	1,3	1,4	7,6	4,0		-31,8	-33,7	-33,4	63,7	85,9	85,2
Nachrichtlich:												
USA	-2,8	2,9		9,3	3,9	3,7	-382,7			89,7	104,3	106,7
Japan	-5,5	0,3		5,1	2,4	2,3	-99,9			215,3	236,3	236,4

* Prognose. ** bei Griechenland Einheit Millionen.

Quellen: Datenbank Eurostat, Bundesbank-Monatsbericht, BMF-Monatsbericht, BMWi-Monatsbericht.

Tabelle A 14: Primärenergieverbrauch 2018

Land	Primärenergieverbrauch		Anteil am Primärenergieverbrauch insgesamt					Bruttostromerzeugung insg. 2011	Bruttostromverbrauch je Einwohner/-in 2016
	insgesamt	je Einwohner/-in	Mineralöl	Erdgas	Kohle	Kernenergie	Erneuerbare Energie		
	Mio t RÖE	t RÖE	Prozent					TWh	kWh
Kanada	344,4	9,3	31,9	28,9	4,2	6,6	28,4	637	14.844
Norwegen	47,4	3,9	22,0	3,1	1,8	–	68,1	128	23.692
Saudi-Arabien	259,2	7,7	62,8	37,2	–	–	–	250	9.818
USA	2.300,6	7,0	40,0	30,5	13,8	8,4	7,3	4.350	12.825
Schweden	53,6	5,3	27,7	1,3	3,7	29,0	38,4	150	13.756
Niederlande	84,4	4,9	48,2	36,2	9,7	0,9	5,0	113	6.734
Russische Föderation	720,7	5,0	21,1	54,2	12,2	6,4	6,0	1.055	6.715
Österreich	35,0	4,0	38,3	21,3	8,2	–	32,2	66	8.258
Deutschland	323,9	3,9	34,9	23,4	20,5	5,3	15,8	609	6.956
Tschechische Republik	42,1	4,0	25,2	16,3	37,4	16,1	5,0	87	6.460
Frankreich	242,6	3,6	32,5	15,1	3,5	38,5	10,4	562	7.148
Japan	454,1	3,6	40,2	21,9	25,9	2,4	9,6	1.117	7.974
Schweiz	27,8	3,3	37,8	9,3	0,4	20,9	31,6	65	7.481
Großbritannien	192,3	2,9	40,1	35,3	3,9	7,7	13,1	368	5.033
Slowakei	16,3	3,0	25,1**	24,8**	19,6**	21**	9,5**	29	5.226
Iran	285,7	3,5	30,2	67,9	0,5	0,6	0,9	240	3.153
Spanien	141,4	3,0	47,1	19,1	7,9	8,9	17,0	291	5.505
Italien	154,5	2,6	39,3	38,5	5,7	–	16,4	302	5.081
Ukraine*	85,1	1,9	9,9	30,5	34,3	23,3	2,1	195	3.600
Südafrika	121,5	2,1	21,6	3,1	70,8	2,1	2,5	263	4.031
China	3.273,5	2,4	19,6	7,4	58,2	2,0	12,7	4.716	4.279
Argentinien	85,1	1,9	35,4	49,2	1,4	1,8	12,1	130	3.109
Türkei	153,5	1,9	31,6	26,5	27,6	–	14,3	229	3.114
Mexiko	186,9	1,5	44,3	41,2	6,4	1,6	6,5	296	2.295
Brasilien	297,6	1,4	45,7	10,4	5,3	1,2	37,4	532	2.504
Ägypten	94,5	1,0	38,8	54,2	2,9	–	4,1	157	1.783
Indien	809,2	0,6	29,5	6,2	55,9	1,1	7,3	1.052	918
Bangladesch	35,8	0,2	25,1	68,1	6,0	–	0,8	44	353

* Die Daten für die Ukraine sind aus dem Jahr 2015. ** Daten aus 2016. — RÖE: Rohöleinheiten. — Quelle: Statistisches Jahrbuch Deutschland (2019).

Tabelle A 15: Kohlendioxidemissionen 2017

Land	Kohlendioxidemissionen durch fossille Brennstoffe und Zementproduktion			Land	Kohlendioxidemissionen durch fossille Brennstoffe und Zementproduktion		
	2017	Veränderung gegenüber 1990	je Einwohner/-in		2017	Veränderung gegenüber 1990	je Einwohner/-in
	Mio.t	Prozent	t		Mio.t	Prozent	t
Luxemburg	9,5	-18,8	16,4	Ukraine*	249,1	-68,2	5,5
USA	5.107,4	0,4	15,7	Italien	361,2	-16,2	6,1
Saudi-Arabien	638,8	284,4	19,4	Frankreich	338,2	-12,4	5,2
Kanada	617,3	35,4	16,9	Spanien	282,4	22,8	6,1
Russische Föderation	1.764,9	-25,8	12,3	Iran	671,5	224,7	8,3
Tschechische Republik	109,8	-32,6	10,3	Argentinien	210,0	86,7	4,7
Japan	1.320,8	14,9	10,4	Türkei	429,6	186,6	5,3
Belgien	104,2	-10,1	9,1	Mexiko	507,2	74,7	3,9
Deutschland	796,5	-21,8	9,7	Ägypten	258,7	184,9	2,7
Niederlande	174,8	8,3	10,3	Brasilien	492,8	115,6	2,4
Österreich	72,2	14,8	8,3	Indonesien	511,3	215,6	1,9
Polen	319,0	-14,0	8,4	Vietnam	218,7	983,8	2,3
Australien	402,3	46,1	16,5	Indien	2.454,8	305,1	1,8
Großbritannien	379,2	-35,6	5,7	Philippinen	137,2	214,4	1,3
Dänemark	33,6	-37,5	5,9	Pakistan	197,3	197,7	1,0
China	10.877,2	353,8	7,7	Nigeria	94,8	38,3	0,5
Griechenland	72,1	-8,9	6,5	Bangladesch	84,5	509,6	0,5
Südafrika	467,7	49,7	8,2	Äthiopien	14,9	523,4	0,1

* Die Daten für die Ukraine sind aus dem Jahr 2014. — Quelle: Statistisches Jahrbuch Deutschland (2019).

Bitte beachten Sie auch die folgenden Seiten.

Klaus Müller

MONOPOLE

Basiswissen Politik /
Geschichte / Ökonomie

Pocketformat | 124 Seiten
ISBN 978-3-89438-731-0
€ 9,90 [D]

Monopole stehen für Größe und Macht. In der Wirtschaft gibt es sie seit
der Antike. Im Kapitalismus entwickeln sie sich auf eigener Grundlage und
erhalten eine neue Qualität. An der Schwelle vom 19. zum 20. Jahrhundert
gingen in Ökonomie und Politik tiefgreifende Änderungen vor sich. Neue
Industriezweige entstanden. Aktiengesellschaften ermöglichten kapitalinten-
sive Vorhaben. Großbetriebe schossen wie Pilze aus dem Boden. Sie führten
an ein neues Produktions- und Herrschaftsverhältnis heran: Das Monopol. Es
beseitigt die freie Konkurrenz, beherrscht die Märkte und erzielt hohe Profite,
indem es sich die anderen Teile der Gesellschaft ökonomisch unterwirft.
Monopole setzen im Kampf gegeneinander, um den Staat und mit ihm ihre
Interessen durch. Die herrschende Wirtschaftslehre verharmlost das Monopol
als vernachlässigbare Ausnahme. In mathematischer Exaktheit handelnde
Produzenten, so heißt es, erfüllten die Wünsche der Verbraucher bestens. Mit
der monopolistischen Wirklichkeit hat dieses Wunschbild nichts zu tun.

PapyRossa Verlag

mail@papyrossa.de – www.papyrossa.de

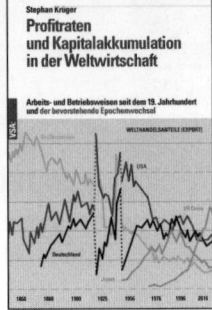